EUROPAVERLAG

BEN SALOMO

Ben Salomo
bedeutet
Sohn des Friedens

Unter Mitarbeit von Armin Fuhrer

EUROPAVERLAG

Aus rechtlichen Gründen wurden einige Namen von handelnden Personen geändert.

© 2019 Europa Verlag GmbH & Co. KG, München
Umschlaggestaltung: Hauptmann & Kompanie Werbeagentur, Zürich, unter Verwendung eines Fotos von © Cristopher Civitillo und eines Logos von © Michael Senst
Lektorat: Rainer Wieland
Layout & Satz: Robert Gigler, München
Druck und Bindung: Pustet, Regensburg
ISBN 978-3-95890-259-6
Alle Rechte vorbehalten.
www.europa-verlag.com

Inhalt

Prolog 6

Einleitung 9

Kapitel 1: Von Israel nach Deutschland – meine familiären
Wurzeln 14

Kapitel 2: Eine jüdische Kindheit in Deutschland 33

Kapitel 3: Jugend zwischen Nuttenacker und Hinterhof 59

Kapitel 4: Israel – meine Liebe, mein Beschützer 93

Kapitel 5: Rap am Mittwoch – die erste Auflage 111

Kapitel 6: Goethe wäre heute Rapper, Mozart würde
Beats produzieren 157

Kapitel 7: Rap am Mittwoch – Kult aus Kreuzberg 178

Kapitel 8: »Mal wieder Bock auf Endlösung« –
Antisemitismus im Deutschrap 207

Epilog 236

Glossar 239

Prolog

Wir sahen schon von Weitem diese Silhouette. Es war zwar dunkel und die Straße war nur schwach beleuchtet. Aber diesen Typen erkannte man schon aus 50 Metern Entfernung, auch bei schlechter Sicht. Breit wie ein Schrank, durchtrainiert, mindestens 1,90 Meter groß. Der Kopf eckig wie ein Benzinkanister, mit dem typischen Boxerhaarschnitt – die Haare an den Seiten auf Millimeter rasiert, oben dagegen etwas länger. Eine körperlich beeindruckende Gestalt, Furcht und Respekt einflößend. Die schwarze Lederjacke unterstrich den Eindruck noch. Das war Habib. Wir kannten ihn schon, und er kannte uns. Wir wussten, dass so ein Treffen auf der dunklen Straße keine gute Sache war. Uns beschlich ein mulmiges Gefühl. Aber weglaufen war keine Option, damit hätten wir uns nur selbst erniedrigt. Habib hätte uns ohnehin schnell eingeholt. Und er hatte noch einen anderen Typen dabei, den wir nicht kannten und von dem ich heute nur noch in Erinnerung habe, dass er ein Schwarzer war und dass sich das Weiße in seinen Augen deutlich in seinem Gesicht abhob. Ich war in Begleitung meines Kumpels Philip, mit dem ich seit Jahren Tür an Tür wohnte. Der war zwar nicht so klein wie ich mit meinen damals knapp 1,70 Meter. Aber mit Habib und dem Schwarzen hätte er es auf keinen Fall aufnehmen können. Uns blieb gar nichts anderes übrig: Wir atmeten tief durch und gingen weiter.

Habib war ich zwei Wochen zuvor das erste Mal begegnet. Er hatte mich und meine Kumpels auf der Toilette des Café Ansbach, gleich um die Ecke vom Kaufhaus des Westens, abgezogen. Er hatte es auf meine Uhr abgesehen, doch ich hatte mich geweigert, sie ihm zu geben. Sie war ein Geschenk meines Vaters und hatte einen großen ideellen Wert für mich. Daraufhin hatte er mich gefragt, wer ich bin und wo ich herkomme. Ich sagte die Wahrheit:»Ich bin Jude und ich komme aus Israel.« Ich wartete darauf, dass er mir eine Bombe geben würde, doch Habib sah mich an und sagte:»Okay, du kannst gehen.« Ich war sehr erstaunt und machte mich schnell vom Acker. Diese Begegnung zwei Wochen zuvor ging mir durch den Kopf, als sich Habib und sein Begleiter unmittelbar vor uns aufbauten. Der Schwarze nahm sich Philip vor, zerrte ihn ein paar Meter weiter, und dann gab es erst mal eine ordentliche Schelle zur Einschüchterung. Habib kümmerte sich um mich. Er erinnerte sich an mich, was mich überraschte. Habib war berüchtigt. Es hieß, er gehört zu den Black Panthers, einer bekannten Gang aus dem Wedding. Schon vor meinem ersten Erlebnis mit Habib hatte ich immer mal wieder über ihn reden hören. Jetzt musterte er mich im Dunklen – und wollte wiederum meine Uhr. Das gleiche Spiel wie beim ersten Treffen: Ich weigerte mich. Das kostete wirklich Mut, aber ich blieb standhaft. Nebenan hörte ich das Klatschen, Philip bekam wieder eine ordentliche Backpfeife. Mein Kumpel gab aber keinen Mucks von sich. Dann kam der Schwarze zu uns, er hatte Philip 20 Mark abgenommen. Keine gute Beute, deshalb war er auch nicht wirklich gut drauf. Als er neben mir stand, sagte Habib:»Guck mal, Alter, der ist Jude.« Ehe ich wusste, was geschah, zog der Schwarze ein Messer aus der Tasche, ließ die Klinge herausspringen und hielt sie mir an den Hals. Eine kleine Bewegung und es wäre mein Ende gewesen. Mich zu wehren war völlig unmöglich. Ich war so erstarrt, dass ich nicht einmal Angst hatte. Ich spürte nichts und fühlte nichts – nur die scharfe Spitze der kalten Klinge an meinem Hals. Womit ich in diesem Augenblick rechnete? Ich weiß es nicht, vielleicht mit allem. Mit beschwichtigender Stimme sagte Habib plötzlich zu seinem Begleiter:»Lass ihn mal, der ist in Ordnung.«In derselben Sekunde nahm der Schwarze das Messer von meinem Hals, drückte die Klinge rein und steckte es in die Hosentasche. Ich kann nicht mal sagen, dass ich erleichtert war, denn ich war immer noch erstarrt und zum Denken unfähig. Habib und der Schwarze gingen dann einfach weiter, als sei nichts geschehen.

Philip hielt sich die Wange. Schweigend gingen wir nach Hause. Wir sprachen nicht über das Erlebte, auch später nicht. Wahrscheinlich war es uns beiden irgendwie peinlich. Wir waren die Opfer und hatten uns nicht gewehrt. Aber sich zu wehren wäre für uns viel zu gefährlich gewesen, das war uns bewusst. Es dauerte eine ganze Weile, bis ich überhaupt mit jemandem darüber redete. Der wirkliche Schock aber kam erst etwas später. Wenige Wochen nach diesem Erlebnis hörte ich eine neue Geschichte über Habib. Man erzählte sich, er habe bei KFC im Europa-Center am Breitscheidplatz einen Security-Mann niedergestochen. Als ich das hörte, wurde mir klar, wie viel Glück ich gehabt hatte. Mein Leben war in der Hand von Leuten gewesen, denen es nichts ausmachte, mal eben zuzustechen und einen Menschen zu verletzen oder gar zu töten. Die ganze Sache hätte auch ganz anders ausgehen können – ich hätte das gleiche Schicksal erleiden können wie der Sicherheitsmann des Fast-Food-Restaurants.

Bis heute frage ich mich, warum Habib mir nichts tat und auch seinen Begleiter davon abhielt. Ich glaube, ihm hat es irgendwie imponiert, dass ich, der kleine, schwache, wehrlose Jude, Haltung gezeigt hatte. Ich hatte mein Judentum nicht verleugnet, obwohl ich mit Prügel hatte rechnen müssen. Und ich hatte mich geweigert, meine Uhr herzugeben, weil sie mir viel bedeutete. Und das gleich zweimal. Ich denke, damit habe ich mir in seinen Augen Respekt verschafft, ganz gleich, ob Jude oder nicht. Das war eine wichtige Lehre für mein weiteres Leben.

Einleitung

Mein Name ist Jonathan Kalmanovich. Ich wurde 1977 in Israel geboren, bin Jude und kam im Alter von knapp vier Jahren 1981 nach Deutschland. Es war nicht meine Entscheidung hierherzukommen. Aber nun wuchs ich in diesem Land auf. Wir lebten in kleinen Verhältnissen in Berlin-Schöneberg. Im Migrantenmilieu, in dem ich aufwuchs, erlebte ich schon als Kind die ersten antisemitischen Vorfälle. Das setzte sich in der Schule fort. Später begann ich zu rappen. Deutschrap hatte eine große Faszination für mich, wurde zu meiner Leidenschaft. Ursprünglich war die Rap-Szene ganz offen, open minded, doch musste ich leider im Laufe der Zeit feststellen, dass sich antisemitische Tendenzen auch hier ausbreiteten. Das kann nicht überraschen, die Rap-Szene ist Teil der Gesellschaft, und so spiegelt sie diese auch wider.
Antisemitismus im modernen Deutschland gibt es auch ohne den Rap. Trotzdem spielt die Rapmusik eine besondere Rolle bei seiner Ausbreitung. Denn sie nimmt den virulenten Antisemitismus nicht nur auf, sondern verstärkt ihn zugleich. Die Rapper hören in ihre Fanbase rein, registrieren, über was dort gesprochen wird, und rappen darüber. Da die Sprache des Rap sehr verroht ist und absolut keine Rücksichten auf Befindlichkeiten anderer oder gar die Political Correctness nimmt, werden die Grenzen dessen, was »man« sagen darf, immer weiter ausgedehnt. Das ist eine gefähr-

liche Entwicklung. Erfolgreiche Rap-Künstler haben eine riesige, Millionen zählende Fanbase, die aus Jugendlichen im Alter zwischen 13 und 18 besteht, die meist leicht beeinflussbar sind. Die Glaubwürdigkeit dieser Künstler in den Augen der Jugendlichen ist oftmals viel größer als die von Eltern oder Lehrern. Wenn Rap-Künstler antisemitische Narrative verbreiten wie zum Beispiel, dass alle Juden sehr reich sind und die Juden die Welt kontrollieren wollen, glauben viele Jugendliche das. Vom naiven Gläubigen bis zum waschechten Antisemiten ist es kein weiter Weg. Gerade in Deutschland haben Juden schmerzhaft erfahren, dass aus Gedanken und Worten schnell Taten werden können.

Die Gesellschaft – die Eltern und Lehrer, die Politik – hat die Gefahr, die von diesen einflussreichen antijüdischen und antiisraelischen Rappern ausgeht, überhaupt noch gar nicht erfasst. Diese Bedrohung hängt eng damit zusammen, dass sich im Laufe der Jahre immer mehr arabisch-, türkisch- und iranischstämmige Migranten der Deutschrap-Szene angeschlossen haben. Unter diesen Personengruppen herrscht, das habe ich häufig am eigenen Leib zu spüren bekommen, ein großer Hass auf Juden und auf Israel. Antisemitismus wird dabei oft als Antizionismus verkleidet. Diese Antizionisten behaupten gerne, sie hätten nur etwas gegen Israel, aber nicht gegen die Juden. Das ist grundfalsch, und niemand sollte darauf hereinfallen. Wer den Staat Israel von der Landkarte tilgen will, der will auch die Juden vernichten. Ein solcher hinter dem Antizionismus versteckter Hass auf Juden findet sich nicht nur unter Migranten, sondern auch unter vielen deutschen Linken. Rechtsradikale dagegen bekennen sich eindeutig zu ihrem Hass auf Juden und auf Israel. Ich versuche daher auf den folgenden Seiten auch zu erklären, welchen Stellenwert Israel für viele der in Deutschland und anderen europäischen Ländern lebenden Juden hat – zumal in einer Zeit, in der sich der Antisemitismus immer offener im Alltag äußert und vielen Juden Angst macht. Wenn uns niemand anderes mehr hilft, dann bleibt als letzter Zufluchtsort immer noch Israel. Wäre dieses Land von der Landkarte ausgelöscht, würde es für uns diesen letzten Zufluchtsort nicht mehr geben.

Die hier in aller Kürze beschriebenen Tendenzen haben mich Ende 2017 dazu bewogen, meine sehr erfolgreiche Veranstaltungsreihe »Rap am Mittwoch« aufzugeben. Ich habe die Reihe Rap am Mittwoch acht Jahre lang mit Leib und Seele betrieben. Wir waren mit mehr als 112 Millionen Klicks auf YouTube und bis zu 1000 Besuchern pro Veranstaltung äußerst erfolgreich. Viele später berühmte Deutschrapper haben bei uns ihre erste Chance bekommen, sich vor einem großen Publikum zu beweisen – und sie haben diese Chance genutzt. Zugleich aber wuchs mein Unmut über den Antisemitismus, der sich in dieser Szene seit einigen Jahren immer mehr ausbreitet, so stark, dass ich diese Tendenzen einfach nicht mehr ignorieren konnte. Das gilt sowohl für die Deutschrap-Szene insgesamt wie auch für den Mikrokosmos Rap am Mittwoch und meine persönliche Erlebniswelt. Als es im April 2018 zum Skandal um die Verleihung des »Echo«-Musikpreises an die Deutschrap-Superstars Kollegah und Farid Bang kam, war für mich das Ende der Fahnenstange erreicht. Ich wollte mit dieser Szene nichts mehr zu tun haben und stieg aus. Das war eine schmerzhafte Entscheidung für mich. Dabei ist nicht so entscheidend, dass bestimmte Rapper hin und wieder eine antijüdische Line von sich geben. So etwas geschieht oftmals »nur«, um zu provozieren – was sicherlich schon geschmacklos und schlimm genug ist. Wichtiger ist es, den Background des jeweiligen Künstlers abzuchecken. Nachzusehen, ob er wirklich meint, was er rappt.

Nach meinem Ausstieg bei Rap am Mittwoch entschloss ich mich, dieses Buch zu schreiben. Meine Erfahrungen als Jude in der Deutschrap-Szene sind darin ein wichtiges Thema. Aber es ist nicht das einzige. Es geht in diesem Buch auch um meine Erfahrungen als Jude in Deutschland außerhalb der Rap-Szene, um meine Erfahrungen als Migrant: Ich bin Israeli mit südosteuropäischen

Wurzeln, wie man leicht an meinem Nachnamen erkennen kann. Alle diese Dinge hängen untrennbar miteinander zusammen. Wichtig sind mir aber zwei Punkte: Erstens ist Deutschrap natürlich keine an sich antisemitische Musik. Der größte Teil dieser Musikrichtung hat mit Antisemitismus überhaupt nichts zu tun. Das ist vergleichbar mit dem Verhältnis von Rockmusik und Neonazi-Rock: Nur weil irgendwelche Nazis die Rockmusik als Ausdrucksform für ihren Hass missbrauchen, kann man nicht sagen, die komplette Rockmusik sei rechtsradikal. Es ist nur ein kleiner, aber gefährlicher Ausschnitt. Zweitens bin ich weit davon entfernt zu behaupten, dass alle Araber, Türken oder Iraner Judenhasser sind und uns Juden am liebsten das Messer in den Hals rammen möchten. Ich habe gute Erfahrungen mit Arabern, Türken oder Iranern gemacht und habe einige in meinem Freundes- und Bekanntenkreis. Aber darum geht es in diesem Buch nicht.

Klar ist auch, dass es neben dem Antisemitismus eine ganze Reihe anderer unerfreulicher oder auch gefährlicher Tendenzen im Deutschrap gibt: Verherrlichung von Gewalt und Drogen, eine krasse Frauenfeindlichkeit und Homophobie sind die prägnantesten. Diese Erscheinungen mögen gesellschaftspolitisch relevanter sein als der über die Musik verbreitete Hass auf Juden. Es gibt eben viel mehr Frauen als Juden. Jeder Mensch kann Opfer von Gewalt werden, der Konsum von Drogen ist in nahezu alle Schichten der Bevölkerung vorgedrungen und besonders in der Jugendkultur weit verbreitet. Homosexuelle werden im Alltag nach absoluten Zahlen sicher häufiger diskriminiert als Juden. Aber keine dieser anderen Gruppen in Deutschland hat, vielleicht einmal abgesehen von den Homosexuellen, auch nur annähernd solche Erfahrungen gemacht wie die Juden unter den Nationalsozialisten. Das wirkt – natürlich – auch fast 75 Jahre nach dem Untergang des Dritten Reiches nach. Und keine dieser anderen Gruppen fühlt sich in ihrer Existenz bedroht, so wie wir Juden es tun, mögen die anderen Erscheinungen auch noch so diskriminierend und widerwärtig sein.

Wie konnte es in einem aufgeklärten Europa zu Konzentrationslagern und Massenvernichtung kommen? Sie wurden angetrieben vom Hass, den der Antisemitismus in der Bevölkerung heraufbeschworen hatte. Ohne Antisemitismus hätte die industrielle Vernichtung von Menschen keine breite Zustimmung erhalten. Weder allein gegen Schwule, Frauen, geistig oder körperlich Behinderte oder Kommunisten wäre so etwas möglich gewesen. Nur der Antisemitismus als Massenbewegung war stark genug, um die Menschlichkeit komplett zu zersetzen.

Mit dem im Deutschrap verbreiteten Antisemitismus hat die Gesellschaft ein Problem, das sie noch gar nicht richtig erfasst hat. Dieses Buch soll dazu beitragen, sie wachzurütteln. Aber vergessen wir nicht: Der Antisemitismus im Deutschrap ist nur Teil eines größeren Problems – des wachsenden Antisemitismus in der ganzen Gesellschaft.

KAPITEL 1

Von Israel nach Deutschland – meine familiären Wurzeln

An den Tag, der für mein Leben eine so große Bedeutung haben sollte, kann ich mich noch ganz gut erinnern. Ich war gerade mal drei Jahre alt und ein paar Monate. Aber dieser Tag hat sich festgesetzt in meiner Erinnerung. Das Ganze dauerte nur einige Stunden. Wir verließen unsere Wohnung, stiegen in einen Bus und fuhren zum Flughafen nach Tel Aviv. Für mich gab es eigentlich gar keinen Unterschied zwischen dem Bus und dem Flugzeug. Mir war überhaupt nicht bewusst, dass dieses große Ding in der Luft fliegt und anschließend in einem ganz anderen Land landet. Für mich war es gefühlt so, als wenn wir von Be'er Scheva, wo wir eine Zeit lang gewohnt hatten, nach Rechovot fuhren, um meine Großeltern zu besuchen, die dort lebten.

Das haben wir häufig gemacht. Die Fahrt dauerte etwa eineinhalb Stunden, also rund halb so lange wie der Flug, den wir nun antraten. Aber niemand hatte mir gesagt, dass wir in ein anderes Land fliegen und von dort nicht mehr zurückkehren würden. Dieses andere Land war Deutschland. Ich war drei Jahre alt und verstand gar nichts. Was ich aber sehr schnell begriff, war, dass ich wieder zurückwollte, nach Hause.

Es war Herbst, es war kalt, und alles war grau, als wir in Berlin Tegel landeten. Am Flughafen wurden wir von meinem Großvater Saba Alex und meinem Onkel Yura freudig in Empfang genommen, während meine Großmutter Safta Asia zu Hause in Marienfelde geblieben war, um uns zur Begrüßung ein Festmahl zu bereiten. Der lange Weg durch Berlins Innenstadt, über die Stadtautobahn Richtung Süden, wirkte einschüchternd auf mich. Man bekam einen guten Eindruck davon, wie groß diese fremde Stadt war. Kurz bevor wir in Marienfelde ankamen, fuhren wir an der Lankwitzer Dreifaltigkeitskirche vorbei. Es war das erste Mal, dass ich ein gotisches Bauwerk zu Gesicht bekam, und aus irgendeinem Grund machte mir der Anblick Angst.

Schließlich kamen wir in der Wohnung meiner Großeltern in der Maximilian-Kaller-Straße an. Die Haustür öffnete sich, und ich betrat mein neues Zuhause, das für mich so viel Veränderung bedeutete. Safta Asia nahm mich in die Arme und knutschte mich erst mal so richtig ab. Nachdem sich die erste Aufregung gelegt hatte, erkundete ich die Wohnung. Sie war so ganz anders als diese typischen israelischen Wohnungen, die ich kannte. Die Wände waren mit Tapeten in einem barocken Ornamentmuster versehen. Die Böden waren in allen Zimmern, außer der Küche und dem Bad, mit Teppichboden bedeckt. Es gab keine Wohnzimmerveranda wie in Israel, sondern nur einen kleinen Balkon mit Blick auf eine breite Wiese, die von großen Bäumen gesäumt war. Solche Bäume gab es in Israel nicht, und ihre Blätter waren nicht grün, sondern gelb, braun und orange.

Als ich am nächsten Morgen noch mal vom Balkon aus auf diese Wiese schaute, hoppelten dort Kaninchen herum. Es war schön und gleichzeitig ganz anders. Von nun an sah ich jeden Morgen aus dem Fenster, um die Kaninchen zu beobachten. Eines Tages, ein paar Wochen später, erlebte ich eine große Überraschung: Alles war weiß. Es hatte über Nacht geschneit, und der Schnee lag kniehoch. Für Berlin war es der erste Schnee des Jahres. Für mich aber war es der erste Schnee meines Lebens. Ich kam aus einem Land mit viel Sonne, Wärme und Palmen. Willkommen in einer anderen Welt!

Aber das war bei Weitem nicht die einzige Veränderung für mich. Die Sprache, mit der ich aufgewachsen war, war Hebräisch, Deutsch konnte ich überhaupt nicht. Meine Eltern hatten sich darüber, wie das Leben für mich in dieser neuen Welt sein würde, gar keine Gedanken gemacht, bevor wir uns in Israel auf den Weg gemacht hatten. Erst später erklärten sie mir, was passiert war. Sie wussten es wohl zu Beginn selbst nicht: Denn eigentlich wollten wir ja nur die Eltern meiner Mutter besuchen, die seit zwei Jahren in Deutschland lebten. Wahrscheinlich glaubten sie, ich würde in meinem Alter all die Veränderungen gar nicht mitbekommen. Aber nun waren wir angekommen in dieser riesigen Stadt, die aussah wie eine große Betonwüste und die auch noch durch eine Mauer in zwei Hälften geteilt war. Man schrieb das Jahr 1981.

■ ■ ■ ■ ■

Schon kurz nach unserem Umzug nach Berlin fing ich an, Davidsterne zu malen. Wenn ich irgendwo saß und etwas zum Zeichnen und Papier zwischen die Finger bekam, malte ich Davidsterne, überall. Warum? Ich glaube, sie waren das, woran ich mich am besten erinnern konnte aus meinen ersten gut drei Lebensjahren in Israel, meinem Heimatland. Wahrscheinlich lag es einfach daran, dass man sie in Israel überall und ständig sieht. Überall im Land hängt die Landesfahne, an öffentlichen Gebäuden oder an Wohnhäusern. In Berlin sah ich sie überhaupt nicht. Damals hängten die Deutschen ja kaum ihre eigene Fahne auf, das kam erst mit der Fußballweltmeisterschaft 2006. Seitdem ist das ganz normal, und das ist auch gut so. Aber die Fahne Israels sah ich nirgends, also fing ich an, Davidsterne zu malen. Das mache ich übrigens noch heute gerne und oft.

Geboren wurde ich 1977 als Jonathan Kalmanovich in Rechovot. Das ist eine Stadt, die heute etwa 135 000 Einwohner hat und 20 Kilometer südlich von Tel Aviv liegt. Die Stadt wurde 1890 von russischen und polnischen Juden gegründet, knapp 20 Jahre später kamen Einwanderer aus dem Jemen dazu. Vor der Ankunft der Juden hatten in dem Gebiet nur ein paar versprengte Beduinen gelebt. Obstanbau spielte hier immer eine große Rolle, und heute ist Rechovot das Zentrum der Saftproduktion des Landes. Es ist aber auch eine Stadt der Wissenschaft, denn hier ist das berühmte Weizmann-Institut für Physik und Chemie beheimatet. Das Wappen Rechovots besteht daher auch aus einem Mikroskop und drei Orangen. Meine Mutter Bella war mit 19 Jahren ziemlich jung, als sie mich bekam. Mein Vater Shlomo war drei Jahre älter. Er kam 1955 in Israel zur Welt, und wie ich wurde auch mein Vater in Rechovot geboren, sogar im selben Krankenhaus. Seine Eltern waren aus Rumänien kurz vor der Staatsgründung mit dem Schiff über einen Zwischenaufenthalt im Lager für Displaced People auf Zypern nach Israel gelangt.

Die Familie meiner Mutter stammte aus Odessa. Heute liegt die Stadt in der inzwischen ja selbstständigen Ukraine, vorher gehörte die ganze Ukraine zur Sowjetunion. Odessa hatte früher eine sehr große jüdische Gemeinde. Um 1900 war fast die Hälfte der Bevölkerung jüdisch. Berühmt war das Viertel Moldawanka, das damals ein Zentrum des jüdischen Lebens war, aber auch ein krimineller Hotspot; ihm wurde in den *Geschichten aus Odessa* von Isaak Babel ein literarisches Denkmal gesetzt. Im Laufe der Geschichte kam es in Odessa immer mal wieder zu Pogromen gegen die Juden, so zum Beispiel 1871, 1881 und 1905. Im Jahr 1941 griffen die Rumänen als Verbündete des Dritten Reiches Odessa an und besetzten es schließlich im Oktober. Für die Juden begann eine grausame Leidenszeit. In den folgenden drei Jahren war Odessa von rumänischen und deutschen Truppen besetzt. In dieser Zeit wurden etwa 60 000 Einwohner ermordet oder deportiert – und die meisten von ihnen waren Juden. Bei einem Massaker kurz nach der Besetzung wurden von den Rumänen allein 30 000 Juden ermordet.

Hier lebte also die Familie meiner Mutter. Meine Urgroßmutter Tscharna hat als Krankenschwester gearbeitet und den Krieg voll miterlebt, als sie verletzte russische Soldaten versorgte. Mein Urgroßvater Grischa war bei den Partisanen, kämpfte gegen die Deutschen und geriet in Kriegsgefangenschaft. Ich habe ihn noch kennengelernt, aber ich war damals noch ein Kind. Er hatte Glück, denn die Deutschen bemerkten nicht, dass er Jude war. Er passte nämlich gar nicht in ihr rassistisches Klischee vom »typischen Juden«, weil er blond und blauäugig war. So kam er mit dem Leben davon. Wenn er enttarnt worden wäre, wäre er gewiss erschossen oder in ein Vernichtungslager deportiert worden. Seinen Nachnamen hat er den Deutschen nicht preisgegeben. Denn er hieß Talis, ein absolut jüdischer Nachname. Um genau zu sein, entspricht dieser Name der jiddischen Version des hebräischen Wortes Tallit. Der Tallit ist der traditionelle jüdische Gebetsumhang, den sich jüdische Männer während des Gebets über Kopf und Schulter legen. Es ist wirklich gut, dass die Deutschen diesen Namen nicht kannten!

Mein Opa Alexander, sein Zwillingsbruder und seine gesamte Familie kamen aus Berschad im Westen der Ukraine. Wahrscheinlich stammte die Familie ursprünglich aus Königsberg, dem heutigen Kaliningrad. Während des Krieges wurden sie von der deutschen Wehrmacht in Berschad eingekreist und konnten nicht mehr flüchten. Meine Mutter erzählte mir, dass die Familie fliehen wollte, aber es war schon zu spät. Nach der Besatzung wurden die Zeiten sehr schwer. Der Hunger breitete sich immer weiter aus. Um zu überleben, mussten sie Brot stehlen und Streichhölzer verkaufen. Dann aber wurden mein Opa und sein Bruder in das Ghetto von Berschad getrieben. Es war schon wenige Wochen nach dem Beginn des deutschen Überfalls auf die Sowjetunion Ende Juli 1941 eingerichtet worden und wurde zum größten Ghetto für Juden aus Transnistrien. Bis zu 25 000 Bewohner lebten hier unter erbärmlichen Bedingungen in einem kleinen, abgeriegelten

Gebiet, das zwölf Straßen umfasste. In jedes Haus wurden bis zu 60 Menschen gepfercht. Bei einer Typhusepidemie kamen binnen kurzer Zeit 16 000 Juden ums Leben. Auch Alexanders Zwillingsbruder erkrankte irgendwann und starb. Alexander überlebte die Epidemie und schaffte es irgendwie, im Ghetto zu überleben. Saba Alex war nur etwas über 1,70 Meter groß. Er hatte sanfte blaue Augen und dunkle, etwas längere, nach hinten gekämmte Haare. Schon früh entwickelte er Geheimratsecken, aber das machte ihn für die Damenwelt nur attraktiver. Er kleidete sich gerne elegant, war schlank und bewegte sich mit einer gewissen Leichtigkeit, weil er auch ein guter Tänzer war. Er war ein Gentleman der alten Schule und ein Schöngeist. Trotz seiner Schmächtigkeit war er ein zäher Mann, sonst hätte er die Zeit des Krieges nicht überlebt. Er selbst sagte, dass das Regiment der rumänischen Nazi-Verbündeten, die das Gebiet bald verwalteten, etwas weniger grausam war als die vorausgegangene Schreckensherrschaft der deutschen Nazis. In Odessa allerdings soll die Brutalität der rumänischen Besatzer den Nazis in nichts nachgestanden haben. Alexander, der von den meisten Erwachsenen liebevoll Sascha genannt wurde, erzählte später niemals etwas über diese Zeit. Das änderte sich auch nicht, als meine Mutter ihn bewusst darauf ansprach. Die Erinnerung muss sehr schmerzvoll für ihn gewesen sein, zu viele schlimme Ereignisse hatten sich in seine Seele eingebrannt. Heute ärgere ich mich, dass ich ihn nicht dazu bringen konnte, seine Geschichte mit mir zu teilen. Mich würde so wahnsinnig interessieren, was er erlebt – und vor allem, wie er das alles überlebt hat. Er ist aber seit einigen Jahren tot. Als er noch lebte, hüllte er sich in Schweigen. Wenn ich versuchte, mehr zu erfahren, wurde ich von meiner Mutter davon abgehalten. Es hieß einfach, dass er es nicht verkraften würde, über diese Zeit in seinem Leben zu sprechen. Er hatte immer wieder Nächte, in denen er schweißgebadet und völlig verängstigt aus Albträumen aufwachte. Meine Oma musste ihn dann minutenlang beruhigen. Wenn sie am nächsten Tag meiner Mutter davon berichtete, machte sie sich immer große Sorgen. Obwohl es mich sehr interessierte und ich recht früh anfing, mich mit der Geschichte meines Volkes, des jüdischen, zu beschäftigen, gab ich es irgendwann auf, etwas aus ihm herauszubekommen. Heute denke ich oft, ich hätte es versuchen sollen, ganz behutsam. Ob er mir etwas von damals erzählt hätte, weiß ich nicht. Aber ich hätte es versuchen sollen.

■ ■ ■ ■ ■

Meine Großmutter Asia, die spätere Ehefrau meines Opas Alexander und Mutter meiner Mutter, wurde in Odessa geboren und dann wie viele andere Kinder aus dieser Region von den sowjetischen Behörden nach Kasan evakuiert. Safta Asia wer eine recht kleine Frau, gerade mal etwas über 1,50 Meter. Weil sie teilweise von einer sephardischen Familie abstammte, war sie insgesamt ein dunkler Typ – schwarze Haare, dunkler Teint, und ihre Augen waren fast schwarz. In ihrer Jugend war sie Schwimmerin, deswegen blieb sie zeit ihres Lebens körperlich robust und sportlich. Sie entwickelte sich zu einer sehr warmherzigen Person, wurde eine überragende Köchin, tanzte gerne und konnte sehr gut singen.

Die Familie meines Vaters Shlomo hingegen stammte aus Botoschan, einer Stadt in der gleichnamigen Provinz im Nordosten Rumäniens, recht nah an der Grenze zur Ukraine im Norden und Moldawien im Osten. Sein Vater Aryeh Kalmanovich, also mein anderer Großvater, hatte neun Brüder, er selbst war das zweitjüngste Kind. Auch Saba Aryeh war nicht gerade groß gewachsen, hatte hellbraunes Haar und sehr gütige braune Augen. Er war von kräftiger Statur, hatte breite Schultern und große Hände, die anpacken konnten. Er liebte es zu grillen und kannte sich gut mit Autos aus. Schachspielen war seine große Leidenschaft. Er erzählte mir mal, dass er in einem Lager für Displaced Persons auf Zypern, in dem er sich nach dem Krieg eine Weile aufhielt, ein großes Schachturnier gewonnen hatte. Ob das stimmt, weiß ich nicht, aber ich fand diese Geschichte so spannend, dass ich mit sechs Jahren unbedingt Schachspielen lernen wollte. Er brachte es mir bei, und das wurde unser gemeinsames Ritual.

Die Familie hatte einen Landwirtschaftsbetrieb mit einer Pferde- und Rinderzucht, und es ging ihr ziemlich gut. In Europa war es damals eine absolute Ausnahme, wenn Juden in der Landwirtschaft arbeiten durften. Landbesitz war ihnen in den meisten Ländern sogar komplett verboten, so auch in Rumänien. Aber dort konnte man mit Bestechungen Ausnahmen erwirken, anders als in anderen europäischen Ländern. Allerdings gab es auch in Rumänien immer wieder Perioden, in denen es den Juden besonders schwer gemacht wurde. Zum Beispiel nach 1866, als den Juden per Gesetz die rumänische Staatsbürgerschaft verweigert wurde. Hinzu kamen Ausgrenzungen im Bildungswesen und bei der Berufswahl. Als dann aber der Zweite Weltkrieg ausbrach und Rumänien sich mit den Nazis verbündete, wurde die Lage um einiges schlimmer. So ereigneten sich in der Region in den Jahre 1940 und 1941 zwei grausame Pogrome an den Juden Rumäniens. Dabei wurden über 20 000 Juden von deutschen und rumänischen Soldaten ermordet.

Aryeh bedeutet Löwe, das hat mir als Kind immer sehr gefallen. Aryeh war ein starker, kämpferischer, beeindruckender Mann, der Name passte also gut zu ihm. Aber auch er mochte nicht über die damalige Zeit reden. Es wurde immer nur gesagt, das sei eine schwere Zeit gewesen und man habe Glück gehabt. Es wurde nicht geredet, sei es aus Schmerz oder Scham. Ich frage mich, woher die Scham damals kam. In den ersten zehn Jahren nach der Staatsgründung in Israel war es ein großes Tabuthema, das änderte sich erst mit dem Eichmann-Prozess 1961. Es wurde in der Öffentlichkeit einfach nicht über die Opferrolle der Juden während des Holocausts gesprochen. Ich denke, es lag auch daran, dass die israelische Gesellschaft die Tatsache, dass sich Millionen Juden nahezu widerstandslos zur Schlachtbank haben führen lassen, unbegreiflich fand. Da Israel von Nationen umgeben ist, die von seiner Vernichtung träumen, wurde man zwangsläufig dazu erzogen, wehrhaft zu sein. Schließlich wurde Israel bereits 24 Stunden nach seiner Gründung von fast allen arabischen Nachbarstaaten angegriffen. Aber der kleine David wehrte sich. Er wehrte sich das erste Mal nach vielen tausend Jahren gegen einen großen Goliath. Aus dem wehrlosen Ghettojuden wurde ein wehrhafter Israeli. Und der Zionismus, also der Wunsch nach Selbstbestimmung in einem jüdischen Staat, sollte genau diese Mentalität hervorbringen. Da passte es einfach nicht, sich daran zu erinnern, wie Millionen Juden in Viehwaggons gepfercht und in die Gaskammern getrieben wurden, ohne sich zu wehren. Das gilt besonders für die ersten Jahre nach der Shoa und nach der Gründung Israels. Aus Scham und aus dem Willen, neu anzufangen, bildete sich eine Kultur des Schweigens. Erst seit einigen Jahrzehnten wird viel mehr darauf geachtet, dass die ganzen alten Erinnerungen und Zeugenaussagen konserviert werden.

· · · · ·

Meine Familie erlebte Vernichtung, Flucht, Vertreibung, Emigration, Ghettoisierung, Hunger und Elend durch die Nazis und ihre Verbündeten. Am schlimmsten traf es die Familie meiner Großmutter väterlicherseits, Frida. Mitglieder aus ihrer Familie wurden in Lager deportiert und ermordet. Eine ihrer Verwandten wurde vom »Todesengel von Auschwitz«, Josef Mengele, zwangssterilisiert, damit sie sich nicht fortpflanzen konnte. Frida aber versteckte sich in Botoschan, und ihr gelang es irgendwie zu überleben. Sie stammte aus einer sehr religiösen Familie, die sogar einige Rabbiner hervorgebracht hat, darauf war sie sehr stolz. Sie hatte ein sehr hübsches Gesicht mit dunkelbraunen Augen und einer feinen Nase. Auch ihre Haare waren dunkelbraun, fast schwarz, und sehr lockig. Ihre Statur war schlank und zierlich. Wenn sie lachte, konnte sie damit einen ganzen Raum anstecken. Auch sie war eine überragende Köchin. Nach getaner Arbeit rauchte sie sehr gerne mal eine Zigarette.

Frida gelangte zwei Jahre nach dem Ende des Krieges gemeinsam mit meinem Großvater an Bord des Flüchtlingsschiffs Pan York auf die Mittelmeerinsel Zypern, wo sie in einem Lager für jüdische Displaced Persons interniert wurde – dort, wo mein Opa das Schachtunier gewonnen haben wollte. Hier waren Juden untergebracht, die aus ihrer Heimat verjagt oder deportiert worden waren, aber Krieg und Shoa überlebt hatten. Nun wollten sie nicht mehr dahin zurück, woher sie kamen. Das betraf sehr viele Juden, die aus der Ukraine, aus Polen, Rumänien oder anderen osteuropäischen Staaten kamen. Einige dieser Länder waren mit den Nazis verbündet gewesen, und nach dem Krieg regierten dort die Kommunisten. Aber in der Vergangenheit hatte es überall in Europa Pogrome gegeben. Egal wo, überall wurden die Juden gehasst. Warum also dorthin zurückkehren? Frida gelangte also ins Lager nach Zypern – und hier lernte sie Aryeh kennen, der ebenfalls in diesem Lager festsaß. Beide waren Zionisten. Ihnen war klar, dass es für sie nur einen Ort auf der Welt geben konnte, an den sie unbedingt gelangen wollten: Palästina. Dort wollten sie selbstbestimmt leben. Ohne Angst, ohne Verfolgung. Sie waren jung und wollten dabei helfen, einen jüdischen Staat zu gründen.

■ ■ ■ ■ ■

Mein Opa Aryeh war ein junger, starker und widerstandsfähiger Mann. Durch irgendwelche Hindernisse ließ er sich nicht von seinem Plan abbringen. Gemeinsam mit Frida wanderte er 1948, kurz vor der Staatsgründung Israels, in Palästina ein. Er war überzeugter Zionist, während mein anderer Opa Kommunist war. Zu der Zeit wurde die Einreise von Juden nach Palästina stark eingeschränkt, was in den Displaced-Persons-Lagern immer wieder zu Demonstrationen führte. Großbritannien war damals Mandatsmacht für Palästina und konnte damit faktisch die Einreisepolitik dorthin bestimmen. Es gab verschiedene jüdische Organisationen, die Schiffe anheuerten, um heimlich jüdische Einwanderer an Land zu bringen, die in Palästina, dem historischen Heimatland der Juden, ein neues Leben beginnen wollten. Die meisten Schiffe wurden aufgegriffen, so auch die Pan York, aber nach ein paar Monaten im Flüchtlingslager auf Zypern gelang ihnen mithilfe der zionistischen Jugendorganisation Gordonia die Überfahrt. Dabei handelte es sich um eine Organisation, die die Gründung von Kibbuzim und das Wiederbeleben der hebräischen Sprache förderte.

Aryeh kämpfte in den folgenden Jahren für die Integration der rumänischen Juden, die nach Israel kamen und nichts hatten als ihr Leben. Er wurde zu einem echten Aktivisten und half vielen rumänischen Juden dabei, gegenüber Nachkriegsdeutschland ihr Recht auf Reparationszahlungen geltend zu machen. Sonst war er sehr schweigsam, was seine frühen Tätigkeiten in Israel betraf. Er gründete eine Geflügelfarm, die aber nach einer Vogelgrippe-Epidemie pleiteging, und arbeitete später bei Sunfrost, einem großen israelischen Lebensmittelkonzern, als Schichtleiter. Aber da war mehr, das ahnte ich schon als Kind. Nur darüber redete auch Saba Aryeh nicht.

Bis zu dem Tag, als ich in Israel wieder bei meinen Großeltern zu Besuch war und in einem seiner Regale ein Buch über eine berühmte israelische Kampftruppe der Marinestreitkräfte fand. Ihr Name lautete Schajetet 13. Das ist eine hoch spezialisierte und hervorragend ausgebildete Marineeinheit, die 1949 gegründet wurde. Sie ist unter anderem mit Angriffsbooten ausgerüstet. Wer sich für die Schajetet 13 bewirbt, muss topfit sein, die

24

Ausbildung dauert sehr lange und ist sehr strapaziös. Nach anfänglichen Schwierigkeiten hatte sie sich in den verschiedenen Kriegen, in denen Israel von seinen feindlich gesinnten arabischen Nachbarstaaten angegriffen wurde, zu einer echten Eliteeinheit entwickelt.

Ich sah dieses Buch, griff es mir und blätterte darin. Mein Opa fragte mich, ob ich diese Einheit kannte, und ich nickte. Von der Schajetet 13 hatte ich schon mal gehört. Da zeigte er auf ein Bild in dem Buch und fragte:»Weißt du, wer das ist?« Rasch erkannte ich, wer darauf abgebildet war: mein Opa. Er befand sich auf einem kleinen Schnellboot. Das Ruder in der Hand haltend, selbstbewusst nach vorne schauend. Ich schätze, er wird da etwa Mitte 20 gewesen sein. Ich war überrascht und ziemlich beeindruckt. Aus heutiger Sicht komplettiert diese Entdeckung das Bild, das ich von meinem Opa hatte. So wurde er ständig von allen möglichen Leuten auf der Straße gegrüßt, wenn ich während meiner Besuche in Israel mit ihm durch die Stadt ging. Er war ein bekannter Mensch. Es gibt auch Bilder von ihm, auf denen er händeschüttelnd mit Schimon Peres zu sehen ist. Diesen Politiker, der Ministerpräsident und später Staatspräsident war und Träger des Friedensnobelpreises, hat er immer bewundert. Er war auch Anhänger der Arbeiterpartei, der Peres angehörte. Ja, so war mein Opa. Aryeh bedeutet Löwe, das habe ich nie vergessen.

■ ■ ■ ■ ■

Meine Großeltern Aryeh und Frida waren die Ersten, die nach dem Krieg nach Israel eingewandert waren, Aryehs Geschwister kamen dann nach und nach dazu. Aber längst nicht alle Teile meiner Familie wollten ursprünglich in dieses kleine Land mitten in der Wüste, dessen Existenz durchaus unsicher war und das stets wehrhaft und verteidigungsbereit sein musste. Eine ganze Reihe Verwandter des ukrainischen beziehungsweise sowjetischen

Zweigs wollte von dort auswandern, aber ihr Ziel waren eigentlich die USA. Der Bruder meiner Oma zum Beispiel ging dorthin und baute sich erfolgreich eine neue Existenz auf. Als seine jüngere Schwester dann auch nach Amerika auswandern wollte, zeigte sich, dass es nicht so einfach war, von der Sowjetunion in die USA einzureisen. Also landeten viele Familienmitglieder doch in Israel, das war zu Beginn der 1970er-Jahre. Auch meine Mutter kam um diese Zeit nach Israel, da war sie etwa 14 Jahre alt. Zufälligerweise sind meine Mutter und ihre Eltern dann in die Stadt Rechovot gezogen, in der die Familie meines Vaters lebte. Sie sind sogar in die Straße gezogen, in der mein Vater wohnte – was für ein Zufall! Meine Eltern haben sich gleich beim Einzug meiner Mutter kennengelernt, weil mein Vater den neuen Nachbarn auf Geheiß von Großmutter Frida beim Umzug helfen sollte. Meine Mutter ist dann ganz normal zur Schule gegangen. Sie spricht sehr gutes Hebräisch, bis heute. Mein Opa Alexander arbeitete in Israel als Bauingenieur in einer Baufirma. Auch mein Uropa Grischa kam kurze Zeit später mit meiner Uroma Tscharna nach Israel und arbeitete dort in einer Fleischerei.

Oma Asia und Uropa Grischa kamen in Israel gut zurecht, aber für Opa Alex kann man das überhaupt nicht sagen. Von der Mentalität war er einfach zu europäisch für dieses Israel, das er als barbarisch empfand. Die Mentalität der Israelis ist stark geprägt von den Einflüssen des Nahen Ostens. Mein Opa aber war ein Intellektueller, ein Akademiker. Er liebte Konzerte und das Ballett und schätzte die gehobene, anspruchsvolle Unterhaltung. Europäische Manieren waren ihm wichtig. Und er war auch einfach recht hellhäutig, sodass das trockene und heiße Klima schwer für ihn zu ertragen war. Für meine Oma war das alles kein Problem, sie war eine starke und robuste Frau. Meine Oma liebte Israel sehr, sie hat sich ziemlich schnell eingelebt und die Sprache gelernt. Das Klima machte ihr keine Probleme, und sie konnte bald in ihrem Beruf als Krankenschwester arbeiten. Sie hat sich wunderbar dort integriert. Aber meinem Großvater ging es nicht gut in Israel, und so sollten Alexander und Asia das Land bald wieder verlassen.

Von der Familie meines Vaters sind alle gut in Israel angekommen. Das war eine Großfamilie, da half und stützte man sich gegenseitig. Mein Opa Aryeh mit seinem glühenden Zionismus war in Israel perfekt aufgehoben. Die Familie baute sich dann in Rechovot ihren Lebensmittelpunkt auf. Meine Oma Frida lebt heute noch in der Wohnung, die sie sich damals gekauft haben. Mein Vater kam 1955 auf die Welt, meine Tante Monica wurde drei oder vier Jahre später geboren, und mein Onkel Israel noch einmal vier oder fünf Jahre später.

Mein Vater galt als Jugendlicher als schwer erziehbar und hatte eine Menge Probleme. Das ging über Jahrzehnte so, auch als er längst ein erwachsener Mann war. Heute wissen wir, dass er wohl schon seit seinem frühen Erwachsensein an einer Unterform der bipolaren Störung leidet, die aber erst jetzt wirklich behandelt wird. Tante Monica ist am besten klargekommen, sie ist Lehrerin geworden. Onkel Israel dagegen, der jüngere Bruder meines Vaters, hatte ein tragisches Schicksal. Als Kind lernte ich ihn als einen unfassbar lieben, lustigen, intelligenten und talentierten jungen Mann kennen. Dann kam er zur Armee. Ich weiß noch, wie ich einmal zu Besuch kam und in seinem Zimmer ein M16-Gewehr aufgestellt war. Das war für mich als kleinen Jungen natürlich spannend.

Später war er als Verbindungsoffizier Funker in einer Kampfeinheit der Infanterie, die während der ersten Intifada ab 1987 im sogenannten Westjordanland stationiert war. Der Armeejeep, mit dem er unterwegs war, wurde von einem aufgebrachten Mob von Terroristen mit Molotowcocktails beworfen. Einige seiner Kameraden sind im Auto verbrannt. Mein Onkel selbst kam irgendwie noch raus. Aber dieses Erlebnis hat ihn schwer mitgenommen, er leidet seit diesem Tag an einer posttraumatischen Belastungsstörung. In Israel gibt es sehr viele Veteranen, die an dieser Krankheit leiden. Aus heutiger Sicht muss ich wirklich sagen, dass Onkel Israel schon immer eher ein talentierter und sensibler Künstlertyp war, viel mehr ein Poet als ein Soldat. Er war psychisch überhaupt nicht für den Dienst in so einer Einheit geschaffen. Nach diesem Erlebnis war er ein völlig veränderter Mensch. Er schlief nur noch, an vielen Tagen stand er gar nicht mehr aus dem Bett auf. Er wurde sehr dick, und wenn man versuchte, mit ihm ein vernünftiges Gespräch zu führen, begann er zu schreien. An jenem tragischen Tag irgendwo in der Westbank rettete sich mein Onkel Israel aus diesem brennenden Jeep, aber sein Verstand ist leider darin verbrannt.

■ ■ ■ ■ ■

Meine kurze Kindheit in Israel verlief wohl ganz normal. Die Zeit, die ich in meinem Geburtsland gelebt habe, ist in der Erinnerung ziemlich verblasst. Kein Wunder, ich war ja erst drei, als wir gingen. Aber an einige Dinge kann ich mich doch erinnern. Das geht wohl jedem Menschen so, und oft weiß man gar nicht, warum man sich nun eigentlich genau an diese oder jene Begebenheit erinnert, obwohl sie doch gar nichts Besonderes darstellt. Meine frühste Kindheitserinnerung stammt aus der Zeit, als ich zwei oder zweieinhalb Jahre alt war. Sie hat sich sogar als ziemlich starkes Bild in meinem Gedächtnis festgesetzt. Wir lebten zu dritt – meine Eltern und ich, meine Schwester Sharon wurde erst ein paar Jahre später in Berlin geboren – in einer Dreizimmerwohnung. Mein Kinderzimmer hatte so eine merkwürdige mintgrüne Wandfarbe. Ich wachte eines Morgens auf und schaute auf diese grüne Wand. Darin war ein klitzekleines Loch, und aus dem krabbelten Ameisen heraus, eine hinter der anderen. Eine Ameisenstraße über meinem Kinderbett – so marode war die Bausubstanz unseres Hauses damals, wie die meisten Häuser in Israel. Ich ekelte mich nicht vor den Ameisen oder ließ mich sonst irgendwie von ihnen stören. Mit meinen kleinen Fingern nahm ich eine der Ameisen wie mit einer Pinzette auf und steckte sie in Mund. Ich hatte schon kleine Zähnchen und kann mich noch genau an das Knacken im Mund erinnern, als ich draufbiss.

Ich kann mich auch noch genau an unsere Wohnung und ihren Grundriss erinnern. Man trat ein, und vom Flur gleich rechts kam als Erstes die Küche. Lief man weiter den Flur entlang, ging, wiederum rechts, das Wohnzimmer ab. Das war so ein typisches israelisches Wohnzimmer mit einer Veranda, die durch Schiebetüren abgetrennt war. Der Boden war gefliest mit diesen typischen beigen Steinfliesen mit Intarsien, die nahezu in allen Gebäuden der damaligen Zeit verwendet wurden. Wenn man den Flur weiter durchging, kam mein Kinderzimmer mit der Ameisenstraße, und ganz am Ende des Flurs gelangte man schließlich zum Schlafzimmer meiner Eltern. Mehr Zimmer brauchten wir damals nicht. Das Haus, in dem wir wohnten, stand auf Stelzen, so wie viele Häuser damals in Israel. Darunter waren oft die Autos geparkt. In den 1940er- und 50er-Jahren entschied man sich für diese Bauweise wegen des sandigen Bodens. Die Stelzen sollten mit den Jahren tiefer ins Erdreich einsinken und das Gebäude stabiler im Boden verankern.

■ ■ ■ ■ ■

Meine Eltern hatten sich kennengelernt, als sie noch Teenager waren, in einer Zeit als die jungen Leute diese typischen Schlaghosen trugen. Mein Vater hatte damals pechschwarzes, lockiges Haar. Er ließ es länger wachsen. Dadurch türmten sich die Locken auf seinem Kopf zu einer wilden, buschigen Afro-Mähne, wie sie in der Hippie- oder Black-Power-Bewegung üblich war. Meiner Mutter hat das sicher sehr gefallen. Sie war damals ein großer Fan des Musicals *Hair*. Dementsprechend war auch ihr Kleidungsstil. Beide waren begeistert von der Musik der 70er, zwischen der

Hippiezeit und dem Disco-Zeitalter. Meine Mutter liebte Musicals ganz besonders. Beinahe jedes Mal, wenn ein neues Musical für Kinder aufgeführt wurde, fuhr sie mit mir nach Tel Aviv zu den Vorstellungen. Diese Kindermusicals sind in Israel seit Jahrzehnten Teil einer richtig professionellen Industrie. Mit viel Aufwand werden den Kleinen großartige Shows geboten. In den Hauptrollen waren damals israelische Superstars wie Tzvika Pick oder Tzipi Shavit. Sie sangen bekannte Kinderlieder, tanzten und verbreiteten so viel Lebensfreude auf der Bühne, dass jeder sofort mitgerissen wurde. Auf dem Rückweg von diesen Vorstellungen sangen meine Mutter und ich die Lieder weiter, bis wir zu Hause angekommen waren. Es gab die Songs auch auf Kassette, und so hörten wir sie die ganze Zeit, bis ich sie alle auswendig konnte.

Eines Tages machten meine Eltern und ich mit meiner Tante Monica einen Ausflug nach Masada. Das ist eine ehemalige jüdische Festung zwischen dem Toten Meer und der judäischen Wüste. Während des jüdischen Krieges gegen die Römer im Jahre 73/74 verschanzten sich dort fast tausend jüdische Rebellen mitsamt ihren Familien. Masada war eines der letzten Widerstandsnester der Juden gegen die römische Besatzung und ist bis heute ein Symbol des jüdischen Freiheitswillens. Ich kann mich noch gut daran erinnern, wie wir mit der Luftseilbahn hinauf auf das Gipfelplateau gefahren sind. Als kleiner Junge begriff ich die Bedeutung dieses Ortes nicht. Aber als ich vor einigen Jahren das erste Mal wieder dort war, konnte ich spüren, wie sich die belagerten Juden gefühlt haben mussten, als sie die römischen Legionen mit ihren Belagerungsmaschinen näher kommen sahen.

Einmal lag meine Mutter fix und fertig von der Arbeit im Bett und schlief. Sie war Krankenschwester. Das war ein sehr zermürbender Job, sodass sie oft müde war. Ich hatte dafür natürlich überhaupt kein Verständnis und wollte beschäftigt werden. Doch meine Mutter schlief, und mein Vater war bei der Arbeit, sodass niemand mit mir spielte. Ich musste mich mit meinen Holzbauklötzen alleine beschäftigen, aber das war mir zu langweilig. Also weckte ich meine Mutter und sagte zu ihr: »Mama, ich werfe jetzt meine Bauklötze aus dem Fenster.« Als meine Mutter, schlaftrunken, wie sie war, darauf nicht reagierte, schritt ich zur Tat. Kurz darauf klingelte eine Nachbarin an der Wohnungstür. Sie hielt die Klötze in der Hand und meinte, die seien eben aus unserem Fenster auf die Straße geflogen. Als sie wieder weg war, fragte mich meine Mutter: »Jonni, warum hast du das gemacht?« Sie machte sich echte Sorgen um mich, dass mit mir etwas nicht stimmen würde. Schließlich ging sie sogar mit mir zum Kinderpsychologen. Der meinte, ich hätte einfach nur das Gefühl, dass meine Eltern mich vernachlässigen würden. Später, als Jugendlicher in Berlin, hatte ich dieses Gefühl vielleicht wieder. Aber damals ging es nicht zum Psychotherapeuten, sondern auf die Polizeiwache. Doch dazu später.

Das Problem blieb bestehen. Meine Eltern hatten aufreibende Berufe – mein Vater war bei der Armee – und hatten einfach zu wenig Zeit und Geduld für mich. Ob ich ihnen das heute vorwerfe? Ich denke, nein. Es war eben so, wie es war. Aber damals war ich sauer auf Mama und Papa. Ich baute also weiter Mist. Zum Beispiel mit unserem Hund, dem kleinen Dackel Agi. Er mochte mich wohl nicht so, jedenfalls hat er mich einmal ins Schienbein gebissen, bis ich blutete. Ich dagegen benutzte ihn, um gegen meine Eltern aufzubegehren. Immer wenn meine Eltern für eine gewisse Zeit weggingen und ich mich allein gelassen fühlte, setzte ich den Hund auf das Sofa im Wohnzimmer und drückte seinen Kopf in den Bezugsstoff. Das Ziel war, dass er den Stoff zerfetzte, und ich muss sagen, er war dabei ziemlich erfolgreich. Meine Eltern fanden das allerdings gar nicht lustig. Denn das Sofa, so eins im typischen 70er-Jahre-Stil mit komischem Muster, war nagelneu. Sie wunderten sich, warum der Hund ständig das Sofa zerfetzte, und prompt wurde er jedes Mal bestraft. Doch eines Tages kamen meine Eltern früher nach Hause und erwischten mich auf frischer Tat mit dem Hund auf dem Sofa. Mein Vater tobte vor Wut, und ehe es wieder zum Kinderpsychologen ging, gab es erst einmal eine heftige Tracht Prügel. Der Kinderpsychologe hatte diesmal eine ganz interessante Diagnose parat: Erneut kam er zu dem Befund, dass mein Verhalten ein Aufbegehren gegen meine Vernachlässigung sei. Aber er meinte auch, dass ich ganz raffiniert vorgegangen sei. Ich glaube, er hatte eine gewisse Achtung vor mir.

KAPITEL 2

EINE JÜDISCHE KINDHEIT IN DEUTSCHLAND

Weil sich die Eltern meiner Mutter nicht wirklich wohlfühlten in Israel, entschieden sie sich im Jahr 1979, nach Deutschland auszuwandern. Ausgerechnet nach Deutschland, in das Land der Täter, das den Juden so unendlich viel Leid bereitet hatte! Aber neben den USA war Deutschland damals das beliebteste Ziel für ausreisewillige Juden. In den USA aufgenommen zu werden, hielten meine Großeltern für aussichtslos, denn dazu hätten sie eine Green Card gebraucht. Auch in Belgien, wo sie es zuerst versuchten, bekamen sie keine Chance. So kamen Safta Asia und Saba Alex eben nach Westberlin. Möglicherweise entschieden sie sich auch für Deutschland, weil einige Bekannte von ihnen hier lebten. Vielleicht wären sie auch nach Holland oder Österreich gegangen, aber dort kannten sie niemanden. Womöglich hat es auch etwas mit den guten Sozialleistungen zu tun, dass sie hier landeten, aber so wirklich erklären kann ich es mir dennoch nicht. Keiner von ihnen beiden sprach Deutsch, das mussten sie nun, in ihren Vierzigern, erst noch lernen.

Opa Alex hat immerhin einen Job bekommen. Er war studierter Bauingenieur, aber der Abschluss wurde in Deutschland nicht anerkannt. Also musste er sich etwas Neues suchen. Er hat dann später, als meine Eltern und ich schon in Berlin lebten, bei Wertheim am Ku'damm gearbeitet, und zwar als Tischler für die Abteilung

33

Schaufenster und Deko. Vom studierten Ingenieur zum Tischler – das mag nicht so toll klingen. Aber immerhin stieg er in seinem Job bald auf und bekam Verantwortung übertragen. Ich denke, er war letztlich nicht unzufrieden damit. Manchmal habe ich ihn als Kind zu seiner Arbeit am Ku'damm begleitet. Er wurde von allen freundlich gegrüßt und war beliebt. Er seinerseits war jemand, der mit den Deutschen und mit ihrer Vergangenheit nicht so hart ins Gericht ging, vor allem nicht mit der jüngeren Generation, die den Nationalsozialismus nicht miterlebt hatte.

Ich war gerade zwei Jahre alt, meine Mutter war 21 Jahre, und mein Vater war 24, als Saba Alex und Safta Asia Israel verließen. Besonders meine Mutter litt darunter, dass ihre Eltern weggezogen waren. Als wir uns dann knapp zwei Jahre später selbst ins Flugzeug setzten und im kalten, grauen Berlin landeten, hatten meine Eltern gar nicht den Plan gehabt, hier zu bleiben. Sie wollten einfach nur die Großeltern besuchen. Doch der Besuch dauerte immer länger. Und dann, nach etwa sechs Monaten, entschieden sich meine Eltern, es meinen Großeltern nachzutun, damit dieser Teil der Familie wieder zusammen sein konnte. So blieben wir einfach in Berlin, ohne dass das jemals der Plan gewesen war.

Von den Verwandten, die in Israel zurückblieben, hagelte es Kritik. Sie konnten einfach nicht verstehen, warum meine Eltern ausgerechnet ins Land der Täter gingen. Wenn wir später die Verwandten in Israel besuchten, gab es immer wieder Diskussionen darüber. Die Deutschen von heute seien doch nicht mehr die Deutschen von damals, entgegneten meine Eltern dann. Und das stimmte ja auch. Oder wollten sie das vielleicht nur glauben? Mich selbst jedenfalls hat das Argument, als ich älter wurde, nicht überzeugt. Ich war wütend auf meine Mutter wegen des Umzugs und habe sie immer wieder gefragt, warum wir nach Deutschland hatten kommen müssen. Ich wäre gerne in Israel geblieben und würde gerne heute dort wohnen. Oft frage ich mich, wie mein Leben wohl ausgesehen hätte, wenn ich in Israel aufgewachsen wäre.

Nachdem meine Eltern entschieden hatten, in Deutschland zu bleiben, ging meine Mutter auf eine Sprachschule, um Deutsch zu lernen. Mein Vater suchte sich einen Job und arbeitete zunächst als Lkw-Fahrer in einer Speditionsfirma. Nachdem er einen Bandscheibenvorfall erlitten hatte, wurde er Pförtner und Hausmeister in einem jüdischen Seniorenheim. Da er nie einen Deutschkurs besuchte, dauerte es ziemlich lange, bis seine Deutschkenntnisse ein zufriedenstellendes Niveau erreichten, obwohl er eigentlich ziemlich sprachbegabt war. Bei meiner Mutter lief es wesentlich besser. Sie war intelligent und sehr motiviert, und durch die Schule lernte sie recht schnell Deutsch. Aber ihre Krankenschwesterausbildung, die sie in Israel abgeschlossen hatte, wurde in Deutschland nicht anerkannt. Sie konnte bestenfalls als Arzthelferin arbeiten, dabei wäre sie sehr gerne als Krankenschwester tätig gewesen. In Israel hätte sie sogar die Möglichkeit gehabt, Medizin zu studieren. Doch dieser Wunsch wurde ihr in Deutschland nicht erfüllt. Sie fand einen Job in einem Altenheim in Marienfelde. Als wir nach Schöneberg umzogen, wechselte sie in die Arztpraxis einer befreundeten Medizinerin.

Zunächst lief es also mit unserer Familie ganz gut in Deutschland. Musik spielte im Leben meiner Eltern und damit für uns alle in Deutschland eine große Rolle. Meine Mutter konnte richtig gut Klavier spielen, und mein Vater besaß einige Fähigkeiten an der Gitarre. Manchmal haben sie zu Hause musiziert. Diese Momente gehören zu den schönsten Erinnerungen, wenn ich an unser frühes Familienleben denke. Trotzdem haben meine Eltern es später bereut, nach Deutschland gekommen zu sein. Denn bald wurde alles sehr kompliziert, und es entstand ein großes Chaos. Meine Mutter hat sich durchgebissen, mein Vater dagegen ist in Deutschland nie wirklich auf die Beine gekommen. Es gab ständig Streit, richtig übel.

■ ■ ■ ■ ■

Aber meine Eltern waren damals entschlossen, es in Deutschland zu versuchen und sich hier ein Leben aufzubauen. Mein Vater, Mitte 20, hatte wohl die Hoffnung, er könne in Deutschland etwas reißen und dann als reicher Mann nach Israel zurückkehren. Mich fragte niemand, was ich dachte. Natürlich nicht, ich war ja ein kleines Kind. Ich musste mich wohl oder übel hier einleben, in diesem fremden, neuen, kalten Land. Doch auch als kleiner Junge bemerkte ich die Veränderungen. Das Klima war anders, und es roch anders. Mir fehlte das Bunte und die Sonne, die in Israel andauernd schien.

Meine Eltern besorgten uns eine Wohnung in Lankwitz, und wenig später steckten sie mich in einen Kindergarten. Am ersten Tag dort tat ich das, was ich für normal und auch für vernünftig hielt: Ich sprach die anderen Kinder auf Hebräisch an. Man hatte es versäumt, mir zu sagen, dass die meine Sprache gar nicht verstanden. Die anderen Mädchen und Jungen schauten mich verblüfft und verwirrt an. Im ersten Augenblick war ich total wütend auf sie. Als ich nach Hause kam, beschwerte ich mich bitter bei meiner Mutter, dass keiner mit mir gesprochen und mich niemand verstanden habe – und ich die anderen natürlich auch nicht. Da erst ging meiner Mutter ein Licht auf, dass sie mich mal darüber aufklären sollte, dass in diesem Land Deutsch gesprochen wurde, nicht Hebräisch. Mir war auch schon aufgefallen, dass viele Kinder hier anders aussahen als ich. Die meisten waren blond und hatten helle Augen. Meine Mutter hatte sich überhaupt keine Gedanken gemacht, dass mich das alles verwirren könnte. Sie war ja mit ihren 23 Jahren selbst fast noch ein Mädchen. Aber sie sagte etwas ganz Tolles zu mir, was ich bis heute im Ohr habe: Alle diese Kinder, seien sie auch noch so verschieden, sind gute Kinder, mit denen ich ruhig spielen dürfe. Noch heute finde ich, dass das eine sehr schöne Art ist, einem Kind zu erklären, dass es ohne Vorurteile durch die Welt gehen soll, und ich glaube, diese Worte meiner Mutter sind ein wesentlicher Grund dafür, dass ich immer sehr aufgeschlossen, interessiert und freundlich gegenüber anderen Menschen war. Das ist bis heute so. Ich sehe in jedem Menschen erst mal etwas Schönes und ich bin neugierig auf seine Kultur. Vorurteile versuche ich gar nicht erst aufkommen zu lassen.

Ich habe damals innerhalb ganz kurzer Zeit Deutsch gelernt. Es hat vier oder fünf Monate gedauert, dann konnte ich es richtig gut sprechen. Aber ich dachte mir, wenn ich eine neue Sprache lernen muss, sollen die anderen bitte schön auch etwas tun. Und so habe ich den Kindern im Kindergarten ein wenig Hebräisch beigebracht. Wenn meine Mutter dorthin kam, sagten die Kinder:»Jonni, deine Mama ist da, um dich abzuholen« – und sie sagten es auf Hebräisch. Ich habe denen Hebräisch beigebracht und sie mir Deutsch – das war auf jeden Fall ein reger deutsch-jüdischer Austausch. Es ist schön zu sehen, dass Kinder, die noch keine Vorurteile gegen andere Menschen kennen, ganz natürlich miteinander umgehen können.

■ ■ ■ ■ ■

In diesem deutschen Kindergarten fühlte ich mich insgesamt gut aufgehoben und integriert. Ich hatte eine Kindergärtnerin, die hieß Carola, und sie mochte mich sehr. Aber nach etwa anderthalb Jahren wechselte ich in einen rein jüdischen Kindergarten. Das hatte damit zu tun, dass wir von Lankwitz nach Schöneberg zogen, und der neue Kindergarten lag näher bei unserer neuen Wohnung. Das allein kann aber nicht der Grund gewesen sein: Man brauchte mit den öffentlichen Verkehrsmitteln immer noch mehr als eine halbe Stunde, um dorthin zu gelangen. Offensichtlich legten meine Eltern Wert darauf, dass ich eine jüdische Erziehung genoss. Bei uns zu Hause wurde bis auf die großen jüdischen Feiertage kein jüdisches Leben zelebriert. Aber meine Eltern wollten nicht, dass ich völlig ohne Kenntnisse über unsere Religion und unsere Bräuche aufwuchs. Sie wollten, dass wir unsere jüdische

Identität aufrechterhielten. Ich kann das verstehen, meine kleine Tochter geht heute auch in einen jüdischen Kindergarten. Ich möchte einfach, dass sie die jüdischen Feiertage und Bräuche lernt – ob sie dann später den Glauben auch lebt, ist eine andere Sache. Sie singt mit großer Begeisterung hebräische Kinderlieder – genauso, wie ich es damals getan habe. Dazu kam: Man hatte in einem jüdischen Kindergarten einfach einen anderen Bezug zu den Kindergärtnern und Kindergärtnerinnen. Meine Eltern konnten ja damals noch nicht so gut Deutsch, und da war es etwas anderes, wenn sie es mit Erzieherinnen aus Israel zu tun hatten. Mit denen konnten sie besser kommunizieren. Meine Mutter ist bis heute mit Chana, meiner Kindergärtnerin von damals, befreundet.

Es war ein großer Unterschied für mich, als ich das erste Mal diesen jüdischen Kindergarten betrat. Ich war fast fünf Jahre alt. Das Erste, was mir auffiel, waren die Polizisten, die ständig vor dem Gebäude standen. Ich erinnere mich an Horst, das war ein sehr netter Polizist, der immer mit seiner Maschinenpistole vor der Tür stand. Er und seine Kollegen haben den Kindergarten bewacht. Damals gab es dort nur deutsche Polizeibeamte, heute sind darunter auch israelische Sicherheitsleute. Ich fragte meine Mutter, warum diese Polizisten vor unserem Kindergarten stünden, und sie antwortete, dass es leider Menschen gebe, die Juden nicht mochten und ihnen Böses tun wollten. Ich denke, das war das erste Mal, dass ich mit so etwas konfrontiert wurde, aber natürlich war ich zu klein, um zu ermessen, was meine Mutter mir da sagte. Ich habe überhaupt nicht verstanden, was das heißen sollte: Es gibt Menschen, die Juden nicht mögen. Wieso sollte man sie nicht mögen? Wem hatten sie denn etwas getan und was? Ich habe nicht nachgefragt. Ich habe das einfach so akzeptiert.

Damals wusste ich noch nichts über die Geschichte meiner eigenen Familie, die von Vernichtung, Flucht und Vertreibung geprägt war. Über die Shoa hat man uns im Kindergarten nichts beigebracht, das war einfach zu früh. Präsent waren dafür jüdische Feiertage wie Pessach oder Chanukka oder der israelische Unabhängigkeitstag, Jom haAtzma'ut. Überall in den Räumen des Kindergartens waren hebräische Buchstaben aufgehängt, dazu die israelische Fahne und gemalte Szenen aus der Bibel. So sollte uns Kindern die kulturelle Basis des Judentums und des Staates Israel beigebracht werden. Es wurde viel gesungen, natürlich hebräische Kinderlieder, aber auch deutsche. »Alle Vöglein sind schon da« gehörte dazu und viele andere mehr. Wir waren ja in diesem jüdischen Kindergarten nicht ghettoisiert, und Deutsch war die vorherrschende Sprache.

■ ■ ■ ■ ■

Nun lebte ich also seit einiger Zeit in diesem neuen Land, und allmählich lebte ich mich auch ein. Einflüsse und Eindrücke von außen gab es zuhauf, ein kleines Kind lernt und nimmt ständig Neues auf. Da erlebte ich komische Sachen. Eines Tages, als ich noch den deutschen Kindergarten besuchte, hieß es, heute sei der Nikolaustag. Das war ein besonderer Tag für die christlichen Kinder. Draußen war es kalt, die dunkle Jahreszeit hatte die Stadt im Griff, und meine Kameraden sagten mir, dieser Herr Nikolaus ist ein guter Mensch, weil er Süßigkeiten bringt. Die anderen Kinder hatten zu Hause Stiefel aufgestellt, und sie wurden vom Herrn Nikolaus mit Süßigkeiten vollgestopft. Nur einer bekam nicht so einen tollen Stiefel – das war ich. Ich war sehr traurig, und als ich an diesem Tag nach Hause kam, fragte ich meine Mutter, warum dieser Mann mit dem langen Bart nicht auch mir Schokolade gebracht hatte. Meine Mutter reagierte prompt. Sie sagte, dass der arme Nikolaus die vielen Kinder auf der Welt nicht an einem einzigen Tag abarbeiten und beschenken konnte und er eine Art Arbeitsteilung eingeführt hatte. Er würde schon noch zu mir kommen. Ich war beruhigt, erwartungsvoll sehnte ich den nächsten Tag herbei. Meine Mutter muss in Windeseile losgelaufen sein und Schokoladen-Nikoläuse gekauft haben. Jedenfalls stand am nächsten Morgen tatsächlich auch für mich ein Stiefel bereit, der vollgestopft war mit Süßigkeiten.

Nicht einmal drei Wochen später feierten die Menschen schon wieder ein Fest, diesmal ein richtig großes. Weihnachten nannten sie es. Und wir feierten mit. Meine Großeltern stellten in ihrer Wohnung einen festlich geschmückten Weihnachtsbaum auf. Ganz ehrlich, wirklich gefallen hat mir das nicht. Ich fand diesen Weihnachtsbaum befremdlich und habe überhaupt nicht verstanden, warum man sich einen Baum in die Wohnung stellte. Ich kannte so etwas eben auch nicht. Dass unter dem Baum Geschenke lagen, das fand ich natürlich cool. Für mich gab es unter anderem ein Spielzeugauto mit Fernsteuerung. Meine Eltern und meine Großeltern müssen dann darüber nachgedacht haben, ob es richtig sei, diesen uralten christlichen Brauch auch bei uns einzuführen. Sie wollten doch eigentlich gerade, dass ich meine jüdischen Wurzeln kennenlerne. Der Nikolaus jedenfalls mied seitdem unsere Wohnung, und einen Weihnachtsbaum gab es auch nie wieder. Gefehlt hat er mir nicht wirklich.

Apropos Geschenke: Es ist ja nicht so, dass wir Juden an unseren Feiertagen keine Geschenke bekommen. Ich lernte bald, dass es bei jedem jüdischen Fest etwas gibt, wenn auch meistens Geld statt Geschenke. Nur am Geburtstag bekommt man bei uns Geschenke, wie es die Christen an Weihnachten kennen. Weihnachten und all das ganze Drumherum wurde nach meinem Wechsel auf den jüdischen Kindergarten nicht mehr zelebriert. Als ich dann auf die Schule kam, die wieder gemischt war, war es für mich kein Problem, dass ich nicht mitreden konnte, wenn die anderen nach den Weihnachtsferien erzählten, was sie geschenkt bekommen hatten. Wir jüdischen Kinder hatten eben unsere eigenen Feiertage wie Chanukka, Pessach oder Rosch ha-Schana, den jüdischen Neujahrstag, an denen wir dran waren. Über meine Mutter und ihre Geschichte vom Nikolaus, der zu den jüdischen Kindern erst einen Tag später kommt, musste ich noch oft lächeln. Obwohl ich in dem gemischten Kindergarten gut aufgenommen worden war, fühlte ich mich in dem jüdischen besser aufgehoben. Dort sprachen die Erzieher zum Teil auch hebräisch mit uns Kindern. Das kannte ich von zu Hause, denn meine Eltern und ich haben fast ausschließlich hebräisch gesprochen. Meine Mutter hat mit ihren Eltern allerdings auch russisch geredet. Mit der Zeit, als das Deutsche zu der Sprache wurde, die ich am besten beherrschte, kamen auch deutsche Anteile in unsere Kommunikation. Aber das dauerte eine ziemliche Weile. Noch heute rede ich mit meiner Mutter oder mit meinem Vater auf eine ganz natürliche Art hebräisch. Nur wenn ich mal das ein oder andere Wort nicht kenne, wechsle ich zum Deutschen. Auch wenn ich Hebräisch nicht komplett beherrsche, muss ich doch sagen, dass ich diese Sprache irgendwie bequem finde. Das ist schwer zu beschreiben. Tatsächlich ist es so, dass ich auf Deutsch denke, aber auf Hebräisch fühle. Ich höre auch am liebsten hebräische Musik. Die ist einfach näher dran an meinem Gefühlsleben. Das gilt ganz besonders für die hebräischen Kinderlieder, die ich in meiner Kindheit in Israel kennengelernt hatte.

■ ■ ■ ■ ■

Dann wurde ich schließlich eingeschult. Die Grunewald-Grundschule in Wilmersdorf, nur 200 Meter entfernt von der jüdischen Kita, war keine jüdische Schule. Damals gab es noch gar keine jüdischen Schulen in Berlin. Aber meine erste Schule bot immerhin jüdischen Religionsunterricht an, und daher gab es dort auch sehr viele jüdische Kinder. In meiner Klasse war wohl die Hälfte der Kinder jüdisch, stellte ich fest, als ich mir vor Kurzem Klassenfotos aus der damaligen Zeit anschaute. Das war wohl ein ziemlich einmaliges Konzept und eine gute Methode, jüdische Kinder in die

Schule zu integrieren und ihnen gleichzeitig die Möglichkeit zu geben, jüdischen Religionsunterricht zu besuchen und sich zu entfalten. Ich fand das echt schön, alle waren voll integriert. Die Deutschen gehörten genauso dazu wie die Juden. Der Unterricht war komplett auf Deutsch, alles war ganz normal. Nur wenn Religion dran war, gingen die jüdischen Kinder zum jüdischen Religionsunterricht und die christlichen zum christlichen. Die meisten der jüdischen Mitschüler kamen aus Charlottenburg, Wilmersdorf und Reinickendorf, auch aus Schöneberg und Steglitz, einer war aus Moabit. Aus Neukölln, Kreuzberg oder dem Wedding kam, soweit ich weiß, keiner. Ich kannte viele der jüdischen Mitschüler schon aus dem Kindergarten, wir waren so eine Art Clique, eine Gemeinschaft.

Kein Wunder also, dass ich die Zeit damals als sehr angenehm empfand. In der Grunewald-Grundschule habe ich mich sehr gut aufgehoben gefühlt. Ich war damals ein guter Schüler, vor allem war ich immer sehr gut in Sport. Andere Lieblingsfächer waren Musik und Sachkunde. Und Deutsch – ich konnte gut Gedichte auswendig lernen, und ebenso mochte ich Diktate. Die Schule machte mir Spaß, und das Lernen fiel mir überhaupt nicht schwer. Ich musste fast nichts für meine guten Noten tun. Ich war an unheimlich vielen Dingen interessiert und wusste schon in diesem Alter vieles, wovon andere Kinder noch gar keine Ahnung hatten.

Mein bester Freund damals hieß Raphael. Ich kannte ihn schon aus dem Kindergarten. Wir waren wie Pech und Schwefel. Sein Vater war ein deutscher Jude. Raphael war ein Träumer und mit allem ein bisschen langsam. Aber er war ein ganz lieber Junge. Seine Haare waren pechschwarz und lockig, seine dunklen Augen hatten einen frechen und unschuldigen Ausdruck zugleich. Als wir in der dritten Klasse waren, kam ein neuer Schüler dazu. Der war ein bisschen dicker, dunkelhaarig und schaute stets ein wenig grimmig. Als die Lehrerin ihn uns anderen vorstellte, strahlte ich. Er hieß mit Vornamen Israel. Endlich hatte ich jemanden in der Klasse, mit dem ich hebräisch sprechen konnte. Von den anderen jüdischen Kids in meiner Klasse konnte nämlich keiner Hebräisch. Israel war für sein Alter ziemlich groß und kräftig, ich dagegen war ziemlich klein und schmächtig. So wurde Israel eine Art Beschützer für mich. Denn obwohl ich so schmächtig war, hatte ich eine ziemlich große Klappe. Klein und gleichzeitig vorlaut zu sein ist aber nicht so gut, wenn man nicht regelmäßig eins auf die Nase bekommen will.

Da gab es diesen einen Mitschüler, der es irgendwie auf mich abgesehen hatte: Sammy, er war ziemlich stark und groß, ein Bully, gegen den ich überhaupt keine Chance hatte. Der hatte mich gerne hier und da mal aufgeknüpft oder versucht, mit mir irgendwelche Wrestling-Positionen nachzustellen, die für mich gewöhnlich nicht gut ausgingen. Als Israel in die Klasse kam, beschützte er mich und zeigte Sammy seine Grenzen auf. Dafür war ich ihm sehr dankbar. Raphael, Israel und ich, wir drei wurden ein tolles Team, wir waren wie Tick, Trick und Track: immer zusammen und eigentlich immer nur Blödsinn im Kopf. Nach der Schule sind wir in den Hort gegangen. Der gehörte zum jüdischen Kindergarten, sodass die Verbindung nicht abriss. Dort konnte man seine Hausaufgaben machen – und spielen. Wir haben Tischtennis und Fußball gespielt und vieles andere mehr. Es war eine ziemlich behütete Zeit, an die ich mich sehr gerne erinnere.

Später ging ich in das jüdische Jugendzentrum in der Joachimsthaler Straße, unweit des Ku'damms. Da waren nicht nur die jüdischen Kids, die man aus der Schule kannte, sondern auch noch andere Kinder. Dort gab es auch Erzieher oder Madrichim, wie es auf Hebräisch heißt. Den Begriff kann man ganz gut mit dem deutschen Wort »Wegbereiter« übersetzen. Das sind ältere jüdische Jugendliche, die sich um die Kleineren kümmern.

Die Organisation der jüdischen Jugendzentren veranstaltete regelmäßig Ferienlager, Machanot genannt. Damals gab es das einmal im Sommer und im Winter, heute findet es noch häufiger statt. Ab einem Alter von sieben Jahren durfte man mitfahren. Mein erstes Machane fand in Bad Sobernheim in Rheinland-Pfalz statt, zwei Wochen im Sommer, ich war einer der Jüngsten in der Gruppe. Das war wunderschön dort. Wir gingen viel wandern und spielten zusammen. Wir wurden aber auch in die jüdische Tradition eingeführt und feierten den Schabbat. Am Freitag wurden die Kerzen angezündet, dann wurde gelesen. Es gab auch ganz tolle Arbeitsgemeinschaften und Projekte, Chugim und Peulot auf Hebräisch. Auf dem Programm stand Basteln, Rollenspiele, Theater, Comedy und vieles mehr. Es ging dabei nicht nur um Freizeitspaß, sondern auch sehr viel um Wertevermittlung. Auch die Geschichte des Judentums stand auf dem Programm. Erst einmal nur wohldosiert, wir waren ja noch Kinder. Aber wir realisierten allmählich, dass wir irgendwie zu einer Volksgemeinschaft gehörten, die eine sehr lange und wechselvolle Geschichte hat. Und die sehr viel Leid ertragen musste. Viele Madrichim hatten einen israelischen Background, sie sprachen vor der Gruppe hebräisch. Für mich war das toll, wenn ich mich mit ihnen auf Hebräisch unterhalten konnte. Ich verspürte dann immer so eine spezielle Verbindung. Auf diesen Ferienlagern kamen jüdische Kids aus ganz Deutschland zusammen. In den ersten Jahren waren es meistens deutsche Kinder, später kamen viele russischstämmige dazu. Häufig sah man diese Kinder nach einem halben Jahr wieder, wenn es wieder auf Fahrt ging.

Wenn ich im Winter zum Machane fuhr, fiel das immer auf Chanukka, das jüdische Lichterfest. Dort haben wir dann gelernt, worum es dabei genau ging: den Aufstand der Makkabäer und die Wiedereinweihung des zweiten jüdischen Tempels in Jerusalem. Es gab da den König Antiochus, der den Juden ihre Kulte verboten hatte. Wir erfuhren, dass die Juden nicht bereit gewesen waren, sich dem Verbot zu beugen. Eine Geschichte, an die ich mich in diesem Zusammenhang erinnere, erzählte uns der Rosch. Der

Rosch ist der Kopf des Machane, also der Leiter. Das war stets eine sehr erfahrene Person, die auch älter war als die anderen. Dementsprechend hatte diese Person auch eine bestimmte Autorität und Aura. Unser Rosch erzählte uns von einem Jungen, der hieß wie ich: Jonathan. Er war der jüngste Sohn des Matthias aus dem Geschlecht der Hasmonäer. Eines Tages kam König Antiochus und sagte zu Jonathan, er solle vor ihm niederknien. Es ist aber ein großes Problem für Juden, vor einem anderen Menschen niederzuknien – Juden knien nur vor Gott. Jonathan weigerte sich also, dem Befehl des Königs zu folgen. Daraufhin legte Antiochus Süßigkeiten vor Jonathans Füße, denn er glaubte, der Junge werde sich hinknien, um sie aufzuheben. Doch Jonathan ließ sich nicht manipulieren. Er drehte sich um und wandte dem König den Rücken zu. Erst danach ging er auf die Knie und hob die Süßigkeiten auf. Die Chuzpe und der Mut haben mir unglaublich imponiert.

Mit dieser Geschichte wurde uns beigebracht, dass wir uns nicht schämen sollen, weil wir Juden sind, aber eben auch, dass wir keine Mentalität als Opfer entwickeln sollen. »Steht dazu, wer ihr seid!«, lautete die Lektion. Das wurde uns sehr selbstbewusst vermittelt. »Lasst euch nicht erniedrigen!« Das hatte etwas mit Emanzipation zu tun. Dagegen wurde uns niemals beigebracht, dass wir als Juden etwas Besseres sind, dass wir als Juden über den anderen stehen oder so etwas. Das habe ich niemals gelehrt bekommen, weder in den Ferienlagern noch in der jüdischen Gemeinde oder in Israel, wenn ich dort in Urlaub bei meiner Familie war. Wir haben auch gelernt, dass es andere Menschen gab, die den Juden immer wieder geholfen haben, wenn sie in Not waren – und wir lernten, dass auch wir als Juden anderen Menschen stets helfen sollen.

Zu unserem jüdischen Selbstbewusstsein gehörte es auch, dass wir mit der Kippa herumliefen. Während meines ersten Ferienlagers wollte ich sie gar nicht mehr absetzen. Sie wurde für mich zu einem ganz normalen Kleidungsstück, das man eben trug. Wenn ich daran denke, dass man deshalb heute am helllichten Tag auf der Straße angepöbelt oder gar angegriffen wird, werde ich unglaublich wütend. Schließlich ist die Kippa ein Symbol der Demut, das daran erinnern soll, dass es stets etwas gibt, das höher und größer ist als wir selbst.

· · · · ·

In diesem Ferienlager waren auch immer Kinder von meiner Schule dabei. Wir verbrachten dort eine schöne Zeit zusammen. Bei meiner Rückkehr nach Berlin freute ich mich jedes Mal wieder auf die Schule und darauf, die anderen Kinder wiederzusehen. Doch eines Tages, nach einem dieser Sommerlager, stand wie aus heiterem Himmel eine einschneidende Veränderung in meinem Leben an. Weil ich auf meiner Schule zu den guten Schülern gehörte, rieten die Lehrer meiner Mutter, dass ich nach der vierten Klasse aufs Gymnasium wechseln sollte. Meine Mutter fühlte sich geschmeichelt und stimmte begeistert zu. Nur einer wurde mal wieder nicht gefragt: ich. Hätte man mich gefragt, hätte ich sicher Nein gesagt, denn ich wollte unbedingt bei meinen Freunden und in der behüteten Gemeinschaft auf der Grunewald-Grundschule bleiben. Bis heute denke ich, dass diese Entscheidung schlicht falsch und nicht gut für mich war. Denn ich wurde aus meinem gewohnten Umfeld und von meinen Freunden weggerissen, einfach so. Damals war es auch nicht so wie heute, dass man leicht Kontakt halten konnte. Soziale Netzwerke gab es noch nicht und auch keine Smartphones. Daher war es häufig so: aus den Augen, aus dem Sinn. Tatsächlich verlor ich rasch den Kontakt zu meinen bisherigen Mitschülern.

Ich kam also auf das Goethe-Gymnasium in Wilmersdorf. Das war eine völlig andere Welt, und ich tat mir sehr schwer, mich in ihr einzufinden. Es gab unglaublich viel Stoff, der in die Hirne von uns Schülern reingeballert wurde. Nun stellte ich fest, dass ich während der lockeren Zeit auf der Grunewald-Grundschule eins überhaupt nicht gelernt hatte: zu lernen. Jetzt musste ich plötzlich lernen, lernen und nochmals lernen, und es gab richtig fett Hausaufgaben, jeden Tag. Ich hatte als erste Fremdsprache Latein, was mir überhaupt nicht lag. Von heute aus betrachtet, wundert es mich nicht, dass es mir widerstrebte, Latein zu lernen. Schließlich war es die Sprache derjenigen, die uns Juden einst aus unserer Heimat vertrieben. Vielleicht war ich aber auch einfach nur zu faul. Zu allem Überfluss geriet die Ehe meiner Eltern genau zu dieser Zeit in eine ernsthafte Krise. Es gab viel Streit bei uns zu Hause, und natürlich litt ich sehr darunter. Ich war traurig, gestresst und hatte auch überhaupt keine Ruhe, zu lernen und zu arbeiten. Die Folgen sind leicht zu erahnen: Meine schulischen Leistungen wurden sehr schlecht. Ich sackte rapide ab. Die Jahre meiner behüteten Kindheit waren plötzlich zu Ende.

Der Kiez, in dem wir wohnten, lag zwischen Wittenberg- und Nollendorfplatz. Das war eine andere Welt als Lankwitz. Es gab viele türkische und arabische Familien hier, auch persische und deutsche natürlich. Und ich kann mich an zwei jüdische Familien erinnern. Schöneberg war nicht Kreuzberg oder Wedding, aber es war eben auch nicht Lankwitz oder Wilmersdorf, es lag irgendwo dazwischen. Es war ziemlich durchmischt.

Für mich existierten von nun an drei klar voneinander getrennte Welten. Einmal die Welt in der Schule. Dann die Welt des jüdischen Jugendzentrums. Und nun in dieser Gegend, in der ich aufwuchs, die Welt der Hinterhöfe. In Lankwitz hatte es damals kaum ausländische Kinder gegeben, jetzt gab es sehr viele Migranten in meinem Umfeld. Und ich war einer von ihnen. Ich spürte keinerlei Unterschiede zu den anderen, zu den Türken, Kurden, Arabern. Wir waren alles dunkle Typen, hatten dunkle Haare und einen nichtdeutschen Hintergrund. Unsere Kinderwelt waren die Hinterhöfe zwischen den Hochhäusern. Das Viertel war gemischt, es gab Hochhäuser wie das unsrige, aber auch Altbauten und dazwischen vier- oder sechsstöckige Neubauten aus der Nachkriegszeit. Aber wir hielten uns ständig im Hof auf. Man ging nachmittags runter, traf sich dort und spielte zusammen. Ich fand schnell einen neuen Freund in dieser neuen Welt vor meiner Haustür. Er hieß Hassan, und wir waren etwa gleich alt. Hassan hatte eine etwas dunklere Haut und war sehr nett. Er wurde für mich das, was Raphael und Israel in der Grundschule waren – ein ziemlich bester Freund. Raphael und Israel sah ich nun kaum noch. Unsere Eltern arbeiteten alle, und sie konnten uns nicht nachmittags zum Spielen irgendwohin fahren. Stattdessen traf ich mich von nun an also mit den Kids vom Hof. Hassan hatte einen türkischen Vater und eine arabische Mutter. Es gab da auch noch drei Brüder, das waren christliche Araber, sie hießen Karim, Philipp und Richard. Wir haben Fußball gespielt, Fangen und mit Murmeln und was man so alles in dem Alter macht. Niemand interessierte sich dafür, ob wir Araber, Türken, Kurden, Juden oder sonst irgendwas waren. Wir kannten ja nicht einmal die Unterschiede. Abends, wenn Essenszeit war, ging man nach Hause. Niemals besuchte einer den anderen. Daher lernten wir auch nie die Welt des anderen kennen, wir sahen nicht, wie er lebte. Man traf sich auf dem Hof, sonst nichts.

■ ■ ■ ■ ■

Aber eines Tages verloren wir unsere Unschuld. Mit einem Mal knallte die große Politik in unsere kleine Welt. Und schuld daran war ein Mann, dessen Namen ich nie zuvor gehört hatte: Elvis Presley. An diesem Tag kam Hassan mit einem Bildband über den King of Rock'n'Roll in den Hof. Er war total begeistert. Dieser Elvis, das sei ein toller Typ, sagte er, so wolle er auch werden, wenn er erwachsen sei. Ich wusste überhaupt nicht, wer das war, aber als wir gemeinsam das Buch durchblätterten und uns die Bilder anschauten, wuchs auch meine Begeisterung. Diese gemeinsame Begeisterung war vielleicht der intimste Augenblick, den wir je zusammen hatten. Wohl aus dieser Stimmung heraus fragte er mich, woher ich komme. Ich war gerade von einem Urlaub bei meiner Familie in Israel zurück und stand ganz unter dem Eindruck der schönen Zeit, die ich dort verbracht hatte. Ich sagte, dass ich in Israel geboren bin.

Ich kann mich nicht mehr daran erinnern, ob sich sein Gesicht verfinsterte oder ob er daraufhin etwas zu mir gesagt hatte. Aber am nächsten Tag war alles anders. Hassan brachte zwei ältere Jungs mit, die offenbar nicht gut auf Israelis oder Juden zu sprechen waren. Ich hatte sie noch nie zuvor gesehen, aber sie wollten mich verprügeln, das spürte ich sofort. Ich weiß nicht, ob Hassan am Abend zuvor seinen Vater oder seine Mutter gefragt hatte, was eigentlich ein Jude und Israeli ist. Ich jedenfalls verstand überhaupt nicht, was los war. Aber mir war klar, dass die beiden Älteren Hassan vorschicken wollten – er sollte mich irgendwie angreifen, und wenn ich mich wehrte, würden sie mich festhalten und zu dritt fertigmachen. Ich wollte mich nicht einfach überfallen und verprügeln lassen. Ich wollte nicht wehrlos sein, ich wollte mich wehren. Ich wollte, wenn es denn sein musste, immer in der Lage sein, mich zu wehren. Daher hatte ich auch kurz zuvor mit Taekwondo-Training angefangen. Ich war nicht aggressiv und ich wollte keinen Streit. Aber ich wollte mich verteidigen. Ich war klein, aber wendig und schnell und vielleicht auch im Kopf schneller als die anderen. Und ich hatte ganz einfach Glück, so wie ich später oft in vergleichbaren Situationen Glück haben sollte. Als Hassan auf mich zukam und mich packen wollte, packte ich ihn, ließ mich einfach nach hinten fallen, trat ihm mein Bein in den Bauch, machte eine Rolle rückwärts und warf ihn dabei über mich rüber. Das alles ging unglaublich schnell, es war eine Art Reflexreaktion. Hassan jedenfalls konnte gar nicht reagieren – und er flog direkt gegen einen Laternenpfahl. Das muss richtig wehgetan haben.

Die anderen beiden Jungs waren von meiner Reaktion sichtlich beeindruckt. Sie schritten nicht ein, und auch Hassan tat nichts, als er wieder auf die Beine gekommen war. Hassan war danach nie wieder gemein zu mir, aber unsere Freundschaft wurde auch nie wieder wirklich eng. Es war von da an anders zwischen uns, irgendetwas war kaputtgegangen. Ich aber lernte etwas daraus: Hätte ich mich nicht gewehrt, wären die beiden großen Jungs ganz sicher mit eingestiegen, und die drei hätten mich zusammen verprügelt. Durch meine entschlossene Haltung, mit der ich mir Respekt verschafft hatte, hatte ich das verhindern können. So bekam ich an diesem Tag in meinem Berliner Hinterhof gleich eine doppelte Einführung in die große Politik: Als Jude wirst du angegriffen, nur weil du Jude bist; und wenn du angegriffen wirst, musst du dich wehren, um zu bestehen. Das war mir damals natürlich noch nicht so klar, aber es setzte sich in meinem Unterbewusstsein fest. Es half mir später immer wieder.

■ ■ ■ ■ ■

Zu Hause wurde das Familienleben unterdessen schwieriger. Unproblematisch war die Ehe meiner Eltern eigentlich nie gewesen. Es hatte immer mal wieder harmonischere Phasen gegeben, die nach einer gewissen Zeit von turbulenten Phasen durchkreuzt wurden. Dann gab es zu Hause sehr viel Streit zwischen meinen Eltern. Das konnte so weit gehen, dass meinem Vater die Sicherungen durchbrannten und ihm die Hand ausrutschte. Während dieser Phasen benahm er sich meistens ziemlich großspurig und respektlos. Für meine Mutter war es sicher sehr schwer, diese Wesensveränderung meines Vaters auszuhalten. Insbesondere, weil niemandem klar war, dass es sich dabei um eine Persönlichkeitsstörung, also eine Erkrankung, handelte. Auch für mich waren diese Wesensveränderungen eine immer wiederkehrende Tortur. Während seiner besseren Phasen konnte er sich sehr liebevoll und geduldig verhalten, sich Zeit für meine Schwester und mich nehmen, mit uns basteln, mit uns Drachen steigen lassen oder mit uns rumalbern. Doch das konnte sich von einem Tag auf den anderen umkehren, über viele Monate hinweg. Dann benahm er sich kalt und war sehr reizbar. Kleinigkeiten störten ihn dann gewaltig – wenn ich in der Wohnung ohne Hausschuhe herumlief, konnte das einen Wutausbruch bei ihm auslösen. Häufig wurde ich wegen derartiger Regelverstöße von ihm bestraft oder erniedrigt. Nicht selten mit Schlägen, aber so ziemlich jedes Mal mit zutiefst verletzenden Äußerungen. Diese verbalen Angriffe waren für mich so schlimm, dass ich es irgendwann vorzog, geschlagen zu werden. Meine Mutter versuchte dann, so gut sie konnte, mich vor meinem Vater in Schutz zu nehmen, und zog dadurch immer wieder seinen Zorn auf sich.

Gott sei Dank ging er mit meiner Schwester nicht so harsch um. Warum das so war, kann ich nicht genau sagen. Vielleicht, weil sie sechs Jahre jünger war als ich und ich als Junge seiner Ansicht nach einer härteren Gangart in der Erziehung bedurfte. Meine Schwester kam in Berlin zur Welt und war ein bildhübsches Baby, mit ihrem etwas dunkleren Hautton und den fast schwarzen Augen. Als sie ein Kleinkind war, wurden ihre dunklen Haare lockiger, aber nicht ganz so stark wie bei unserem Vater. Heute haben wir ein sehr gutes Verhältnis, aber damals, als Kinder, war unsere Beziehung wegen des Altersunterschieds und der Ungleichbehandlung unseres Vaters von geschwisterlichen Scharmützeln geprägt.

■ ■ ■ ■ ■

Nach dem Erlebnis mit Hassan und den anderen Jungs ging ich zunächst noch öfter in meine jüdische Welt im Gemeindezentrum. Ich fühlte mich noch stärker dort hingezogen als zuvor. Aus meinen drei Welten wurden dann aber irgendwann zwei. Und ausgerechnet aus der jüdischen Welt schied ich aus, als ich etwa 13 oder 14 Jahre alt war. Das hatte nichts mit der Religion zu tun. Soziale Konflikte traten in mein Leben – und zwar in Form von

Levis-Jeans. Damals kamen viele Juden aus Russland nach Berlin, und die hatten Geld. Sie legten sehr viel Wert auf Markenklamotten. Levis und Chevignon waren damals angesagt, aber die Jeans kosteten. Meine Eltern waren bescheidene Leute, sie hatten sich gerade selbstständig gemacht und eine Reinigung eröffnet. Teure Klamotten für meine Schwester und mich konnten sie sich nicht leisten. Und ich hatte bis zu dem Tag, an dem ich von einem Jungen das erste Mal in der jüdischen Gemeinde darauf angesprochen wurde, gar keine Ahnung gehabt, dass es wichtig sein sollte, welcher Markenname auf meiner Jeans stand. Ich trug Jeans von Wit-Boy, die waren billig. Aber es existierte dort eine Zweiklassengesellschaft – diejenigen mit den teuren Klamotten gehörten zu der einen Klasse, die mit den billigen zu der anderen. Das nervte mich, da wollte ich nicht mitmachen. So ging ich immer weniger ins Jüdische Gemeindezentrum, bis ich irgendwann ganz fernblieb. Meine Eltern fragten zwar nach, aber sie taten nichts, um mich dort wieder hinzubringen. Meine Welten waren nun die Schule und der Hinterhof. Bald lernte ich neue Freunde kennen, und wir weiteten unseren Aktionsradius aus. Und dann ging es auch nicht mehr bloß ums Murmelspielen.

Vom Hof und von der Straße kannte ich antisemitische und gewalttätige Vorkommnisse schon, aber die Schule war für mich ein Schutzraum. Dass ich so etwas auch hier erlebte, war neu. Wegen meiner schlechten schulischen Leistungen hatte ich zwischenzeitlich vom Gymnasium auf die Uhland-Grundschule gewechselt, und dort passierte Folgendes: In meiner Parallelklasse gab es einen Schüler, der hieß Ahmed. Er war Palästinenser, hatte tiefschwarzes Haar und trug meistens eine Fliegerjacke von Alpha Industries. Dazu war er schulbekannt als Schläger. In meiner Klasse wiederum war ein persischer Schüler. Dessen Eltern waren noch vor der Revolution im Iran geflohen. Wir waren gut befreundet. Er hieß Adnan. Er war sehr sportlich und kräftig und ließ sich von einem Schulschläger nicht beeindrucken. Wir mochten uns auf Anhieb, er hatte so einen gewissen Beschützerinstinkt und hielt seine Hand schützend über mich, wenn es nötig war. So wie Israel mich auf der Grunewald-Grundschule beschützt hatte, machte das nun Adnan. Eines Tages gerieten Ahmed und Adnan aneinander, auch, aber nicht nur wegen mir. Sie prügelten sich im Flur, aber Ahmed musste einsehen, dass er bei Adnan nicht weit kam. Darauf ließ er von ihm ab und ließ von nun an auch mich in Ruhe. Stattdessen suchte er sich einen anderen jüdischen, etwas jüngeren Jungen namens Lior als neues Opfer. Der ist übrigens heute Krav-Maga-Lehrer. Und ich vermute, dass die Erfahrungen mit Ahmed ihren Teil dazu beigetragen haben, dass er sich später so intensiv auf dieses Selbstverteidigungssystem konzentrierte.

Ahmed knüpfte sich Lior immer wieder vor und beschimpfte ihn, weil er Jude war. Eines Tages bedrohte er ihn mit einem Butter-fly-Messer. Ich weiß nicht, ob Lior daraufhin zu seinen Eltern oder zu einem Lehrer gegangen ist, ich kann es nur vermuten. Jedenfalls machte der Vorfall unter den Schülern hinter vorgehaltener Hand die Runde. Es gab aber keine offizielle Strategie der Schule, um uns für das Thema zu sensibilisieren, und auch keine Ansprache. Der eine war Palästinenser, der andere Jude – dieses Fass wollte man an der Schule nicht aufmachen. Aber plötzlich war der Nahost-Konflikt an unserer Schule präsent, ob man das nun vertuschte oder nicht. Es wurde lieber geschwiegen und damit alles unter den Teppich gekehrt. Ich weiß nicht, ob Ahmed von der Schule verwiesen wurde, jedenfalls hat man ihn auf dem Schulhof kaum noch gesehen. Die Einzigen, die darüber untereinander sprachen, waren wir wenigen jüdischen Schüler. Wir fühlten uns alleine gelassen und nicht ernst genommen. Und einige jüdische Kids der unteren Klassen begannen, ihre jüdische Identität zu verheimlichen.

In der Schule breitete sich unter uns jüdischen Kindern daraufhin ein Unsicherheitsgefühl aus. Wir wollten nicht auffallen. Viele haben sich dadurch noch mehr in die jüdische Welt zurückgezogen. Man muss aber auch sagen, dass das Problem damals vor allem eins unter den Jungs war. Bei den Mädchen zeigte sich das nicht so, allerdings sollte sich auch das bald ändern, wie meine Schwester zu berichten wusste. Als sie nämlich Jahre später von der jüdischen Heinz-Galinski-Grundschule auf die Kopernikus-Oberschule in Berlin-Steglitz wechselte, wurde von einem Moment zum nächsten auch ihre jüdische Abstammung zum Einfallstor für Anfeindungen.

Obwohl meine Schwester ein Mädchen war, das sich ganz gut wehren konnte, konnte sie nichts dagegen tun, denn ihr Name verriet sie, egal wo sie war. Meine Schwester hatte ihren Namen Sharon in Anlehnung an unsere Urgroßmutter Tscharna erhalten. Durch den israelischen General und Politiker Ariel Scharon war dieser Name für viele ihrer Mitschüler als jüdisch oder israelisch identifizierbar geworden. So geschah es, dass sie an ihrer Schule immer wieder antisemitischem Mobbing ausgesetzt war. Ähnlich wie bei mir wurde ihr von Klassenkameraden vorgeworfen, dass Juden den Palästinensern ihr Land geraubt hätten oder dass Juden die Welt beherrschten. Einige machten dumme Sprüche wie »Sharon braucht Gas« oder witzelten in ihrer Anwesenheit über den Holocaust. Als sie eines Morgens in ihrem Klassenzimmer an ihrem Tisch saß, entdeckte sie darauf Kritzeleien. Von Mal zu Mal wurden es mehr. Es begann mit Hakenkreuzen. Einige Wochen später kamen durchgestrichene Davidsterne dazu. Sie hat nie erfahren, wer ihr diese Botschaften schickte, und sie tat immer so, als würde ihr das nichts ausmachen. In Wahrheit jedoch verletzten sie diese Anfeindungen zutiefst.

Als einzige israelische Jüdin an ihrer Schule hatte sie niemanden, mit dem sie darüber sprechen konnte. Sie erzählte mir, dass sie sehr enttäuscht darüber war, dass es unter ihren befreundeten Mitschülern niemanden gab, der dieses Mobbing öffentlich verurteilte. Die meisten hörten weg oder machten sogar mit, um sich bei der Gruppe der Mobber einzuschleimen. Sie beschrieb mir, dass zunächst vor allem Schüler mit Migrationshintergrund zu den Mobbern zählten. Nach und nach kamen aber auch immer mehr Deutsche dazu, die zu den »Coolen« dazugehören wollten. Den Höhepunkt erreichte das Ganze, als sie in der 9. Klasse während ihres Berufspraktikums von einer Mitpraktikantin dazu angehalten wurde, ihren echten Namen nicht zu verraten, weil es in dem Betrieb wohl auch palästinensische Praktikanten gab, die für ihren Judenhass bekannt waren. Sie wollte keinen Ärger, und so nannte sie sich über den gesamten Zeitraum ihres Berufspraktikums Charleen. Und siehe da, die Anfeindungen hörten plötzlich auf.

■ ■ ■ ■ ■

Eine Sache machte mir damals besonders viel Spaß: Geräteturnen. Eines Tages meinte mein Sportlehrer zu mir: »Warum machst du das nicht mal in einem Verein?« Ich hatte Lust dazu und ging zum Sportverein TC69, der eine Turnabteilung hatte und gleich um die Ecke von der Schule lag. Unsere Trainingshalle war in der Nähe des U-Bahnhofs Blissestraße in Wilmersdorf. Ab da hatte ich auch immer eine Eins in Sport. Durch den Verein machte ich, abseits des Sports, eine Erfahrung, die mir zeigte, wie wenig die Deutschen eigentlich über die Juden wissen. Der Verein war mit anderen Vereinen in Westdeutschland vernetzt, und wir nahmen an Austauschprogrammen teil. Wenn man unterwegs war, wohnte man bei einer Gastfamilie. Einmal wurde ich einer Familie irgendwo in Baden-Württemberg zugeteilt. Sie hatten ein großes Haus mit drei Etagen direkt am Waldrand, und es gab kleine Katzen. Ich hatte eine schöne Zeit, und die Familie war echt nett zu mir. Sie wussten auch, dass ich Jude bin und aus Israel komme. Einmal wollten sie mir etwas richtig Gutes tun und mir einen besonders schönen Abend machen. Die Mutter gab sich echt Mühe und kochte ein tolles Essen. Als sie mich riefen, war der Tisch sehr festlich gedeckt, so etwas kannte ich von zu Hause nur an den jüdischen

Feiertagen. Die Mutter sagte: »Schau mal, Jonathan, heute gibt es Schweinebraten. Den magst du doch, oder?« Dass Juden, wenn sie religiös sind, kein Schweinefleisch essen, hatte sie nicht bedacht, oder sie hatte es überhaupt nicht gewusst. Ich hatte schon mal Schweinefleisch gegessen, auf einer Pizza Salami oder Spaghetti bolognese. Aber hier stand so ein richtig fetter Schweinebraten auf dem liebevoll gedeckten Tisch! Selbst Juden wie ich, die hin und wieder Schweinefleisch essen, wenn es in einer Speise verarbeitet ist – und davon gibt es viele –, bekommen bei einem Schweinebraten ein mulmiges Gefühl im Magen. Aber weil die Leute nett waren und die Mutter sich so viele Mühe gemacht hatte, wollte ich auf keinen Fall unhöflich sein oder sie gar beleidigen. Das war eine voll schwierige Situation für einen elfjährigen Jungen. Ich überwand mich und sagte: »Oooh ja, lecker!« Ich musste voll lügen. Daraufhin wollte mir die Mutter ein richtig großes Stück auf den Teller legen. Ich sagte: »Ah, bitte nicht so viel, ich habe gar keinen großen Hunger.« Diese Situation war mir sehr unangenehm. Ich fühlte mich in diesem Moment irgendwie deplatziert.

Ich sah am Gesichtsausdruck der Mutter, dass sie wegen meiner Reaktion verwundert war. Ein Junge im Wachstum, der nicht ein ordentlich großes Stück Schweinebraten auf dem Teller haben möchte? Wo gab es denn so was! Ich nahm ein kleines Stück, schnitt den ekligen Fettrand ab und würgte nach und nach ein paar kleine Stückchen hinunter. Dann sagte ich: »Das hat super geschmeckt, aber ich bin schon total satt.« Wenn ich später mal wieder über diesen Abend nachgedacht habe, habe ich immer wieder überlegt, ob ich einfach die Wahrheit hätte sagen sollen. Aber wahrscheinlich war ich dafür einfach zu jung. Ich war noch nicht reif genug, mir fehlte das Selbstvertrauen. Heute würde ich freundlich darauf hinweisen, dass ich das Fleisch nicht essen möchte, weil ich keinen Schweinebraten esse. Aber damals war ich schon froh, dass ich mich einigermaßen elegant aus der Affäre gezogen hatte. Während ich kaute, überlegte ich: »Wissen die wirklich so wenig über Juden?

Wissen die wirklich nicht, dass Juden kein Schweinefleisch essen?«
Ich meine, kein Nicht-Jude muss wissen, welche Lebensmittel auf
einen Pessach-Teller gehören, um an den Auszug aus Ägypten zu
erinnern. Aber dass Juden kein Schwein essen, gehört für mich zum
Allgemeinwissen von halbwegs gebildeten Menschen. Die Leute
wissen doch auch, dass Moslems kein Schwein essen – warum
wissen sie das dann bei Juden nicht?

Dieses Erlebnis an diesem eigentlich sehr netten Abend bei diesen
eigentlich sehr netten Menschen hat sich bei mir eingebrannt.
Denn es zeigte mir, dass die Deutschen eigentlich gar nichts oder
nur sehr wenig über Juden wissen. Daran hat sich bis heute nichts
geändert. Sie wissen mehr über den Islam als über das Judentum.
Klar, es gibt in Deutschland auch viel mehr Moslems als Juden.
Aber auf der anderen Seite ist die deutsche Geschichte so eng
verzahnt mit der jüdischen, die deutsche Sprache ist voll mit jüdischen Begriffen und Redewendungen wie Tacheles, Chuzpe,
»Unter der Haube sein« oder »Da hängt der Haussegen schief«.
Juden haben eine Geschichte von mindestens 1500 Jahren in Europa, das Judentum ist sogar die älteste noch heute existierende
Religionsgemeinschaft Europas. Man muss sich ja nur einmal die
uralten jüdischen Friedhöfe anschauen. Und dann weiß man so
gar nichts über die jüdischen Sitten und Gebräuche?

Ich bin auf dieses Nichtwissen über das Judentum unter Deutschen später noch oft gestoßen, und das geht mir bis heute so. Es
passiert zum Beispiel öfter, dass man verwundert gefragt wird, ob
es stimme, dass wir kein Weihnachten feiern. Auch das jüdische
Neujahrsfest Rosch ha-Schana sorgt immer wieder für Verwunderung, insbesondere wenn man erzählt, dass das Judentum in seiner Jahreszählung bei über 5700 Jahren liegt. Ende September
2019 wechseln wir ins Jahr 5780, um genau zu sein. Ein Klassiker
ist auch immer die Verwunderung, dass man nicht wie ein Jude
aussieht, weil man keinen schwarzen Hut, Kaftan und Schläfenlocken trägt.

Ich erzähle diese kleine Geschichte hier vor allem deswegen, weil ich glaube, dass dieses Nicht- oder Halbwissen auch ein Grund für den grassierenden Antisemitismus ist. Wo Unwissenheit ist, ist ein Vakuum. Und wo ein Vakuum ist, lassen sich falsches Wissen und Lügen leicht verbreiten. Man denke nur an die Beispiele aus dem Mittelalter, als Juden vorgeworfen wurde, sie würden Brunnen vergiften, christliche Kinder ermorden, um mit ihrem Blut das Matze-Brot zu backen, das beim Pessach-Fest traditionell verspeist wird. Ich denke, dieses Nichtwissen ist auch ein Grund, warum die Nazis und verschiedene Organisationen so erfolgreich gegen Juden und Israel hetzen konnten und können. Ich finde, grundlegendes Wissen über die Religionen müsste in der Schule eine viel größere Rolle spielen und den Schülern vermittelt werden – damit meine ich nicht nur Wissen über die Religion der Juden, sondern auch über die der Moslems, der Hindus oder der Buddhisten.

KAPITEL 3

JUGEND ZWISCHEN NUTTENACKER UND HINTERHOF

In der sechsten Klasse wechselte ich vom Goethe-Gymnasium auf die Uhland-Grundschule. Weil ich auf dem Gymnasium kein Englisch hatte – dort war die erste Fremdsprache Latein –, wurde ich unnötigerweise ein Jahr zurückgestuft. Unnötigerweise deshalb, weil ich meinen Rückstand in Englisch unheimlich schnell aufholen konnte und durch die Stoffintensität des Gymnasiums gegenüber meinen Mitschülern auf der Uhland-Grundschule in fast allen anderen Fächern einen Vorsprung hatte. Im ersten Halbjahr der sechsten Klasse bekam ich eine Empfehlung für die Realschule. Trotzdem überzeugte mich meine Mutter, wieder aufs Gymnasium zu gehen. Meine Wunschgymnasien und Gesamtschulen lehnten meine Bewerbung aber leider allesamt ab. Ausgerechnet das Menzel-Gymnasium, wo wieder Latein als Fremdsprache Pflicht war, erteilte mir eine Zusage. Damit hatte ich neben Mathe nun mit Latein wieder ein zweites Fach, das mir überhaupt nicht lag. Mathematik und tote Sprachen sind einfach nichts für mich.

Ich schaffte knapp das Probehalbjahr. Mathe und Latein waren wie abzusehen meine großen Schwächen. Bei uns zu Hause herrschte zu dieser Zeit das völlige Chaos, weil meine Eltern sich ständig stritten. Das belastete mich schwer und beeinträchtigte meine schulischen Leistungen, sodass ich nicht in die achte Klasse versetzt wurde. Nachdem ich das Jahr wiederholt hatte, schaffte ich zwar die Versetzung in die achte Klasse, aber es zeichnete sich ab, dass rechenintensivere Fächer wie Chemie oder Physik mir weitere Probleme bereiten würden. Im zweiten Halbjahr war die Versetzung deshalb wieder gefährdet. Ich war nun in einem Alter, wo man schon anfängt, über sich selbst bestimmen zu wollen. Schließlich ging ich zu meiner Mutter und sagte: »Mama, es reicht. So geht es nicht weiter, ich will jetzt auf die Realschule.« Sie sah ein, dass ich recht hatte, und so kam ich schließlich auf die Fontane-Realschule.

Auf dem Menzel-Gymnasium betrug das Verhältnis von deutschstämmigen Schülern zu solchen mit Migrationshintergrund damals etwa 80 zu 20. Auf der Fontane-Realschule war das Verhältnis wohl 50 zu 50. Direkt neben der Realschule war die Levetzow-Hauptschule, dort lag der Migrantenanteil schätzungsweise bei 70 zu 30. Beide Schulen teilten sich den Schulhof, weswegen der Eindruck entstand, dass Migrantenkinder in der Überzahl waren. Meiner Ansicht nach zeigt das Beispiel recht klar, dass sich bereits damals im Schulsystem eine Art Zweiklassengesellschaft herauskristallisierte, in der Kinder mit Migrationshintergrund geringere Aufstiegschancen haben als Kinder ohne Migrationshintergrund. Die Gründe dafür sind natürlich vielfältig. Ich war jedenfalls einer, der das zu spüren bekam.

■ ■ ■ ■ ■

Juden gab es auf diesen beiden Schulen, eingeschlossen aller Klassenstufen, maximal fünf, mich inklusive. Den hohen Anteil von Schülern mit arabischem und türkischem Migrationshintergrund an meiner neuen Schule bekam ich als Jude gleich am allerersten Tag zu spüren. Nachdem mich meine neue Lehrerin den anderen Schülern vorgestellt hatte, kamen in der Pause gleich drei Schüler auf mich zu: Serhat, Fady und Selcuk. Fady war, soweit ich weiß,

Aramäer, also Christ, die anderen beiden waren Türken. Die allererste Frage von Fady war: »Bist du Jude?« Ich hatte ja meine ersten Erfahrungen mit dieser Situation bereits gemacht und war inzwischen schon etwas abgeklärter. Ich antwortete selbstbewusst: »Noch schlimmer, ich bin Israeli.« Das Erstaunen in den drei Gesichtern war deutlich abzulesen. Sie hatten vielleicht damit gerechnet, dass ich das strikt verneinen oder irgendwie abwiegeln würde, nach dem Motto: »Nee, Jungs, ich glaube nicht an Gott. Nur meine Eltern sind irgendwie jüdisch.« Aber ich bekannte mich dazu, Israeli zu sein. Die drei blickten verdutzt und zogen ab, sie hatten Respekt vor meiner selbstbewussten Reaktion. Das dachte ich zumindest. Ich wurde dann in der Klasse recht beliebt, vor allem die Mädchen mochten mich. Mit meinen Leistungen ging es auch wieder deutlich bergauf. Ohne viel lernen zu müssen, hatte ich stets mittelmäßige oder gute Noten. Nur Mathe blieb mein Schwachpunkt, Latein gab es an der Realschule zum Glück nicht. Ich musste mich echt nur minimal anstrengen.

Es gab ein paar Schüler, die mir gegenüber mit der Zeit immer respektloser wurden. So nach drei Monaten ging das los, dass sie Sprüche riefen wie: »Ey Jude, komm mal her!« Und das war längst nicht das Einzige, was ich erleben musste. Kurz nach meinem Wechsel auf die neue Schule lud mich ein Mädchen von meiner alten Schule, das mich sehr mochte, zu ihrer Geburtstagsparty ein. Ich ging hin und traf dort einige meiner Mitschüler vom Menzel-Gymnasium, mit denen ich eigentlich nie schlechte Erfahrungen gemacht habe. Wir chillten gerade in der Küche, da standen auch drei türkische Jungs, die waren nicht vom Menzel-Gymnasium. Einer rief mir zu: »Ey, komm mal kurz.« Ich ging hin. Er fragte mich ohne irgendeine Einleitung: »Kennst du die jüdische Nationalhymne?« Ich antwortete: »Es gibt keine jüdische Nationalhymne. Es gibt nur eine israelische.« Was der Tatsache entspricht. Daraufhin holte er ein Feuerzeug hervor, drückte aufs Gas, ohne dass eine Flamme emporschoss, hielt es mir unter die

Nase und sagte: »Das ist die jüdische Nationalhymne.« Die drei lachten sich kaputt. Ich war wie vor den Kopf geschlagen. Wir standen hier auf einer Party, chillten nett rum – und dann dieser Hammer. Warum dachten sich diese Jungs so etwas aus? Was hatte ich denen getan? Ich war 15 Jahre alt, hatte schon ein wenig Ahnung von der Geschichte und vom Holocaust. Es war ja auch nicht das erste Mal, dass ich mit judenfeindlichen Sprüchen konfrontiert wurde. Aber eine so krasse Beleidigung hatte ich bis dahin noch nicht erlebt.

Ich verabschiedete mich schnell bei der Gastgeberin, verließ die Party und ging zu Fuß nach Hause. Ich war vollkommen leer und frustriert und weinte. Ganz abgesehen von dem, was diese türkischen Jungs gesagt und getan hatten, ging mir an diesem Abend etwas auf: Solche Erlebnisse können mich zu jedem Zeitpunkt, an jedem Ort und bei jeder Gelegenheit treffen. Überall!, wo ich hingehe, muss ich damit rechnen, dass mir irgendjemand antijüdische oder antiisraelische Sprüche entgegenschleudert. Egal, was du tust, selbst wenn du nur auf eine ganz harmlose Party gehst und gerade gut gelaunt bist, wirst du damit konfrontiert. Ich habe übrigens weder am Tag danach noch später mit irgendjemandem über den Vorfall geredet.

■ ■ ■ ■ ■

An meiner Schule wurden dann auch Fady, Selcuk und Serhat immer frecher. Sie waren die Bullys meiner Klasse und haben auch andere erniedrigt oder geknechtet. Aber bei mir ging es stets um das Jüdischsein. Immer wieder mobbten sie mich mit irgendwelchen Andeutungen oder machten Zischgeräusche wie ausströmendes Gas, wenn ich an ihnen vorbeilief. Ständig wurde ich als Jude angesprochen. »Jude, komm her!« oder »Yahoudi, mach das!«, riefen sie mir zu. Meinen Vornamen radierten sie einfach aus. Es kann sein, dass meine Lehrer das nicht mitbekommen haben, aber meine Mitschüler haben es auf jeden Fall bemerkt. Aber keiner sagte mal öffentlich: »Lass den Jonni doch in Ruhe!« Aus Angst? Es gab nur ein paar wenige Mädchen, die mir kleine Briefchen geschrieben haben, in denen stand, dass sie das nicht cool fänden. Vor allem Janina, ein kroatisches Mädchen. Aber öffentlich sagte keiner etwas. Ich glaube nicht, dass die anderen das gut fanden und sich darüber amüsiert haben. Das möchte ich ihnen gar nicht unterstellen. Ich glaube eher, dass sie nicht verstanden, was das mit mir machte und was für eine abscheuliche Ideologie hinter so einem Verhalten stecken kann, wenn man es zu Ende denkt. Dafür fehlte einfach die nötige Sensibilität. Daran hat sich bis heute nichts geändert. Wenn ich beispielsweise auf Facebook poste, dass der Antisemitismus in Deutschland schlimmer denn je grassiert, kommen sofort Antworten wie »Ja aber ...« oder »Bullshit!«. Und das sind nur die harmlosen. Solchen Leuten fehlen einfach die Antennen beziehungsweise die Empathie, um das zu verstehen.

Aber ich denke mir auch: Man muss selbst doch gar nicht solche Erfahrungen gemacht haben, um einen inneren moralischen Kompass zu haben, der einem zeigt, dass es ungerecht ist, was da gerade passiert. Wenn zum Beispiel in meiner Klasse ein Vietnamese das Opfer von Mobbing gewesen wäre – da hätte ich doch kapiert, dass das nicht richtig ist und dass dieser Junge erniedrigt wird. Dazu braucht es doch nicht viel.

Ich selbst habe nie bei so etwas mitgemacht. Im Gegenteil, ich habe immer versucht, solche Übergriffe auf andere zu unterbinden. Ich hätte mich beliebt machen können bei den Bullys, wenn ich mitgemacht hätte, wenn sie andere Schüler mobbten. Aber andere ärgern, die schwächer waren als ich – das widersprach meinem Gerechtigkeitssinn. Das habe ich von meiner Mutter und in den jüdischen Ferienlagern gelernt. Da wurde uns das beigebracht. Da gab es immer so etwa 80 bis 100 Kinder – da waren kleine, große, dicke, dünne darunter. Wer sich da über einen anderen lustig gemacht oder ihm irgendetwas getan hatte, der wurde bestraft. Der musste abwaschen oder abends aufs Zimmer, wenn alle anderen am Lagerfeuer saßen und Spaß hatten. Das schuf ein Zusammengehörigkeitsgefühl, und wir lernten, dass es nicht cool ist, einem anderen irgendetwas anzutun. Das prägte sich tief bei mir ein, bis heute. Daher ja auch mein Künstlername: Ben Salomo, Sohn des Friedens. Ich wollte immer, dass alle in Frieden zusammenleben und dass es ihnen gut geht. Daran hat sich bis heute nichts geändert.

Eines Tages lauerten mir Selcuk, Fady und Serhat nach dem Musikunterricht auf. Der Musikraum war im obersten Stockwerk der Schule. Ich war an diesem Tag der Letzte, der noch im Klassenraum war. Das passierte öfter mal, weil ich immer sehr gemächlich meine Sachen zusammenpackte und länger brauchte als die meisten anderen Schüler. Ich sah schon an ihrem Gang, dass es da ein Problem gab, als die drei auf mich zukamen. Der Musikraum war leer, und ich war alleine mit diesen drei Jungs. Ihre ganze Körpersprache sagte mir: »So, jetzt haben wir dich hier ganz allein für uns, du dreckiger Jude!« Serhat kam auf mich zu. Er war so ein dicker, breiter Typ mit einem Gesicht wie ein Sumo-Ringer. Direkt hinter ihm Selcuk, Serhats ein Jahr älterer Bruder. Mit ihm hatte ich zwischenzeitlich sogar mal ganz gute Momente, beim Sport zum Beispiel oder wenn eine Stunde ausfiel und wir frei hatten. Immer dann, wenn die anderen beiden nicht dabei waren, war er eigentlich ganz entspannt, ein richtig netter Kerl. Aber sobald die anderen um ihn herum waren, war er wie ausgewechselt, da verhielt er sich genauso wie sie. Wenn die mich gerufen haben: »Ey, Jude, komm mal her!«, war er nie am Start und ist nie dazwischengegangen, dann hat er immer mitgemacht.

Aber jetzt hatten sie mich. Fady hatte das Sagen, und Serhat war der Soldat. Serhat sah mich grimmig an und sagte nur: »Ey, Jude!« Er packte und schubste mich. Ähnlich wie damals im Hof unseres Hauses mit Hassan hatte ich wieder eine plötzliche Eingebung, was ich zu tun hatte. Ich schubste ihn zurück, aber mit geballten

Fäusten. Serhat war größer, schwerer und stärker als ich, aber Technik ist eben das Entscheidende. Er flog richtig weg und war auch wohl einen Augenblick ziemlich überrascht. Der Moment reichte mir, um mich aus meiner Lage zu befreien. Ich rannte hinaus und rief den dreien noch zu: »So, jetzt reicht's mir!«

Ich lief geradewegs zum Sekretariat, ich wollte unbedingt der Direktorin von der Sache berichten. Als sie mich fragte, was los sei, erzählte ich meine Erlebnisse mit Fady, Serhat und Selcuk und sagte ihr auch, dass das schon seit Monaten so ging. Die Frau war ehrlich erschrocken – aber viel wichtiger war für sie, dass es bloß keinen Ärger gab. Wieder einmal ging es meinen Lehrern nicht um die Sache an sich, sondern darum, dass der Ruf der Schule nicht litt. Und deshalb sollte nichts davon nach außen dringen. Sie rief Fady, Serhat und Selcuk in ihr Büro und sprach mit ihnen. Wahrscheinlich wurden sie ernsthaft verwarnt, und tatsächlich ließen die drei mich danach auch in Ruhe. Die Lehrer fragten mich, ob ich möchte, dass die drei die Klasse wechseln, oder ob ich in eine andere Klasse gehen wollte. Ich entschied mich dafür, in die Parallelklasse zu wechseln. Dort hatte ich einige Freunde, die ich vom Basketballplatz kannte, und die Klasse mochte ich ohnehin lieber. Das lag vor allem daran, dass dort bereits Hip-Hop-Musik verbreitet war. Man spielte sie sich in den Hofpausen vor, wenn man sich gegenseitig die Musik zeigte, die man auf dem Walkman hörte.

Auch in meiner neuen Klasse waren ein paar türkische Jungs, die mich eindeutig nicht mochten. Aber hier waren sie klar in der Minderheit, und deshalb trauten sie sich wohl nicht, wirklich etwas gegen mich zu machen. Das zeigte mir, dass es, wenn es eine Mehrheit gegen Diskriminierung gibt, viel schwerer für solche Typen wird, andere zu diskriminieren. Später jedoch, in der 10. Klasse, holte mich die Sache wieder ein. Es gab ja im Winter die Halbjahreszeugnisse, und die waren sehr wichtig für die Bewerbungen für eine Lehrstelle. In Erdkunde hoffte ich auf eine

Zwei, ich bekam aber nur eine Drei. Der Grund war, dass ich in der letzten Arbeit von meinem Lehrer mit einer Vier benotet wurde, und das zog die Gesamtnote herunter. Ich fühlte mich mit dieser Vier total ungerecht behandelt. Meine Antworten waren genau die gleichen wie die einer Mitschülerin, aber die hatte eine Zwei bekommen. Ich sprach meinen Lehrer, der auch unser Klassenlehrer war, vor der Klasse darauf an. Er reagierte abweisend: »Also, Jonathan, das müssen wir doch jetzt hier nicht besprechen!« Ich dachte: Doch, genau das müssen wir. Mit anderen Schülern besprach er ja auch die Noten, warum also nicht mit mir? Ich wurde wütend: »Wenn Sie nicht über meine Note reden wollen, dann muss ich mich ernsthaft fragen, ob Sie die Noten, die Sie vergeben, nicht vielleicht würfeln.« Da wurde er seinerseits richtig wütend und sagte: »Also, Jonathan, mal ganz ehrlich: Du kannst ja froh sein, dass wir dich überhaupt in unserer Klasse aufgenommen haben.«

In dem Augenblick wurde mir bewusst, dass meine Entscheidung damals falsch gewesen war. Nicht ich hätte die Klasse wechseln sollen, sondern die drei Jungs. Durch meinen Wechsel wurde ich quasi zum Flüchtling, und die, die mich malträtiert hatten, waren mich los. Ihre Klasse war wieder judenrein. Was ich aber besonders schlimm fand und auch heute noch finde: Es wurde darüber niemals im Unterricht gesprochen. Das wurde schön klein gehalten. Bloß keinen Ärger! Ist ja nichts passiert. Meine Zeugnisnote jedenfalls stand fest: eine Drei statt einer Zwei. Ich dachte, wenn sogar ein Lehrer dermaßen unsensibel damit umgeht, was mir passiert war – was soll man dann von den anderen Schülern erwarten.

■ ■ ■ ■ ■

Als ich 13 Jahre alt war, brach ein wichtiger Teil meiner Welt zusammen: Meine Familie fiel auseinander, denn meine Eltern ließen sich nach langem Streit scheiden. Die Trennung vollzog sich in den Sommerferien vor meinem 14. Geburtstag. Meine Schwester und ich waren gerade in Israel bei meinen Großeltern Aryeh und Frida zu Besuch. Es sollte für fast 14 Jahre mein letzter Besuch bei ihnen sein. Es hatte, wie schon erwähnt, zwischen meinen Eltern schon seit Langem Spannungen gegeben. Sie hatten sehr jung geheiratet, vielleicht zu jung. Von Anfang an war es eine sehr turbulente Beziehung zwischen ihnen, und im Laufe der Jahre wurde es immer komplizierter. Meine Mutter entwickelte sich menschlich und persönlich immer weiter, mein Vater dagegen nicht. Das lag auch an seiner Krankheit. Er litt, wie wir heute wissen, wahrscheinlich bereits seit seinem frühen Erwachsenenleben an einer schizoaffektiven Persönlichkeitsstörung. Das ist eine Unterform der bipolaren Störung, auch bekannt als manisch-depressive Persönlichkeitsstörung.

Als ich mich später mit dieser Krankheit beschäftigte und Beschreibungen darüber las, erkannte ich viele Begebenheiten aus meiner Kindheit und Jugend mit meinem Vater wieder. Wenn mein Vater beispielsweise mal 1000 Mark verdient hatte, haute er die sofort wieder auf den Kopf. Tatsächlich konnte er sich solche Ausgaben gar nicht leisten. Meine Mutter regte sich bei solchen Gelegenheiten immer krass auf, aber mein Vater war dann voll in seinem Hype und schrie meine Mutter an: »Du willst doch nur nicht, dass ich mein Leben genieße.«

Von dieser Krankheit wussten wir damals nichts, weder er noch meine Mutter, noch ich. Das haben wir erst 2016 erfahren. Er ließ sich dann behandeln, und erst seit dieser Zeit kann ich behaupten, dass ich eine wirkliche Vater-Sohn-Beziehung zu ihm habe. Vorher hatte ich zu meinem Vater ein schlechtes Verhältnis. Wenn man mit einer solchen Person zusammenlebt und keine Ahnung hat, dass sie krank ist und sie keine Therapie macht und keine Tabletten nimmt, muss man einfach denken, dass es sich um einen tyrannischen Menschen handelt.

Neben seiner Krankheit prägte meinen Vater sein früherer Dienst beim israelischen Militär. Er sprang mit mir um wie ein Drill-Sergeant mit seinem Kadetten. Dementsprechend streng war er mir gegenüber. Er selbst hätte diesem Anspruch, den er an mich legte, niemals gerecht werden können. Manchmal führte er mich regelrecht vor seinen Freunden vor: »Schau mal, was mein Sohn kann«, sagte er dann zu ihnen – und ich musste irgendwelche Befehle ausführen, die er mir gab. Am Anfang fand ich das ganz lustig, aber es war ein Vorführen seiner Macht. Das begriff ich als Junge natürlich nicht. Ich werfe ihm sein damaliges Verhalten heute nicht vor, denn es war durch seine Krankheit bedingt.

Liebe bekam ich sehr selten von ihm. Wenn mein Vater mich mal in den Arm nahm, brach ich in Tränen aus vor Glück, weil das so selten passierte. Ich nehme meine kleine Tochter heute ganz oft in den Arm, weil ich weiß, wie wichtig das für Kinder ist. Ich liebe sie sehr und mache das natürlich gerne. Bei meinem Vater war das mir gegenüber ganz anders. Zuneigung und Liebesentzug wechselten sich ab, je nachdem, wie er gelaunt war und ob ich in seinen Augen seinen Erwartungen gerecht wurde oder nicht. Doch seinen Erwartungen gerecht zu werden war nicht leicht, weder als Kind noch als Jugendlicher.

Ein Grund für seine Krankheit mag auch darin liegen, dass mein Vater 1955 geboren wurde, gerade einmal zehn Jahre nach der Shoa. Kinder von Holocaust-Überlebenden leiden bekanntlich statistisch öfter an psychischen Störungen als Kinder von Eltern ohne Holocaust-Traumata. Diese Entwicklung hält bis heute an. Noch in der zweiten und dritten Generation der Nachkommen von Holocaust-Überlebenden ist das Risiko erhöht, psychisch zu erkranken. Deshalb kann ich es auch nicht verstehen, wenn Deutsche sagen, dass es nun doch mal reichen müsse mit dem Erinnern an den Holocaust – von wegen »Schuldkult« und so weiter. Klar, für die Täter und deren Nachkommen ist das einfacher.

Aber nicht für die Opfer und ihre Kinder und Enkel. Die Traumata sitzen bei vielen sehr tief. Angststörungen oder Neurosen der Eltern und Großeltern werden auf die Kinder übertragen. Für mich und viele andere Nachkommen von Holocaust-Überlebenden sind die Erlebnisse der Großeltern nicht weit weg. Ich fühle sie in mir, sie sind lebendig. Das muss man doch verstehen.

Doch zurück zu meinen Eltern: Trotz allem habe ich meinen Vater immer geliebt, bis heute. Das Verhältnis zu meiner Mutter war aber wesentlich besser als das zu meinem Vater. Es verschlechterte die Bindung zu ihm noch mehr, dass er mir vorwarf, ich wäre ihr Liebling. Nach der Scheidung erpresste er mich emotional und forderte, ich sollte mich für eine Seite entscheiden. Mein Vater wollte die Scheidung nicht akzeptieren und kam, nachdem er ausgezogen war, immer wieder mitten in der Nacht zu uns nach Hause. Dann gab es richtig Terror. Das ging so über ein paar Jahre, für mich war das eine sehr schwere, grausame Zeit. Ein Zuhause hatte ich zu dieser Zeit nicht wirklich. Ich lebte in der Wohnung meiner Mutter, ich schlief dort und aß dort, meine Wäsche wurde dort gewaschen, aber ein Zuhause war es nicht. Immer wenn es richtig schlimm war, vermied ich es, dort zu sein. Ich hing mit den Jungs aus meiner Gegend rum. Meistens kamen die auch aus kaputten Elternhäusern. Das war wie eine Gruppentherapie, bei der aber niemand über seine Probleme sprach. Und wenn ich doch zu Hause war, hielt ich mich ausschließlich in meinem Zimmer auf, schaute fern oder zockte Computerspiele und versuchte, möglichst wenig von dem Chaos mitzubekommen. Für meine Schwester war es noch schlimmer. Sie kam gerade in die Schule und konnte nicht einfach weggehen, so wie ich. Später entschied sie sich, eine Zeit lang bei meinem Vater zu wohnen. Die ganze Situation belastete mich total. Ich wurde komplett aus der Bahn geworfen. Ich bin eben kein Mensch, der so etwas einfach ausblenden kann. Es gibt Menschen, die können das – ich gehöre nicht dazu. Kein Wunder, dass ich zu dieser Zeit in der Schule abgestürzt bin. Wie hätte ich mich auf Lernen und Schularbeiten konzentrieren sollen?

Zu der Zeit, als das Familienchaos bei uns alles verwüstete, eröffnete sich mir eine neue Welt: American Football. Das war 1991 und ich war 14 Jahre alt. Jemand aus meiner Schulklasse, ein netter, aber ziemlich unsportlicher kleiner Junge namens Grischa, meldete sich bei den Berlin Rebels an. Die bauten gerade ihre Schülermannschaft auf, für Jugendliche von 14 bis 16 Jahren. Sie suchten nach Kids, die Lust auf den Sport hatten. Grischa erzählte tagelang ganz begeistert davon und hatte einige aus meiner Schulklasse angefixt. Adnan, Moshe, ein jüdischer Mitschüler, und ich gingen zu einem Probetraining. Ich hatte vorher weder etwas von dem Sport gehört, noch kannte ich seine Regeln. Aber schon beim Probetraining war ich absolut begeistert. Dieser Sport war vielseitig und bot Jungs mit der unterschiedlichsten körperlichen Konstitution eine Aufgabe. Kleine flinke Jungs wie ich wurden da ebenso gebraucht und geschätzt wie große und dicke. Das fand ich faszinierend. Diese neue Welt gab mir für eine gewisse Zeit die Sicherheit und Wärme, die ich damals zu Hause vermisste. Beim Footballtraining wurde sehr viel Wert auf Disziplin gelegt, und wer sie nicht einhielt, musste irgendein Straftraining absolvieren. Das war genau das, was ich suchte – ich wollte genau diese Disziplin. Das Training und die ganze Kameradschaft, die hier herrschte, wurden für mich zu einem Ersatz für meine nicht funktionierende Familie. Football bedeutete für mich eine Flucht aus meinem tristen Alltag, dem Misserfolg in der Schule und aus meiner prekären familiären Realität.
Ich fing bei den Berlin Rebels an. Aber dieser Verein war nicht besonders gut organisiert, und so lief das komplette Team samt Trainerstab irgendwann geschlossen zu den Berlin Bandits über.

Ich nahm das Training sehr ernst. Wir alle hatten den Traum, eines Tages vielleicht an einem amerikanischen College Football zu spielen und in die National Football League aufgenommen zu werden. Das gab uns eine Perspektive. Wir hatten ein Ziel, auf das wir zusteuern konnten. Auch wenn das damals sicher naiv war, war es eine wichtige Erfahrung, ein solches Ziel zu haben. Ich investierte viel Kraft und Energie in das Training. Mit der Zeit aber musste ich feststellen, dass es mit der Disziplin bei den Bandits sehr wechselhaft war. Manchmal kamen so wenige Jungs zum Training, dass man nicht mal ein Scrimmage, ein Trainingsspiel, ausrichten konnte. Es kam sogar vor, dass einzelne Trainer fehlten. Da das geordnete und disziplinierte Training für mich aber ungemein wichtig war, wechselte ich erneut den Verein, diesmal zu den Berlin Adlern. Ich ging einfach zum Probetraining und schaute mir das an. Sofort stellte ich fest, dass es hier viel geordneter zuging als bei uns. Die hatten auch nicht nur je einen Trainer für die Defensive und die Offensive, sondern für jeden Bereich mehrere Trainer. Das war der größte, professionellste und am straffsten organisierte Footballverein in Berlin, der echt in die Jugend investierte. Wir hatten drei Mal in der Woche Training, dafür ging ganz schön viel Freizeit drauf. Aber das störte mich nicht, ich fühlte mich wohl. Es war aber in Berlin zugleich auch die unbeliebteste Mannschaft. Sie gewann nämlich regelmäßig die Meisterschaft. Im Grunde war das wie mit Bayern München in der Fußball-Bundesliga. Denen gehe es doch nur ums Geld und bei denen stehe der Erfolg über dem Teamgeist, sagten viele über die Adler. Ich aber war froh, dass ich bei ihnen trainieren konnte.

Es gab bei den Adlern viel mehr Competition als bei den Bandits. Jeder wurde respektiert, aber deine Stellung hing von deinem Alter und deiner Leistung ab. Wenn du ein Junior warst, wurdest du erst mal etwas geknechtet. Man musste sich eben beweisen und im Training und auf dem Platz durchsetzen. Der Trainer Shuan Fatah, ein junger Deutsch-Iraner, der mit Herz und Seele Footballcoach war und einen Spirit hatte, der ansteckend war, brachte dort nicht nur krasse Disziplin rein, sondern schaffte es auch, einen richtig guten Teamgeist zu entwickeln. Wir wurden 1994 deutscher Jugendmeister, und das spornte mich weiter an. Mein erster Traum war es also nicht, Rapper zu werden, sondern Footballspieler. Die Wände meines Zimmers waren tapeziert mit Fotos von Spielern wie Troy Aikman, Emmitt Smith, Joe Montana, Jerry Rice und anderen Stars aus der National Football League der USA. Im Olympiastadion gab es einmal im Jahr die American Bowl, dann kamen die NFL-Mannschaften nach Berlin – das war ein unglaubliches Happening, das war meine Fußball-WM. Ich war völlig aus dem Häuschen, wenn ich Spiele im Stadion sehen konnte.

Wie schon gesagt, wir hatten wirklich einen guten Teamgeist bei den Adlern. Wenn irgendjemand versuchte – was sehr selten vorkam –, einen anderen zu mobben und ihn mit »Ey, Türke!« oder »Ey, du Jude!« ansprach, wurde das sofort unterbunden. Das ließen die Trainer ganz einfach nicht zu. Das Besondere an diesem Footballteam war, dass es mir ein Idealbild vermittelte, das mich später auch am Hip-Hop in der Anfangszeit so faszinierte. Da spielte wirklich nur Sport eine Rolle, und die ganzen Backgrounds, die die Spieler hatten, interessierten niemanden. In unserer Mannschaft waren viele Deutsche, aber da waren auch Türken, Araber oder Perser – und sogar zwei oder drei jüdische Jungs. Kleine und große und dicke, alles war dabei. Aber es interessierte niemanden. So wurde das Footballteam tatsächlich zu meiner Ersatzfamilie, als es bei mir zu Hause drunter und drüber ging.

Wenn es überhaupt mal einen dummen Spruch gab, kam Shuan in die Kabine und hielt eine mitreißende Ansprache. Er sagte dann: »Hier gibt es keine Deutschen, hier gibt es keine Türken, keine Araber, keine Juden, keine Ossis oder Wessis. Hier gibt es nur Berlin Adler, und unsere Farben sind Schwarz-Gelb!« Wenn ein Spieler einmal so einen Spruch machte, musste er zehn Strafrunden laufen. Wenn er so etwas mehrmals machte, brauchte er nicht mehr zum Training zu kommen – er flog raus. Das ganze Footballteam war wie so eine Art Gang, aber im positiven Sinne. Das war echt krass, weil zu der Zeit die Gangs in Berlin sehr aktiv waren. Wenn man nicht zu einer solchen Gang gehörte, war man schnell hilflos und schutzlos. Das galt gerade damals, wo viele Schlägereien zwischen den Gangs stattfanden. Da konnte man ganz leicht mal dazwischengeraten, ohne dass man irgendwas getan hatte. Einfach, weil man Pech hatte. Das Team bot eine Art Schutz davor.

■ ■ ■ ■ ■

American Football ist, wie der Name schon sagt, eine amerikanische Sportart. In den USA war damals Rap schon sehr angesagt, und viele Amis in Deutschland und in Berlin hörten das auch. Sport und Musik waren eng miteinander verbunden. Genauso wie es ja auch beim Basketball ist, wenn die Leute auf dem Platz ein bisschen Street Ball spielen und nebenher den Ghettoblaster laufen lassen. Durch Football war die Affinität da für diesen amerikanischen Einfluss, und dazu gehörte auch Hip-Hop. Wenn man in Klamottenläden ging, auch wenn man sich gar nicht Hip-Hop-mäßig kleiden, sondern nur ein Basecap von irgendeinem Footballteam kaufen wollte – überall lief Hip-Hop. Wenn wir in die Mini City im Europa-Center gingen, lief da Hip-Hop, und es waren viele schwarze Amerikaner oder auch Afrikaner da, die Klamotten verkauften. Das war damals allerdings eine Nische, eine Art Gegenkultur. Denn Anfang der 90er-Jahre war ja eigentlich Techno die neue Musikrichtung, auf die sehr viele Jugendliche standen. Zumal in Berlin, wo diese Musik ihren Ursprung hatte.

Mit diesem Technoding konnte man sich bei mir in der Gegend wenig identifizieren. Wir waren zwischen den Hochhäusern aufgewachsen und waren eher so ghettomäßig drauf. Techno hatte für uns keine wirkliche Message. Wenn alle sagten, »Hey, wir sind friedlich«, und sich ansonsten mit chemischen Drogen vollpumpten, mit denen von uns damals keiner etwas am Hut hatte, das kam bei uns nicht an. Von der Musik ganz zu schweigen. Mit Marusha, Dr. Motte und Westbam konnte uns niemand locken. Eines Tages kamen wir gerade vom Training und hörten schon von Weitem so ein Wummern, das immer lauter wurde. Wir gerieten mitten in die Love Parade, die an diesem Tag auf dem Ku'damm stattfand – wovon wir gar nichts mitbekommen hatten. Komische halb nackte Leute liefen da rum und hörten ganz merkwürdige Musik. Wir, also meine Jungs aus der Nachbarschaft und ich, stellten fest, dass viele von denen völlig zugedröhnt waren, und erkannten schnell eine Möglichkeit für ein gutes Geschäft. Wir kauften Aspirin, zerstampften die Tabletten und verkauften sie als Koks. Diese Leute nahmen uns das voll ab. Oder wir boten denen Oregano als Gras an – auch dafür gaben sie uns Geld. Allein weil die sich so leicht verarschen ließen, konnten wir uns mit denen nicht identifizieren. Die Love Parade war aber alle Jahre wieder für uns ein nettes Geschäft.

Bei uns im Team war Hip-Hop also voll angesagt, und das wuchs im Laufe der Zeit immer weiter. Damals legte man sich als Rap-Fan nicht auf einen Style oder eine Region fest. Je mehr man kannte, desto mehr Ahnung hatte man, das war wie eine Art Competition. Es verschaffte einem Respekt, wenn man einen Plan von Hip-Hop hatte. Zu der Zeit war der Rap von der Ostküste sehr beliebt. Naughty By Nature, Mobb Deep oder Gang Starr zählten zu den gehypten Größen. Aber auch die Westküste mit Ice T., N.W.A oder Spice 1 musste man kennen.

Das Verticken von selbst gemixten »Drogen« auf der Love Parade brachte uns auf eine Idee. Mit ein paar Kumpels ging ich in Plattenläden wie WOM und so. Damals gab es auf CDs, die nicht mehr so gut liefen, einen »Nice Price«-Aufkleber. Das bedeutete, dass sie im Preis – oft sehr stark – heruntergesetzt waren. Eine CD kostete dann anstatt rund 30 Mark nur acht oder zwölf Mark. Wir gingen also in die Läden, machten heimlich die Aufkleber von den Billig-CDs ab und klebten sie auf andere, teurere CDs wieder auf. Dann gingen wir zur Kasse und bezahlten. Anschließend haben wir sie für 20 oder 25 Mark an die Leute vom Footballteam verkauft. Für meine Kumpels und mich war das ein gutes Geschäft. Und dadurch stieg meine Achtung bei meinen älteren Teamkollegen. Die fanden das cool, weil sie Geld sparten. Es war also eine echte Win-win-Situation. Das Risiko, erwischt zu werden, war sehr gering. Wir haben das eine Zeit lang echt fast jeden Tag gemacht, nur ein einziges Mal wurde mein Homie Serdar dabei fast geschnappt. Als der Hausdetektiv ihn sich am Ausgang greifen wollte, machte Serdar eine Körpertäuschung wie beim Training und konnte entwischen. Danach schalteten wir einen Gang runter.

■ ■ ■ ■ ■

Trotz dieses gemeinsamen Erfolges mit meinen alten Homies verlor ich nach und nach den Kontakt zu ihnen. Ich war sehr diszipliniert beim Training, während die damals schon viel rumhingen und kifften. Bald sah ich sie nur noch bekifft. Ich konnte mit ihnen nicht mehr viel anfangen und war irgendwie außen vor. Sie sahen das wohl ähnlich, ich war bei denen einfach nicht mehr so am Start. Wenn ich fragte: »Ey, wo trefft ihr euch heute?«, passierte es schon mal, dass einer sagte: »Sorry, Alter, ist schon alles voll.« Wir lebten in unterschiedlichen Welten. Dann begannen aber auch viele meiner Freunde beim Football, sich mehr und mehr vom Sport abzuseilen. Frust machte sich allmählich unter den Jungs breit. Sie alle hatten – genauso wie ich – vom College und der NFL geträumt. Es ist aber schwieriger, als Deutscher in die amerikanische NFL zu kommen, als im Lotto zu gewinnen. Es gibt natürlich einige, die es in die NFL geschafft haben. Einem Basketballer wie Dirk Nowitzki ist auch der Sprung in die NBA gelungen. Aber das sind die krassen Talente, echte Ausnahmen. So gut war von uns keiner. In Deutschland wiederum gibt es im Football keine wirklich professionellen Strukturen, der Sport hat hierzulande einfach nicht den nötigen Stellenwert, um wie im Fußball, Basketball oder Handball davon leben zu können.

Allmählich mussten wir alle einsehen, dass es mit der Football-karriere wohl nichts würde. Wir merkten, wie unrealistisch das alles war. Ein Traum zerplatzte, aber nicht nur das. Dieser Traum hatte uns eine Perspektive gegeben, die verbunden war mit hartem Training und Disziplin. Das wiederum hatte großen Einfluss auf unseren Alltag gehabt. Durch den Verlust dieser Perspektive verloren viele von uns die Motivation, sich diesem harten Training zu unterziehen. Anstatt zum Training zu gehen, begann manch einer, Drogen zu nehmen. Das war bis dahin total verpönt gewesen. Nun wurde auch die Rapmusik, die wir geil fanden, anders wahrgenommen. Wir übertrugen die Inhalte auf uns und identifizierten uns mit den Rappern, die über ihre Chancenlosigkeit, die Straße und die Drogen rappten.

Ich selbst habe harte Drogen mein Leben lang von mir ferngehalten. Aber Kiffen ist seit Bob Marley ein Teil der Jugendszene. Für das Kreative kann das durchaus auch förderlich und nützlich sein. Aber gerade in der Lebensphase zwischen 14 und 19 Jahren kann man damit auch ganz viel kaputt machen. Die Leute, die in diesem Alter damit anfangen, werden oft gleichgültig, hängen nur noch herum und flüchten sich in Computerspiele. Auf diese Weise wird ständig die Hemmschwelle heruntergefahren. Ich merkte das bei meiner alten Truppe, während ich regelmäßig und diszipliniert zum Football ging.

Es war bitter für mich, dass ich zu meinen Freunden, mit denen ich jahrelang gechillt und Spaß gehabt hatte und durch dick und dünn gegangen war, auf einmal nicht mehr dazugehören sollte, weil ich kein Kiffer war. Das belastete mich sehr. Eines Tages rauchte dann ein Mitschüler in der Schule einen Joint und fragte mich, ob ich mal ziehen wolle. Ich überlegte noch kurz und nahm den Joint. Damit fiel auch bei mir die Hemmschwelle. So kam es, dass ich zu meinen alten Homies wieder eine Verbindung bekam – das Kiffen war unsere Brücke. Es wurde dann rasch immer mehr. Bald rauchte ich ein paar Joints in der Woche und dann ein paar am Tag. Schließlich kam die Bong dazu. Unsere ganze Truppe wurde zu richtigen Bong-Kiffern. Andere Leute aus unserer Hood, die uns von früher kannten, vor allem die Mädels, nannten uns nur noch »die Penner-Bande«. Weil wir wirklich nur rumhingen und ständig stoned waren. Für mich gehörte das Kiffen bald auch zu meiner Flucht aus der Familienrealität.

■ ■ ■ ■ ■

Ich hing also wieder mit meinen alten Homies ab. Zum Training ging ich nicht mehr. Bei den Berlin Adler war es für mich als Jude wirklich eine Zeit ohne Probleme. Das wurde jetzt wieder anders. In meiner Gegend gab es ein paar spezielle Leute, mit denen ich aufgewachsen bin und zunächst auch nie Probleme hatte. Da gab es drei Brüder – Mahmoud, Mehmet und Mohammed. Der Vater war Palästinenser und die Mutter Rumänin. Die Söhne wuchsen eher mit der arabischen Kultur auf. Am Anfang waren sie wie die anderen Jungs im Hof. Wir spielten Fußball oder Tischtennis zusammen oder wir fuhren mit unseren Bikes auf den Nuttenacker. Das war eine riesige Brachlandfläche, kurz hinterm Lützowplatz, wenn man in Richtung Tiergarten und Siegessäule fährt, dort, wo heute die CDU-Zentrale und einige Botschaftsgebäude stehen. Sie wurde so genannt, weil hier früher mal Prostituierte in Wohnwagen ihre Dienste angeboten hatten. Man musste gar nicht im Boden wühlen, um die benutzten Kondome zu finden. Der ganze

Boden war voll von diesen Überbleibseln. Wahrscheinlich haben über Jahrzehnte Nutten dort ihre Dienste verrichtet. Der traditionelle Straßenstrich und das Milieu Berlins befindet sich noch heute dort um die Ecke in der Kurfürstenstraße.

Mahmoud war der Älteste der drei, und er war dann bald auch mit anderen Leuten unterwegs, die wir nicht kannten. Mehmet, der Jüngste, hing eigentlich viel mit uns rum. Und Mohammed, der Mittlere, pendelte so zwischen den beiden Welten. Irgendwann kam Mahmoud wieder häufiger in den Hof. Er wurde so ein bisschen der Abi vom Block. Das ist eine Art großer Bruder, zu dem alle aufschauen. Hättest du ein Problem mit irgendeinem Typen gehabt, der nicht zum Block gehörte – Mahmoud hätte das für dich geklärt. Er war auch voll der Sportler und Bodybuilder. In einem Kellerraum des 16-stöckigen Gebäudes, in dem er wohnte, hatte er sich einen kleinen Clubraum eingerichtet, mit einem Sandsack, einer Hantelbank und anderen Geräten zum Sportmachen. Den hatte der Hausmeister für ihn klargemacht. Wir Jüngeren haben zu ihm aufgeschaut. Mahmoud kam schließlich mit der Schwester meines Freundes und Nachbarn Philip zusammen, der Tür an Tür mit uns wohnte. So kam er noch mehr in unseren Kreis. Ich muss zu dieser Zeit etwa 17 Jahre alt gewesen sein.

Eines Tages hatte Mohammed auf dem Hof eine krasse Schlägerei mit einem anderen Typen, der Alex hieß. Ich glaube, das war ein Aramäer christlichen Glaubens. Solche Schlägereien passierten öfter mal bei uns im Hof. Aber an diesem Tag waren Mohammed und Alex wie im Rausch. Die beiden waren nicht zu bremsen und bewarfen sich sogar mit Pflastersteinen. Dann kam Mahmoud runter in den Hof. Erst warf er auch mit Steinen, dann griff er sich Alex und misshandelte ihn dermaßen, dass er ihn fast umgebracht hätte. Wir anderen standen ziemlich fassungslos herum. Meine Schwester kam in den Hof, ich nahm sie und brachte sie in unsere Wohnung, weil ich echt Angst hatte, dass sie von einem umherfliegenden Stein getroffen werden könnte. Ich erkannte an diesem

Tag, dass eine neue Gewalt in unseren Hof einzog. Ungefähr zu dieser Zeit fing Mahmoud auch an, über den Islam zu sprechen. Der Koran sei das einzige wahre Buch, die anderen religiösen Schriften seien alle verfälscht, und so ein Zeug. Ich wusste damals noch nicht viel über den Islam und fand das interessant. Zumal Mahmoud am Anfang auch wirklich positives Wissen vermittelte: die große Bedeutung von Werten, Respekt vor den Älteren oder die Ablehnung von Drogen. Ich fand das faszinierend, vor allem weil vieles deckungsgleich mit dem Judentum zu sein schien und mit all den Dingen, die ich auf den Machanot gelernt hatte.

Aber im Laufe der Zeit wurde das bei Mahmoud immer intensiver. Mir fiel auf, wie viele Ähnlichkeiten es zwischen dem Koran und der Tora gab. Aber jedes Mal, wenn ich ihn darauf hinwies, wies er das strikt zurück. »Die Tora ist falsch, die Bibel ist falsch«, waren seine Antworten. Ich versuchte, Brücken zu bauen, aber er lehnte das ab. Plötzlich wollte er, dass man ihn mit »Salam Aleikum« grüßte. Daraufhin sagte ich zu ihm: »Salam und Shalom ist doch ein und dasselbe, ich würde dich gerne mit Shalom begrüßen.« Das brachte ihn dazu, einen ziemlich finsteren Blick aufzusetzen. Mahmoud, zu dem ich aufgeschaut, den ich cool und in Ordnung gefunden hatte, wurde immer mehr zu jemanden, der so richtig unangenehm und feindselig war. Seine Brüder machten nach und nach die gleiche Entwicklung durch, aber bei Mahmoud ging das am weitesten.

Irgendwann ging Mahmoud nach Saudi-Arabien. Er wollte seine Hadsch machen, die Pilgerfahrt nach Mekka, und blieb mindestens ein halbes Jahr dort. Viele waren froh, als er weg war, weil er uns nur noch genervt hatte mit seinen Missionierungsversuchen zum Islam. Nach einigen Monaten waren wir uns sicher, dass wir ihn nicht wiedersehen würden. Doch dann war er plötzlich wieder da. Er hatte lange Haare und einen Bart. Und anders als früher, als er immer mit Bodybuilder-Shirts, Bomberjacke und weiten Jogginghosen, damit seine breiten Beine reinpassten, rumgelaufen war, trug er jetzt traditionelle, meist schwarze oder ockerfarbene, orientalisch anmutende Klamotten. Er war Salafist geworden. Damals, Mitte der 90er-Jahre kannten wir den Begriff noch gar nicht. Inzwischen haben wir alle lernen müssen, was ein Salafist ist und was seine Ziele sind. Mahmoud blieb aber mit der Schwester meines Nachbarn zusammen. Sie bekam ein Kind von ihm und trat zum Islam über. Und weiterhin wollte er uns ständig missionieren. Der Islam, sagte er, sei seine Mission, und die Ungläubigen müssten zum Glauben geführt werden. Es sei seine Plicht, uns allen so viel wie möglich davon zu erzählen, da er unsere Seelen retten und uns vor der Hölle bewahren müsse.

Meine Kumpels und ich waren damals die meiste Zeit bekifft und wollten einfach nur abhängen. Von diesen ganzen Sachen, die Mahmoud erzählte, wollten wir überhaupt nichts wissen. Wenn wir Videospiele zockten und chillten, saß er dabei und führte unendlich lange Monologe. Wir alle waren nur völlig genervt von ihm, doch ihn zu bremsen oder ihm zu widersprechen, das traute sich niemand. Ich war der Einzige, der hin und wieder mal mit ihm diskutierte. Er wusste, dass ich Jude bin, und kam nun immer häufiger an, schimpfte auf Israel und beleidigte mich, stellte mich vor allen an den Pranger. Er konnte sich da richtig reinsteigern und schrie laut herum. Ich versuchte zu argumentieren, aber für ihn waren bombenlegende Palästinenser eben keine Terroristen, sondern Freiheitskämpfer. Wenn ich entgegnete, dass die meisten Opfer unschuldige Menschen seien, antwortete er: »Wenn es Unschuldige, zum Beispiel Kinder, erwischt, werden sie automatisch Muslime und als Märtyrer von Allah im Paradies empfangen.«

Die anderen sagten nie etwas dagegen und konnten wahrscheinlich auch gar nicht viel dazu sagen, weil sie keine Ahnung hatten und über die Historie zu wenig wussten. Sie ignorierten das einfach. Nur ich diskutierte mit ihm, und ich zog daraus einen Vorteil. Denn Mahmoud brachte immer die typischen palästinensischen Narrative an, und ich hatte damals bei diesem Thema noch viele Wissenslücken. Was er sagte, war oft falsch oder verzerrt, also musste ich mir Wissen anlesen, mich argumentativ munitionieren, damit ich antworten konnte. Wir kamen leider nicht auf einen Nenner, und die ganze Sache wurde immer schlimmer.

Dann ging Mahmoud endgültig zu weit. An diesem Tag wurden direkt vor unserer Haustür in der Courbièrestraße 15 ein paar Stolpersteine in den Boden gesetzt. Sie erinnern daran, dass in diesem Haus oder in dem Haus, das einst an dieser Stelle stand, Juden gewohnt hatten, die von den Nazis deportiert und ermordet worden waren. Vorher hatte jeder Haushalt einen Brief mit Informationen darüber bekommen, es gab auch einen Aushang. Als wir in der Familie oder mit den wenigen jüdischen Nachbarn darüber sprachen, waren sich alle einig, dass es eine gute Sache sei, der ermordeten Menschen zu gedenken. Auch die deutschen Nachbarn, die unter uns wohnten, sahen es so.

Als ich mir die Steine noch am ersten Tag anschauen wollte, waren sie weg – herausgerissen aus dem Boden. Während ich herumfragte, hatte ich bereits eine Ahnung, was mit ihnen geschehen war. Es machte schnell die Runde, dass Mahmoud die Steine herausgerissen und in ein Gebüsch geworfen hatte – gleich nachdem sie eingegraben worden waren. Seit diesem Tag wollte ich mit ihm nichts mehr zu tun haben. Ich ignorierte ihn einfach, wenn wir uns über den Weg liefen. Manchmal wechselte ich sogar demonstrativ die Straßenseite, wenn er mir entgegenkam.

Eines Tages aber konnte ich ihm nicht ausweichen. Wir chillten gerade bei meinem Homie Dennis, fast der ganze Freundeskreis war da, auch Mahmoud. Er nutzte die Gelegenheit, um mich auf mein Verhalten anzusprechen. Ich erklärte es ihm: »Du hast Steine herausgerissen, die an Opfer des Holocaust erinnern, die nichts für deinen Hass können.« Er schnaufte, blickte mich an und raunzte: »Ey, wenn ich will, nehme ich diese Steine und zertrümmere damit deinen Schädel.« Das könne er machen, sagte ich. »Aber das wird Konsequenzen haben.« Ich meinte damit nicht, dass ich irgendeine Gang holen würde, die ihn sich vorknöpfte. Ich meinte rechtsstaatliche Konsequenzen – die Polizei wird kommen, es wird ermittelt, Gerichtsverfahren, Verurteilung und so weiter. Damals glaubte ich noch an den deutschen Rechtsstaat, heute habe ich da durchaus meine Zweifel. Kaum hatte ich das ausgesprochen, sprang er mit einem Riesensatz auf mich zu und gab mir eine fette Ohrfeige. Seine Augen waren voller Hass. »Noch ein Wort und ich bring dich um«, schrie er mich an. Ich war von dieser Situation völlig überrumpelt. Genau wie meine Freunde, die das alles mitbekommen hatten. Aber sie waren feige, sie taten so, als sei nichts passiert. Keiner von ihnen kam, nachdem Mahmoud gegangen war, zu mir und sagte: »Ey, das war echt nicht cool von dem.« Ich war sehr enttäuscht von meinen Freunden, weil keiner etwas gesagt hatte oder mir zu Hilfe gekommen war.

Die Lage war auch deshalb kompliziert, weil einer meiner Homies mit ihm verschwägert war. Darüber hinaus entwickelte sich Mahmoud für viele aus meinem Freundeskreis zum bevorzugten Grasdealer. Wenn ich ihn fragte, wie das mit seinen Reden gegen Drogen zusammenpasse, meinte er, es gäbe im Islam ganz schlimme Sünden und eben auch solche, die weniger schlimm seien und über die man hinwegsehe. Sage mir niemand, dass der Koran nicht auch sehr pragmatisch ausgelegt werden kann! Mein Homie Dennis fing an, mit ihm gemeinsam Gras in größeren Mengen zu kaufen und zu verkaufen. Dann bauten sie sogar Cannabis in einer Wohnung in unserem Haus an. Sie mieteten die Wohnung an und bezahlten sie mit Sozialhilfe.

▪▪▪▪▪

Als ich so zwischen 17 und 19 war, war das eine Zeit, in der wir ziemlich viel abgezogen haben. Abziehen – das hieß, wir gingen los, suchten uns ein Opfer und nahmen ihm irgendetwas weg, das wir haben wollten: Geld, Schmuck, Klamotten, sogar die Schuhe, wenn wir sie geil fanden. Das Opfer musste dann eben barfuß nach Hause laufen. Das war für uns völlig normal, das machte man einfach so. Wir hatten es uns bei anderen abgeschaut, die nämlich uns abzogen. Das Motto lautete: Fressen oder gefressen werden.

Die ganze Abzieherei ging los, als ältere Jungs aus Bezirken wie Kreuzberg zu uns kamen, wo es ein bisschen ghettomäßiger zuging als in Schöneberg. Die kamen in unseren Kiez und zogen uns ab. Das war manchmal geradezu eine regelrechte Abfertigung, bei der einer nach dem anderen drankam. Jedem wurden Geld, Jacke, Pulli oder sogar die Schuhe abgezogen. Irgendwie entstand dann eine Art Dominoeffekt. Man wollte nicht mehr Opfer sein, und wir übernahmen die Körperhaltung, die Körpersprache und auch die Aussprache von denen, die uns abzogen. Dann sind wir in anderen Bezirken auf Raubzug gegangen. Während zu uns die Kreuzberger kamen, sind wir nach Charlottenburg oder Wilmersdorf gefahren. Umso weiter man nach Westen ging, desto geringer wurde der Migrantenanteil – und desto einfacher wurde es, die Leute dort abzuziehen. Je tiefer man in die gutbürgerlichen Wohngegenden vordrang, desto größer wurde die Opfermentalität der Jugendlichen. Die Zehlendorfer waren nur noch Opfer. Bei uns war das ganz gut durchmischt – wir waren Opfer und Täter zugleich.

So ging das zwei Jahre lang. Wenn wir nichts zu tun hatten, gingen wir entweder zum Basketballspielen oder Abziehen. Als uns dann der Hausmeister des Canisius-Kollegs, einer katholischen Schule am Rande des Tiergartens, vom Basketballplatz der Schule vertrieb, blieb uns nichts anderes mehr zur Freizeitgestaltung, denn Jugendclubs oder so etwas gab es in unserer Gegend nicht. Wenn Playstation oder Nintendo zu langweilig wurden, kam eben die Idee, sich irgendwelche Opfer zu suchen und die abzuziehen. Das war so normal, dass ich ganz offen mit einem abgezogenen teuren Pulli nach Hause ging, von dem meine Mutter ganz genau wusste,

dass ich mir den nicht gekauft hatte. Die Klamotten waren nämlich meistens Markenware. Meine Mutter war schockiert, aber sie
bekam mich nicht in den Griff – sie hatte genug damit zu tun,
meine Schwester und mich durchzubringen. Meine Mutter arbeitete nach der Trennung von meinem Vater inzwischen in der So-
zialabteilung der Jüdischen Gemeinde, wo sie sich vor allem um
russische Gemeindemitglieder kümmerte, die kein Deutsch konnten. Aber viel verdiente sie dort nicht. Wir verloren bald völlig das
Gefühl dafür, dass das Abziehen illegal war. Das war der Lauf der
Dinge, das war das Recht des Stärkeren. Es war ein Kreislauf: Wir
zogen was bei Schwächeren ab, und dann kamen Stärkere und zogen das bei uns wieder ab. Manchmal hatte ich so einen Pulli zwei
Wochen, und dann war er wieder weg.

■ ■ ■ ■ ■

Wir trafen uns damals häufig im Café Ansbach am Wittenbergplatz, das in einer kleinen Seitenstraße unweit vom Kaufhaus des
Westens lag. Hier chillten wir rum und verabredeten uns. Es war
eine Art Treffpunkt für den größer gefassten Freundeskreis aus der
Gegend. Irgendwann kamen da zwei etwas ältere Typen herein.
Der eine hieß Habib, wie ich bald erfahren sollte. Das war so ein
echter Hüne, ein Schrank. Die beiden waren bekannte Schläger
und Verbrecher, das wusste ich aber damals noch nicht. Die kamen zu uns, weil mein Kumpel Florian, der sich später als Rapper
Floe Flex nennen sollte, ihnen Geld schuldete. Er hatte wohl auf
Combi Gras bei ihnen geholt, aber noch nicht gezahlt. Auf Combi
bedeutet, man bekommt die Ware vorgestreckt und zahlt je nach
Vereinbarung etwas später. Erst knöpften sie sich Florian vor, aber
bei der Gelegenheit kamen wir anderen auch gleich dran. Wir
mussten einzeln auf der Toilette antreten, dann wurde inspiziert,
was wir so hatten – Geld, gute Klamotten oder Schuhe, Schmuck.
Wenn Habib oder seinem Kumpel etwas gefiel, mussten wir es

hergeben. Hätten wir uns gewehrt, wäre das sicher sehr schmerzhaft für uns ausgegangen – und unser Eigentum wäre trotzdem weg gewesen. Also wehrten wir uns lieber gar nicht erst. Das war die Regel, die niemand auszusprechen brauchte.

Als ich an der Reihe war, fiel Habibs Blick auf meine Swatch-Uhr. Das war eine Swatch Irony, eine Swatch mit Metallgehäuse. Sie war ein Geschenk meines Vaters. Diese Uhr hatte für mich einen höheren, einen ideellen Wert, denn ich bekam selten genug etwas von meinem Vater geschenkt. Entgegen der Regel wäre ich bereit gewesen, mich für diese Uhr zu prügeln, auch wenn ich auf jeden Fall ordentlich kassiert hätte gegen Habib. Der war ja mindestens zwei Köpfe größer als ich und so unglaublich breit. Ich selbst war damals noch richtig klein, noch nicht einmal 1,70 Meter. Ich bin erst danach noch einmal etwas gewachsen. In diesem Augenblick war ich schon überrascht, dass er überhaupt mit mir redete, als wir da auf der Toilette standen. Er fragte mich, wer ich bin und woher ich komme. Das war natürlich in dieser Situation eine missliche Frage, denn wer wusste schon, wie dieser Araber reagieren würde, wenn ich die Wahrheit sagte? Aber ich wollte mich auch diesmal nicht verleugnen, also sagte ich: »Ich bin Israeli.« Er fragte zurück: »Jude?« Das bejahte ich und duckte mich innerlich schon weg, denn ich erwartete von diesem muskelbepackten Riesen eine krasse Bombe. Aber Habib schaute mich an und sagte in einem aggressiven Kommandoton und ohne Rücksicht auf die deutsche Grammatik: »Gib deine Uhr, ich gib dir morgen ein andere.« Als ich mich weigerte, wiederholte er seine Forderung. Ich blieb hart und war sehr besorgt, was nun geschehen würde. Und dann passierte etwas Erstaunliches: Er schaute mich eine Weile an – und sagte dann: »Na gut, hol mal den nächsten.« Ich dachte: Wow, krass. Das hatte ich nicht erwartet. Ich war natürlich sehr froh. Ich hatte Mut bewiesen und war dafür belohnt worden. Andererseits fühlten wir uns alle voll als Opfer, als die beiden weg waren. Und das war kein schönes Gefühl, das hatte was mit Erniedrigung zu tun und mit verletzter Ehre. Zwei Wochen später trafen wir Habib genau vor dem Café Ansbach wieder – es war die Szene, die ich im Prolog dieses Buches erzählt habe und die krass an mir hängen blieb, bis heute.

Es war für mich wieder eine Situation, in der ich feststellte, dass es nichts bringt, sich wegzuducken. Ich spürte, dass es besser ist, sich nicht zu verstecken, zu sich zu stehen und sich nicht zu verleugnen. In der Summe war es für mich immer besser, Haltung zu zeigen, als den Schwanz einzuziehen. Auch das ist mir mal passiert, aber danach habe ich mich jedes Mal nachts im Bett gewälzt und mich maßlos über mich selbst geärgert. Ich kann mich nur an ein einziges Mal erinnern, dass ich mich ganz bewusst zurückgehalten habe mit der Wahrheit, ohne dass es mich anschließend gestört hätte. Das war beim Barbier. Ich hatte gerade ein großes Rasiermesser an der Kehle, und der Barbier war zufälligerweise Araber. Genau in dem Augenblick, als er mit dem Messer an meiner Kehle war, fragte er mich, woher ich denn so komme. Ich hatte nicht wirklich Angst, dass er mir die Kehle aufschlitzen würde, wenn ich ihm die Wahrheit sagte. Aber vielleicht würde er sich ja erschrecken und mit dem Messer abrutschen ... In dem Augenblick habe ich ihm lieber gesagt, dass ich Russe sei. Ich korrigierte das dann aber, als er fertig war und das Messer weggepackt hatte. Aber tatsächlich blieb er ganz gelassen und sagte nur: »Mensch ist Mensch, Bruder.« Auch solche Reaktionen bekam ich natürlich immer wieder mal, wenn ich sagte, wo ich herkomme oder was ich bin. Deshalb wehre ich mich auch vehement gegen jede Pauschalisierung.

Einmal prügelte ich mich mit einem Typen, der bald ein echter Verbrecher wurde und auch viele Jahre im Gefängnis saß, weil er jemanden totgefahren hatte. Inzwischen ist er wieder draußen, verkauft im großen Stil Drogen und fährt einen Maserati. Es gab auch andere Situationen, die nicht ungefährlich waren, aber nichts mit Antisemitismus zu tun hatten. Wir machten halt eine

Weile ziemlich viel Blödsinn. Zum Beispiel haben wir einmal versucht, einen Elektronikmarkt in unserer Gegend zu plündern, der aus irgendwelchen Gründen kurz zuvor von der Polizei hochgenommen und versiegelt, aber noch nicht leer geräumt worden war. Da waren Araber, Türken, Russen, Deutsche und eben ich, der Jude, dabei. Das war so ein bisschen Großstadtabenteuer. Wir wurden entdeckt und konnten gerade noch entkommen. Heute muss ich allerdings sagen, dass ich damals auf dem besten Weg war, eine Karriere als Kleinkrimineller einzuschlagen. Zum Glück fiel ich bald auf die Fresse – das heilte mich.

▪ ▪ ▪ ▪ ▪

Dieses Abziehen hatte sich für uns längst zu einer ganz normalen Freizeitgestaltung entwickelt. Einmal gingen wir wieder los, wir waren zu viert, ein bunter Haufen: Floe Flex, Nidal, ein Kurde, Abbas, ein Deutsch-Araber, und ich. Wir suchten den ganzen Tag am Wittenbergplatz und auf dem Ku'damm nach Opfern zum Abziehen. Aber es war wie verhext, niemand bot sich so richtig an. Am Abend entschieden wir uns, für diesen Tag aufzugeben. Wir wollten noch auf eine Party in der Mensa der Technischen Universität gehen, das war nicht weit weg. Als wir an der Kasse standen, stellten wir fest, dass wir nicht genug Geld für den Eintritt hatten. Uns war klar: Wir mussten an diesem Abend doch noch jemanden abziehen, denn wir brauchten Geld. Also gingen wir zurück zum Wittenbergplatz.

Schließlich trafen wir auf eine Gruppe Jugendlicher, die nach Geld aussahen und auch so, als würden sie sich nicht wehren. Ich ging hin und sprach sie an. Wir hatten einen guten Trick: Wir fragten immer als Erstes, ob die Leute etwas zum Kiffen hatten. Gaben sie uns etwas, konnten sie, nachdem wir sie anschließend abgezogen hatten, nicht zur Polizei gehen, weil sie selbst etwas Illegales getan hatten. Sie mussten fürchten, dass die Tatsache, dass sie Gras bei sich hatten, bei einem Verhör herauskommen würde. Das war echt nicht dumm, aber es sollte sich bald herausstellen, wie blöd wir eigentlich waren. Diese Jugendlichen hatten nichts, die sahen auch eher nach besserem Hause aus. Dann hatten wir noch einen anderen Trick drauf: Wenn wir am Abziehen waren, haben wir immer voll den Kanacken-Slang gesprochen. Untereinander haben wir eigentlich nie so geredet. Aber die Art zu sprechen, dieses Aggressive, Prollige, machte auf unsere Opfer immer Eindruck und schüchterte sie ein. Das war so eine Art psychologische Kriegsführung. Einer von uns, Floe Flex, hatte eine Schreckschuss-pistole dabei. Ein anderer hatte ein Messer – ich hatte nur einen schwarzen Knirps-Regenschirm, weil es an diesem Tag immer wieder regnete. Auch diese Jugendlichen hatten Angst, wir ließen sie antreten und zogen sie nacheinander ab. Genauso, wie man es mit uns machte, wenn wir die Opfer waren. Unsere Beute betrug 80 Mark, das war eher enttäuschend.

Nachdem wir die Opfer weggeschickt hatten, gingen wir erst mal am Nollendorfplatz Pizza essen und danach wieder zur TU-Mensa, denn wir wollten ja auf diese Party. Nidal hatte sich in der Zwischenzeit verabschiedet. Er war der Einzige von uns, der schon Erfahrung mit Jugendknast hatte – ich glaube, ihn hatte irgendwie ein schlechtes Gefühl beschlichen an diesem Abend. Er wusste besser als wir, dass es ratsam war, die Gegend um einen Tatort weiträumig zu meiden. Deshalb hatte er uns stehen gelassen und war nach Hause gegangen. Wir anderen drei aber hatten Lust auf Party. Als wir wieder an der TU ankamen, stellten wir fest, dass wir zu viel Geld in der Pizzeria ausgegeben hatten – das restliche Geld reichte wieder nicht für den Eintritt.

Und was taten wir? Wir gingen wieder zum Wittenbergplatz zurück. In der Zwischenzeit hatten uns unsere Opfer aber bei der Polizei angezeigt – und wir kamen nur zwei Stunden nach der Tat in die unmittelbare Nähe des Tatorts. Damit, dass die Opfer uns anzeigten, hatten wir überhaupt nicht gerechnet, weil wir selbst niemals zu den Bullen gegangen wären, nachdem wir abgezogen worden waren. Das tat man einfach nicht. In unseren Kreisen herrschte so eine Omertà, also ein Schweigekodex gegenüber der Polizei. Aber das waren ganz andere Jugendliche, die waren aus Zehlendorf und wussten schlicht nicht, dass man nicht bei den Bullen petzte.

Wir waren total easy zu identifizieren. Einer von uns hatte lange Haare mit einem Zopf, der andere eine dicke auffällige Daunenjacke, und ich hatte einen gleichmäßig geschorenen Sechs-Millimeter-Kurzhaarschnitt wie Vinz in dem Film *La Haine*. Aber wir waren uns gar keiner Gefahr bewusst. Wir standen auf dem Wittenbergplatz, rauchten und überlegten, ob wir nach Hause gehen oder ob wir uns noch was zum Rauchen holen sollten. Da kamen irgendwelche Männer auf uns zu – die stellten sich rasch als Zivilbeamte heraus. Noch nicht einmal als sie unsere Ausweise sehen wollten, kamen wir auf den Gedanken, dass es um unsere Abziehaktion gehen könnte. Ich sagte: »Was ist das Problem, wir sind über 18 und dürfen hier um diese Zeit herumstehen.« Wir waren richtig naiv und stellten uns total dumm an, absolut keine kriminellen Genies. Dann durchsuchten uns die Polizisten, und wir ließen uns das einfach gefallen. Da fanden sie die Knarre und das Messer – und schwups hatten wir Handschellen an. Sie brachten uns zur Wache und erklärten uns, was uns vorgeworfen wurde: schwerer bewaffneter Raub. So stand es dann auch in der Anklage. Das war schon ziemlich heftig. Wir wurden vor eine Glaswand zur Gegenüberstellung gestellt, und natürlich erkannten uns unsere Opfer problemlos. Wir waren ehrlich empört über die, das waren in unseren Augen Feiglinge und Bastarde. Anschließend wurden wir auf eine andere Wache gebracht und noch mal richtig verhört. Und dann in Einzelzellen gesteckt. Keiner von uns verriet Nidal, da hielten wir dicht.

Gleich am nächsten Tag wurden wir dem Richter vorgestellt. Mein Glück war, dass ich nicht aktenkundig war. Ich war halt noch nie erwischt worden. Insgesamt wurden wir echt milde behandelt. Wir mussten nur Sozialarbeit leisten, weil wir einem sogenannten Täter-Opfer-Ausgleich zugestimmt hatten, bei dem wir die geraubte Beute zurückerstatten und uns bei den Geschädigten entschuldigen mussten. Das war der Deal, den wir teils erleichtert, teils zähneknirschend eingingen.

Meine Eltern und vor allem meine Großeltern waren bitter enttäuscht von mir, und ich selbst kam mir vor, als hätte ich große Schande über die Familie gebracht. Ich habe anschließend nur noch einmal etwas gemacht, wofür ich hätte bestraft werden können. Die insgesamt 24 Stunden in U-Haft waren für mich ein ordentlicher Schuss vor den Bug. Das war so ein richtig ekliger Knast, ich bin mir sicher, dass die Polizisten uns absichtlich da reinsteckten. Es war so schmuddelig, auf die Matratze mochte man sich gar nicht legen. Dann musste ich auch noch meine Schnürsenkel abgeben, und als ich dem Vollzugsbeamten sagte, dass es unnötig sei, weil ich garantiert nicht selbstmordgefährdet bin, schnauzte der mich an, dass ich fast aus den Schuhen kippte. Mir wurde in dieser Nacht in der Zelle klar: Alter, so möchtest du echt nicht enden! Die ganze Sache war ein heilsamer Schock für mich, der mich vor einer Zukunft als Krimineller bewahrte.

■ ■ ■ ■ ■

Und noch etwas anderes hatte eine sehr positive Wirkung auf mich: Musik. Zu dieser Zeit entdeckte ich nämlich auch meine Liebe zum Rap. Diese Entdeckung hatte eine unmittelbare Folge: Ich wuchs allmählich in einen anderen Freundeskreis hinein. Nach der Polizeisache hatte ich begonnen, darüber nachzudenken, ob ich eigentlich die richtigen Freunde hatte. Ich dachte über das Thema Freundschaft nach, darüber, was ich eigentlich von Freundschaft erwarte. Vielleicht wäre es besser, sich andere

Freunde zu suchen? Ich orientierte mich von nun an immer stärker an den Hip-Hop-Leuten, die ich bald kennenlernte. Meine alten Freunde warfen mir vor, ich ließe sie im Stich. Aber das stimmte gar nicht. Ich hielt auch den Kontakt zu meiner alten Pennerbande aufrecht, ich mochte die Jungs ja. Aber es war doch etwas ganz anderes als früher. Und meine neuen Rap-Freunde hatten auch mehr die gleichen Interessen wie ich. Zwar waren alle meine Freunde mehr oder weniger auf dem Hip-Hop-Film, aber sie waren nur Konsumenten und keine aktiven Rapper. Mit meinen neuen Freunden konnte ich über Musik reden und in Plattenläden abhängen.

Einmal ging ich mit meinen alten Kumpels in so eine Internetbuchte, die zockten damals den ganzen Tag Counterstrike. Am Rechner las ich, wie andere registrierte Mitspieler sich nannten: »Israelhasser«, »Ich fick die Juden«, »Fuck Israel«, »Fuck Jews«, »Juden ins Gas« und so weiter. Ich sah meine Jungs an und fragte sie: »Mit solchen Leuten spielt ihr hier?« Das war denen entweder gar nicht aufgefallen, oder sie hatten mal wieder ihre Scheuklappen auf. Es war ihnen jedenfalls völlig egal, wie die anderen Spieler hießen, was ihre Nicknames bedeuteten und wie ich mich dabei fühlte. Würde ich mit einem meiner schwarzen Freunde in eine Gaming-Höhle gehen und die Mitspieler hätten Nicknames wie »Fick den Drecksnigger«, würde mir das auf jeden Fall schlimm aufstoßen. Ich würde schon allein deshalb diese Zockerbuchte verlassen, weil die Namen eine Beleidigung für meinen Kumpel wären. Heute sind solche Namen völlig normal und allgemein akzeptiert, sodass sich keiner mehr darüber aufregt. Damals wurde der Anfang für diese Entwicklung gemacht – aber wir lernen offensichtlich nichts daraus.

Ich versuchte, einen von diesen Israelhassern abzuknallen, aber das gelang mir nicht. Nach einer Runde hatte ich genug und ging. Ich dachte mir, dass ich genau aus dem Grund, weil meine Kumpels so waren, wie sie waren, nicht mehr mit ihnen herumhängen mochte. Aber ich konnte sie auch nicht einfach umkrempeln. Durch solche Erfahrungen fällt es mir heute sehr schwer, Freundschaften zu schließen. Ich erwarte immer, dass früher oder später so etwas passiert, und das tut es leider auch immer wieder. Auch in der Rap-Szene sollte ich diese bittere Erfahrung machen. Und zwar mehr als einmal.

KAPITEL 4

ISRAEL – MEINE LIEBE, MEIN BESCHÜTZER

Ich bin ein Tzabar. So nennen Israelis alle Menschen, die in Israel geboren wurden. Eigentlich ist der Tzabar ein Kaktus beziehungsweise eine Kaktusfeige, außen ganz schön stachelig und innen süß. Man sagt, die Israelis sind von außen betrachtet auch ziemlich stachelig – aber von innen eben auch süß. Wie eine Kaktusfeige. Israelis empfinden es in der Regel nicht als abwertend, wenn man sie als Tzabar bezeichnet, sondern als Kompliment. Der Kaktus ist eine sehr robuste Pflanze, die mit wenig Wasser beziehungsweise Ressourcen zurechtkommt und dennoch saftige und süße Früchte hervorbringt. Ich fühle mich auch nach all den Jahren in Deutschland immer noch wie ein Tzabar; ein Kaktus, der aus seiner angestammten Umgebung mitten in den deutschen Mischwald verpflanzt wurde. Zwischen ganz vielen deutschen Eichen, Birken und Ahornbäumen. Ich bin stachelig, denn ich habe etwas Rebellisches in mir. Aber ich bin eben auch »süß« in dem Sinne, dass ich Frieden und Harmonie suche und auch gerne stifte. Ben Salomo heißt Sohn des Friedens.

●●●●●

Ich lebte ja nun in Deutschland, aber Israel, mein Heimatland, ließ mich nie los. Als ich sechs Jahre alt war, flog ich das erste Mal alleine mit dem Flugzeug wieder dorthin, um meine Großeltern und unsere ganze große Familie zu besuchen. Jahrelang wiederholte ich das regelmäßig im Sommer. Meistens blieb ich zwischen drei und sechs Wochen. Meine Eltern brachten mich zum Flughafen Tegel und übergaben mich einer Stewardess. Damals flog nur El Al nach Israel. In Tel Aviv holten mich meine Großeltern dann am Flughafen Ben Gurion ab. Ich wurde die ganze Dauer des Fluges über wie ein kleiner Prinz behandelt. Alle sprachen hebräisch. Ich hatte keine Angst, im Gegenteil. Seitdem liebe ich das Fliegen. Es ist kaum zu glauben, aber nirgends schlafe ich besser als im Flugzeug.

Jedes Mal, wenn ich bei der Ankunft aus dem Flugzeug ausstieg, war da dieses Gefühl: Hitze. Das habe ich immer geliebt und liebe es bis heute. Klar, in Deutschland war auch Sommer, aber das war anders. Die Hitze in Israel kam mir viel eindringlicher vor als der deutsche Sommer, die Gerüche waren ganz anders. Selbst den Gestank der Abfälle der israelischen Shuks beziehungsweise Tagesmärkte liebe ich. Nach einem langen Tag regen Handels türmen die Händler die Reste ihrer unverkauften und nicht mehr so frischen Lebensmittel auf einen Haufen, der nach einer Weile zu stinken beginnt. Viele Straßenkatzen ergattern sich ihre Häppchen an so einem Haufen. Jeder, der in Israel gegen Marktschluss über diese Shuks läuft, weiß, was ich meine. Es stinkt und es ist eklig, aber es gehört zum Shuk und zu Israel dazu.

Das alles fühlte sich bei jedem Besuch sofort vertraut an. Daran hat sich bis heute nichts geändert. Steige ich in Israel aus dem Flugzeug, fühle ich: Ich bin wieder da. Empfangen wurde ich jedes Jahr mit Luftballons, ich wurde umarmt, man machte Fotos, und dann ging es nach Hause. Schon die knapp einstündige Fahrt vom Flughafen nach Rechovot war immer ein echtes Erlebnis für mich. Plötzlich stand da ein Esel, der in der Hitze chillte; die Häuser sahen ganz anders aus als in Berlin, das Wetter war herrlich, und alles war bunt. Dieses Bunte liebe ich an Israel. Überall las ich hebräische Schrift, und aus dem Radio tönte hebräische Musik. Überall wurde ich willkommen geheißen, sei es in der Familie, sei es auf der Straße oder im Supermarkt. Jeder wusste, dass ich der Enkel aus Deutschland war. Die Bekannten meiner Großeltern haben dann oft gesagt: »Ach, da ist ja euer Tourist, euer Weltenbummler.« Ich wurde als Exot aus dem fernen Deutschland angesehen. Einerseits gefiel mir das, aber auf der anderen Seite fühlte ich mich, als sei ich endlich wieder daheim. Die Israelis sehen Leute wie mich, die in ihrem Land geboren wurden, aber in Chul beziehungsweise Chutz la'Arez – das bedeutet außerhalb Israels – aufwachsen und leben, als Hybriden an. Als eine Art Mischung, irgendwas zwischen einem israelischen Kaktus und was Exotischem, das, passend zum entsprechenden Land, ihre Fantasie anregt.

Sicher, ich erlebte Israel wie ein Urlaubsland. Wir gingen ins Schwimmbad oder an den Strand von Aschdod, besuchten ständig irgendwelche meiner zahlreichen Verwandten in den verschiedenen Städten. Viele wohnten auch in einem Moschaw. Das ist vergleichbar mit einem Kibbuz, aber es gibt einen wesentlichen Unterschied: Im Moschaw existiert Privateigentum, es ist keine Kolchose wie im Kibbuz. Mein Großonkel Itzik, der jüngste Bruder meines Großvaters, hatte eine Farm mit Pferden, Rindern und Hühnern, das war natürlich für ein Großstadtkind wie mich total spannend. Mein Opa wiederum brachte mir Schach bei. Er spielte auch oft mit einem alten Freund Schach, und dabei haben sie immer viele alte Geschichten erzählt. Ich hörte dann fasziniert zu, soweit ich irgendetwas verstand, denn sie redeten auch oft auf Rumänisch oder Jiddisch.

Bei meinem ersten Besuch musste ich meine Großeltern erst mal wieder neu kennenlernen, denn ich hatte sie ja zweieinhalb Jahre nicht gesehen. Ihre Wohnung war voller Erinnerungsstücke. Es gab so viele vollgestopfte Schränke, das war wie ein anderes Universum, das es zu entdecken galt. Ich erinnere mich noch gut an all diese alten Bilder mit irgendwelchen Verwandten von irgendwelchen Hochzeiten, Brit Milas oder Bar Mitzwas. Riesige Familien waren auf den Fotos zu sehen. Ich sah meinen Vater, als er so alt war wie ich damals. Oder meinen Großvater als 30-Jährigen. All das war sehr beeindruckend. So viel Geschichte. Wenn ich dann wieder bei meinen Großeltern in Deutschland war, stellte ich fest, dass es dort viel weniger Geschichte gab. In Berlin hatte sich längst nicht so viel angesammelt. Viele alte Familiensachen waren auch in Israel oder schon zuvor in Odessa zurückgeblieben. Zu dieser Zeit begann ich, mich immer mehr für die Geschichte meiner Familie zu interessieren, und ich fing an, die Älteren darüber auszufragen. Wirklich verstanden habe ich natürlich vieles erst später, als ich erwachsen war.

■ ■ ■ ■ ■

Wenn ich in Israel meine Verwandten besuchte, ging ich mit meinem Opa Aryeh oft in die Stadt, zum Schneider, Fleischer oder Schuhmacher. Überall wurde er freudig begrüßt, er war ein beliebter und geachteter Mann. Wenn sich die Männer dann unterhalten haben, habe ich das Gespräch immer mit großen Augen verfolgt. Einmal, als wir nachmittags entspannt auf der Couch saßen, holte mein Opa plötzlich sein Gebiss aus dem Mund. Als ich ihn fragte, wo denn seine echten Zähne seien, antwortete er: »Die hat mir ein deutscher Soldat mit einem Gewehrkolben herausgeschlagen.« Ich war erschrocken, aber so richtig begriffen habe ich damals noch nicht, warum ein deutscher Soldat meinem Opa die Zähne hätte ausschlagen sollen.

Auch Ausflüge haben wir jedes Jahr gemacht, in Schwimmparks zum Beispiel oder nach Sde Yoav. Davor wollte ich mich immer drücken. Denn dort gab es Thermalbäder, wo es durch das schwefelhaltige Wasser entsetzlich nach verfaulten Eiern roch. Einmal sind wir zu einer Gedenkstätte für die gefallenen Soldaten der Panzertruppen gefahren. Der Bruder von Oma Frida war bei den

Panzertruppen und ist bei einem Unfall während eines Übungs-
manövers gestorben. Da war er gerade mal 20 Jahre alt. Deshalb
fuhr die Familie regelmäßig zu dieser Gedenkstätte, um eine Ker-
ze für ihn anzuzünden. Es gibt eine Tafel mit den Namen der Ge-
töteten der israelischen Panzertruppen, da steht auch der Name
meines Großonkels drauf.

⬛⬛⬛⬛⬛

Morgens, wenn ich noch im Bett lag, zogen oft alte Männer mit
ihren Karren durch die Straßen und wollten allerlei altes Zeugs
verkaufen. Sie riefen dann in jiddischer Sprache »Alte Sachen«
und priesen ihre Waren an. Es waren jüdische und arabische Männer. Das war ganz normal, niemand machte sich irgendwelche Gedanken darüber. Ich kann mich zwar nicht wirklich daran erinnern, aber man kann davon ausgehen, dass zu der Zeit in unserer
Familie auch über Politik geredet wurde. Schließlich war mein
Onkel Israel mitten in seinem Pflicht-Wehrdienst, während der
Zeit der ersten Intifada – des ersten palästinensischen Aufstands
gegen Israel, der 1987 begann. Opa Aryeh lag jeden Abend im Bett
und hörte die Nachrichten im Radio. Auch morgens in der Küche
lief immer das Radio, meistens Galei Zahal, das ist der Radiosen-
der der Israelischen Streitkräfte, auf dem neben den neuesten
Nachrichten viel hebräische Musik gespielt wurde. Saba Aryeh
hörte damals gerne diese alte Pioniermusik aus der Zeit, als Israel
gegründet wurde und viele Juden einreisten und beim Aufbau des
Landes anpackten. Wenn man diese Lieder hört, verwandelt sich
die Welt vor den Augen in einen alten Schwarz-Weiß-Film, in dem
man die israelische Jugend von damals sieht. Die Aufbruchsstim-
mung von einst vermittelt sich durch diese Musik, auch heute
noch. Saba Aryeh liebte diese Musik, er war nun mal Zionist und
Anhänger der israelischen Arbeiterpartei, und das blieb er sein
ganzes Leben.

Irgendwann aber waren diese herrlichen Wochen in Israel wieder vorbei, und ich musste zurück nach Berlin. Ich war dann jedes Mal traurig. Ich habe das so hingenommen und nicht gefragt, warum wir denn eigentlich nicht auch in Israel wohnten. Dadurch, dass meine anderen Großeltern in Berlin lebten, war es für mich ganz normal, wieder nach Berlin zurückzufliegen. Mir wurde aber mit den Jahren immer klarer, dass Israel mein Land ist, meine Heimat – auch wenn ich es fast nur als Urlaubsland kennengelernt hatte und dort nicht meinen Alltag verbrachte. So geht es mir bis heute. Für mich ist es ganz klar, dass ich gerne in Israel aufgewachsen wäre, und auch, dass ich gerne dort leben würde. Aber jetzt habe ich meine eigene Familie hier in Deutschland. Ich habe eine Frau und eine kleine Tochter, die ich beide über alles liebe. Bevor ich jedoch meine Frau kennenlernte und meine Tochter zur Welt kam, sagte ich mir immer wieder: Mein Traumland ist Israel. Manchmal sage ich das heute noch, wenn ich darüber nachdenke, dass ich hier in Deutschland der Kaktus bin und ich sehr gerne in einem Klima aufgewachsen wäre, das für Kakteen geeigneter ist als das nasskalte Deutschland.

Sicher, ich hätte alleine zurückgehen können nach Israel, als ich älter wurde, vielleicht in meinen Zwanzigern. Aber wenn ich so auf meine eigene Geschichte schaue, muss ich ehrlich sagen, dass ich darüber niemals ernsthaft nachgedacht habe. Oder vielleicht war es anders: Ich habe zwar daran gedacht, aber irgendetwas hielt mich immer von diesem Schritt ab. Wenn ich auf die Zeit zurückblicke, bevor ich mir hier in Deutschland selbst eine Familie aufgebaut habe, gab es viele Stationen, an denen ich so eine Entscheidung hätte treffen können. Aber ich habe es halt versäumt.

Wahrscheinlich wäre ich zu diesem Schritt aber schon deshalb nicht fähig gewesen, weil ich dazu erzogen worden war, auf meine Eltern zu hören. Ich habe hier ja auch eine Schwester, die jünger ist als ich. Und mein Beschützerinstinkt sagt, dass ich sie nicht einfach so verlassen kann. Das gilt auch für meine Mutter, die uns allein erzogen hat, und für meine Großeltern Asia und Alex. Ich bin nicht zum Abenteurer erzogen worden, der einfach seinen Weg geht ohne Rücksicht auf die anderen. Ich bin jemand, der mit seiner Familie zusammenbleiben möchte, wo jeder für den anderen verantwortlich ist. Da packt man nicht einfach seine Siebensachen und macht sich vom Acker. Später kamen auch andere Dinge hinzu, mein Beruf, meine langjährige Freundin (die Vorgängerin meiner heutigen Frau) und so weiter. Geblieben ist eine unstillbare Sehnsucht nach Israel, die ich wohl nie loswerde.

Meine Mutter hatte eine krasse Angst davor, dass ich zurückgehen könnte, und hat mich das auch in ihrer Erziehung spüren lassen. Sie war zum Beispiel strikt dagegen, dass ich zur Armee gehe. Nicht, weil sie denkt, dass der Armeedienst sinnlos ist, sondern weil sie Angst um ihren einzigen Sohn hatte. Ich wäre aber gar nicht drum herumgekommen, wenn ich als junger Mann nach Israel gezogen wäre. Wenn ich mich in meinem Bekanntenkreis umschaue, gibt es da einige jüdische Freunde, die nach Israel gegangen sind und dort auch gut klarkommen. Aber ich habe auch Freunde, die Alija gemacht haben, also ausgewandert sind, und dort nicht klarkamen und schließlich wieder nach Deutschland zurückkehrten.

■ ■ ■ ■ ■

Man kommt aber nicht darum herum, sich mit der Frage zu beschäftigen. Denn wir Juden fühlen uns in Deutschland und anderen europäischen Ländern zunehmend unsicher. Überall wächst der Hass auf Juden und die Ablehnung ihnen gegenüber. Vermehrt kommt es zu Gewalttaten und Angriffen. Viele Juden haben nicht den Glauben oder auch nur die Hoffnung, dass das Land, in dem sie leben und oftmals geboren wurden, ihnen helfen wird, wenn es hart auf hart kommt. Bis heute in Erinnerung ist vielen Juden hierzulande der Überfall einer palästinensischen Terrorgruppe auf die israelischen Athleten während der Olympischen Spiele 1972 in München. Dabei starben elf israelische Sportler bei dem dilettantischen Versuch der deutschen Sicherheitskräfte, sie zu befreien. Das Versagen der deutschen Behörden war unglaublich. Sie arbeiteten schlampig und zeigten sich unfähig, die Geiseln zu schützen und lebend zu befreien.

Ein weiteres Ereignis in der Geschichte, das sich in das kollektive Gedächtnis der Juden weltweit eingebrannt hat, ist die Flugzeugentführung und Geiselbefreiung von Entebbe im Jahre 1976. Damals entführten palästinensische und linksextreme deutsche Terroristen eine Maschine der Air France nach Uganda. Daran beteiligt waren die Deutschen Wilfried Böse und Brigitte Kuhlmann von den Revolutionären Zellen. Sie führten während der Geiselnahme eine Selektion durch, bei der die jüdischen von den nichtjüdischen Geiseln getrennt wurden. Die nichtjüdischen wurden freigelassen, während die jüdischen weiterhin festgehalten wurden. Deutsche, noch dazu solche, die sich als links verstanden, führten unter Juden eine Selektion durch – wie damals die Nazis! Während der Befreiungsoperation durch die israelische Armee kam auch der Kommandant der Eingreiftruppe, Jonathan Netanjahu, der ältere Bruder des heutigen israelischen Premiers, ums Leben. Daraufhin wurden viele israelische neugeborene Jungen ebenfalls Jonathan genannt. So kam übrigens auch ich zu meinem Namen.

Das Scheitern der Geiselbefreiung von München war für viele Juden der Beweis, dass kein Staat wirklich gewillt oder kompetent war, sie zu schützen, während die erfolgreiche Geiselbefreiung von Entebbe für die Juden den Beweis lieferte, dass Israel der einzige Staat war, der den Willen und die Kompetenz besaß, sie zu schützen. Deshalb reagieren sehr viele Juden – nicht nur in Deutschland, auch in vielen anderen Ländern wie Frankreich und Großbritannien – besorgt auf Versuche, die Existenzberechtigung

Israels infrage zu stellen. Gerne wird gesagt, Geschichte wiederhole sich nicht. Aber wir Juden sind uns ziemlich sicher, dass sich die Geschichte wiederholen kann. Gerne wird heute behauptet, wir lebten in einer aufgeklärten Welt. Aber wie viel Prozent der Weltbevölkerung sind tatsächlich aufgeklärt? Zu glauben, es sei unmöglich, dass wieder Konzentrationslager für bestimmte Menschengruppen geschaffen und Menschen einfach so ermordet werden können, ohne dass es einen Aufschrei in der Bevölkerung gibt – das ist eine Illusion. Die Geschichte der vergangenen 2000 Jahre hat zu oft das Gegenteil bewiesen.

Aufklärung allein bietet ganz offensichtlich keinen ausreichenden Schutz. Man darf nicht vergessen, dass gerade Deutschland in der Zeit vor den Nazis ein aufgeklärter Staat war. Aus diesem Land kamen viele berühmte Künstler und Wissenschaftler, mehr noch: Deutschland galt als eine Speerspitze der Aufgeklärtheit und des Humanismus, es war das Land, aus dem Albert Einstein kam, das Land, zu dessen Identität die jüdische Bevölkerung und Kultur gehörten. Und selbst dieses aufgeklärte und kultivierte Land war bereit dazu, diesen wichtigen Teil seiner selbst aus sich herauszuschneiden. Das zeigt uns Juden, dass es überall auf der Welt geschehen kann und es immer wieder möglich ist, dass so etwas geschieht.

Was bedeutet diese Erkenntnis für uns Juden und unser Verhältnis zu Israel? Sie erzeugt ein großes Gefühl der Unsicherheit – das Gefühl, dass es auf der Welt nur ein Land gibt, das in der Stunde der Gefahr tatsächlich Schutz bietet: Israel. Viele Juden glauben: Am Ende des Tages, wenn ich wirklich Schutz brauche, kann ich dorthin – und nur dorthin. Sie glauben, sie können sich auf niemanden sonst verlassen. Selbst wenn sie in Deutschland oder Frankreich geboren wurden, sich eigentlich als Deutsche oder Franzosen fühlen und vielleicht sogar in den Streitkräften dieser Länder gedient haben und Israel kaum kennen, so fühlen sie sich in letzter Konsequenz doch nur von Israel wirklich geschützt. Und diese Ängste sind weitaus mehr als nur Fantasie – sie sind ziemlich real.

Auf den ersten Blick klingt das paradox. Es soll also tatsächlich eine Situation geben können, in der es in Deutschland für Juden gefährlicher ist als in Israel? Zurzeit ist doch faktisch das Leben in Israel für Juden gefährlicher als in Deutschland, immerhin gibt es dort fast täglich Terroranschläge der palästinensischen Araber. Mal mit Raketenangriffen aus Gaza, mal mit Autos, die sie in Menschenmengen lenken, oder mit wahllosen Messerattacken auf nichts ahnende Passanten. Im September 2018 zum Beispiel wurde Ari Fuld, ein beliebter israelischer Moderator und Aktivist, hinterrücks von einem 17-jährigen palästinensischen Terroristen erstochen. Wir reden hier von über 1300 Ermordeten seit 2001. Das sind im Durchschnitt 73 Tote pro Jahr, also etwa sechs Ermordete jeden Monat. Wären die Opferzahlen von Terroranschlägen in Deutschland auch nur annähernd so hoch, wäre die Demokratie hierzulande wahrscheinlich schon einem Polizeistaat gewichen.

Meine Verwandten in Israel sagen deshalb gerne: »Wir leben hier auf einem Vulkan.« Das stimmt. Aber sie haben dort, im Heimatland der Juden, selbst wenn es nur so groß ist wie ein kleines Indianerreservat, einen Vorteil, den sie gerne betonen: »Aber wir sind selbst dafür verantwortlich, ob wir es schaffen, den Ausbruch eines Vulkans so vorherzusehen, dass wir ihn auch überleben.« Es ist diese Selbstbestimmung, das Wissen, sein Schicksal in der eigenen Hand zu haben, das so wichtig ist für die Menschen in Israel. Das Land hat seine Armee, seine Sprache, seine Kultur, und das verschafft ein größeres Gefühl von Sicherheit als in Deutschland oder Frankreich. Das hat nicht in erster Linie damit zu tun, dass man in Israel in einer Gemeinschaft lebt. Das tut man in einem Ghetto ja auch. Wichtig ist: Man kann sich verteidigen, wenn nötig mit Waffen, und sein Schicksal selbst in die Hand nehmen. Mich erinnert das an meine Situation mit Hassan und den anderen zwei Jungs im Schöneberger Hinterhof, die mich angreifen wollten, nur weil ich Jude bin. Meine entschlossene Reaktion hat Schlimmeres verhindert. Ich habe mich selbst geschützt, das war für mich wichtig und verschaffte mir auch Respekt.

Bewaffnet, das weiß ich, klingt nie gut. Aber man darf nicht vergessen, dass die Juden früher bei Pogromen in ihren Ghettos dem Mob und den Plünderern schutzlos ausgeliefert waren. Weder der Bürgermeister hat geholfen noch die Polizei oder die Feuerwehr – sie waren unbewaffnet, schutz- und wehrlos. Der Mob konnte ungehindert angreifen, um jüdische Menschen zu töten, Frauen zu vergewaltigen, Hab und Gut zu rauben und zu plündern. Die Juden waren der Willkür ihrer Umgebung ausgesetzt, und im Prinzip ergeht es Israel heute nicht anders. Israel ist der Willkür seiner Nachbarstaaten ausgesetzt, aber es ist nicht schutzlos. Es hat Grenzen, es hat seine Streitkräfte, und dadurch kann es sich schützen. Das ist etwas, was es in der jüdischen Realität 2000 Jahre lang nicht gab. Deshalb ist die Existenz eines jüdischen Staates so wichtig und das Sicherheitsgefühl, das er vermittelt, so stark. Auch wenn Israels Chancen bei einem großen Angriff seiner Feinde wohl nicht sehr gut wären, schließlich ist es ein klitzekleines Land ohne strategische Tiefe. Wenn die Türkei, der Iran und die Hisbollah mit ihren Hunderttausenden kampfbereiten Söldnern sich wirklich entschließen würden, Israel anzugreifen, dann gäbe es einen richtig heftigen Krieg, und der Ausgang dieses Krieges wäre keineswegs gewiss. Klar ist aber: Israel kann sich keinen einzigen verlorenen Krieg leisten. Denn danach gäbe es Israel nicht mehr.

■ ■ ■ ■ ■

All das ist für uns Juden bei Weitem nicht so theoretisch, wie es vielleicht klingen mag. Ich sehe eine Situation auf uns zukommen, bei der es für Juden ratsam werden könnte, Deutschland zu verlassen. In Frankreich ist es schon so weit gekommen, dass immer mehr Juden das Land verlassen. Sie haben das Gefühl, dass sie der Staat nicht schützt und auch nicht wirklich etwas geschieht, um den Hass in den Griff zu bekommen, der sich vor allem durch die Einwanderung von Menschen aus arabischen Ländern entwickelt hat. Die französischen Juden fühlen sich dieser Gefahr schutzlos ausgeliefert. Dabei ist Frankreich der Staat in Europa mit der größten jüdischen Community, über 500 000 Juden leben dort. Es sind Menschen darunter, die in der französischen Gesellschaft höchst anerkannt sind, Künstler oder Schauspieler zum Beispiel. Noch vor Kurzem lebten sie ganz selbstverständlich innerhalb der französischen Gesellschaft, ohne Angst. Auf den Straßen zeigten die Juden offen, dass sie Juden sind, es gab hebräische Schriftzüge an den Geschäften. Das war jahrzehntelang so, und diese Community war nicht nur sichtbar, sondern auch ein politischer Faktor. Obwohl das so war, ist der Staat nicht in der Lage gewesen, die Situation für die Juden dort zu verbessern und dem Hass gegen die Juden, der sich dort seit Jahrzehnten aufgebaut hat, entgegenzutreten. Ganz im Gegenteil: Statt ihn zu bekämpfen, ließ man ihn vor sich hin wuchern, und er wuchs und wuchs und wuchs.

Da frage ich mich: Warum sollte Deutschland dazu in der Lage sein? Warum sollte Deutschland das besser können als Frankreich? Sind hierzulande die Ressentiments gegenüber Juden etwa geringer? Hat es die Bevölkerung hierzulande tatsächlich verstanden, dass die Existenz Israels – und ich betone: als jüdischer Staat – nicht verhandelbar ist? Das sind übrigens keine Fragen, die sich nur an die neuen und älteren Zuwanderer richten. Wenn ich mich auf meine Erfahrungen und Beobachtungen stütze – von den Berliner Hinterhöfen über die Rap-Industrie, von den deutschen Medien bis hin zu den Reden zahlreicher deutscher Parlamentarier –, muss ich das bezweifeln. Die Stimmen derer, die eine gedenkpolitische Kehrtwende fordern, werden immer lauter: Wenn eines Tages der ermordeten Juden des Holocaust nicht mehr gedacht wird, weil man vom »Schuldkult«, wie die neuen Nazis von der AfD es nennen, genug hat, dann sehe ich schwarz für die Juden Deutschlands.

■ ■ ■ ■ ■

Nun höre ich die Politiker sagen: Aber die Sicherheit der Juden und das Existenzrecht Israels sind doch deutsche Staatsräson! Wenn man sich dann aber die deutsche Politik anschaut, kann man nur zu dem Schluss kommen, dass das kaum mehr als ein Lippenbekenntnis ist. Wie oft beispielsweise hat Deutschland in der UNO gegen Israel gestimmt oder sich enthalten? Unzählige Male. Wenn Deutsche und Juden durch die schmerzvollen Verstrickungen der Geschichte wirklich Blutsbrüder wären, würde die deutsche Politik sich anders verhalten. Leider aber verhält sich Deutschland in der UNO oft gar nicht wie ein Bruder. Sondern wie ein Gegner der Existenzberechtigung Israels.

Und entsprechend verhalten sich führende deutsche Politiker. Sigmar Gabriel, der frühere SPD-Vorsitzende, schrieb 2012 auf Facebook: »Ich war gerade in Hebron. Das ist für Palästinenser ein rechtsfreier Raum. Das ist ein Apartheid-Regime, für das es keinerlei Rechtfertigung gibt.« Jahre später entschuldigte er sich für diese Äußerung. Aber entschuldigte er sich wirklich? So würde er das nicht wiederholen, sagte er. Nicht ohne einige Worte über die strenge und angeblich erbarmungslose Besatzungspolitik der Israelis hinzuzufügen. Wieder stellte er Israel so dar, als sei es der Aggressor. Auf eine solche »Entschuldigung« können die Juden gut verzichten.

Bundespräsident Frank-Walter Steinmeier legte im Mai 2017 während einer Nahostreise in Ramallah einen Kranz am Grab des 2004 verstorbenen Palästinenserführers Jassir Arafat nieder. Es war das erste Mal, dass ein deutscher Bundespräsident Arafat auf diese Weise würdigte. Mit gutem Grund war das bis dahin nicht passiert: Arafat, einst Chef der palästinensischen Terrororganisation

PLO, war ein Terrorist, an dessen Händen das Blut von unzähligen Juden klebte. Zu glauben, man könne als deutscher Bundespräsident zugleich Arafat würdigen und der von den Nazis ermordeten Juden gedenken, erscheint mir schizophren. Auf Juden wirkt so eine Haltung erschreckend. Sie schürt die Zweifel an der Glaubwürdigkeit des deutschen Präsidenten und der deutschen Politik gegenüber Israel. Israels Existenz ist deutsche Staatsräson? Da kann man nur lachen.

·····

Gerade Sigmar Gabriels Worte zeigen, wie erfolgreich die Propaganda der Palästinenser ist und wie schwierig es für Israel ist, etwas dagegenzusetzen. Häufig wird in den großen deutschen Medien gar nicht über palästinensische Terrorangriffe auf Israel berichtet. Das passiert meist nur in Medien wie der *Jüdischen Allgemeinen Zeitung* oder *Israel Heute*. Oder man muss israelische Zeitungen lesen. Mich irritiert immer wieder, dass eigentlich nur dann über eine neue Eskalation der Gewalt berichtet wird, wenn Israel auf Angriffe reagiert. Die jeweilige Vorgeschichte fällt weitgehend unter den Tisch. Es kommt mir so vor, als sei eine Zeitung nur dann zu verkaufen, wenn die Redaktionen berichten, dass Israel aggressiv auftritt und die armen, unschuldigen Palästinenser malträtiert. Aber wenn die Leute nicht wissen, was vorher passiert ist, wirkt es auf sie so, als sei Israel jedes Mal der Aggressor und die Palästinenser das Opfer. Wie in der Schule, wenn der Lehrer mit dem Rücken zur Klasse steht, während er etwas an die Tafel schreibt, und da sind zwei Schüler, von denen der eine den anderen immer wieder ärgert. Der Lehrer bekommt aber erst dann etwas davon mit, wenn der andere Schüler, den er vielleicht nicht so wirklich mag, sich wehrt – und dann wirkt es so, als sei dieser Schüler schuld an dem Streit. So erscheint es mir bei vielen deutschen Medien auch, wenn es um Israel geht.

Die palästinensischen Organisationen wissen sehr genau, wie Bilder von verletzten oder toten Kindern und zerstörten Wohnhäusern wirken, und sie provozieren Derartiges ganz bewusst. Die Hamas greift israelische Wohngegenden mit Raketen an und versteckt ihre Abschussbasen und Waffen in Wohnhäusern, Schulen oder Krankenhäuser. Dann klagt sie laut, wenn Israel sich wehrt und dabei Zivilisten umkommen. Wenn Israel einen Angriff ankündigt und die Zivilisten auffordert, das jeweilige Gebiet zu verlassen, erklärt die Hamas, sie sollen bleiben. In vielen Fällen zwingen sie die Bewohner sogar mit brachialer Gewalt, in ihren Häusern zu bleiben, um ihre Waffenlager zu schützen. Für die Hamas ist jedes getötete Kind ein Sieg im Krieg der Bilder. In dieser Sichtweise sind nur tote Kinder gute Kinder. Wie soll man damit umgehen? Israel hat bis heute kein Mittel dagegen gefunden.

Im öffentlichen Bild erscheint Israel als die mächtige Nation, der große Böse – und die Palästinenser als die hilf- und wehrlosen Opfer. In Wahrheit ist das völlig anders. Denn die Palästinenser stehen ja nicht allein. Sie sind Teil einer großen arabischen Nation. Deren Länder verfügen über viel Geld, Einfluss und Öl und über eine Lobby in der UNO oder in großen Konzernen, und das alles nutzen sie im Kampf gegen Israel. Dieses kleine Land von der Größe Hessens ist dagegen nur ein hochgerüsteter David. Man darf aber auch nicht vergessen, dass die normalen Palästinenser dabei nur ein Spielball von Mächten wie der Hamas und der sogenannten Palästinensischen Autonomiebehörde sind. Die wiederum werden auch nur von größeren Mächten vorgeschickt, allen voran dem Iran und Saudi-Arabien, und neuerdings mischt dabei auch die Türkei immer mehr mit.

■ ■ ■ ■ ■

Woher kommt dieser Hass auf Israel und die Juden? Palästinensischen Kindern wird der Hass auf Israel von klein auf eingebläut.

Die israelischen Kinder verstehen, dass ihr Land keine andere Wahl hat, als sich zu wehren, um zu überleben – die palästinensischen Kinder lernen, dass sie Israel vernichten sollen. Wir reden hier nicht von irgendwelchen militanten Vätern, die das ihren Kindern beibringen – solche Radikale gibt es natürlich auf israelischer Seite auch. Die sind schlimm, und ich verurteile das, egal ob Palästinenser oder Juden. Wir reden hier von den palästinensischen Institutionen, die die Kinder regelrecht auf Hass und Mord programmieren. Dann kommen am Ende des Tages Menschen dabei heraus, die Juden und Israelis nicht mehr als Menschen sehen und finden, man dürfe sie einfach so mit dem Messer abschlachten. Oder mit dem Gürtel auf offener Straße auf sie einschlagen, weil sie eine Kippa tragen – wie es in Berlin im Frühjahr 2018 geschehen ist. Oder sie angreifen und mobben, so wie es an deutschen Schulen ja inzwischen fast zum Alltag gehört.

Die Wahrheit ist: Die Menschen in Israel wollen feiern, am Strand sitzen, Alkohol trinken, Gras rauchen, Zeit mit ihren Familien verbringen. Die wollen keinen Krieg, sie sind nicht aggressiv und wollen niemanden töten oder beseitigen. Sie haben die Schnauze voll vom Krieg. Sie wollen weder ein Groß-Israel noch den Status quo von Jerusalem ändern. Das sind Propagandamärchen, die darauf abzielen, die Gewaltspirale am Laufen zu halten. Sie sind aber auch nicht naiv. Sie wissen, dass sie ständig einsatzbereit sein müssen für den Ernstfall, um in einer so wilden Nachbarschaft zu überleben. Man muss dabei zur Kenntnis nehmen, dass die Bedrohungslage nicht bloß fiktiv ist, sie ist real. Seit der Gründung Israels wurde es von vielen seiner Nachbarstaaten mit der totalen Vernichtung bedroht. Der aktuell prominenteste Vertreter derartiger Auslöschungsfantasien ist der Iran. Israel hat in seiner Geschichte durch bittere Lektionen gelernt, dass es solche Drohgebärden ernst nehmen muss.

■■■■■

Vielleicht kann ein Witz die Lage Israels und der Juden verdeutlichen:

Eines Tages war Gott sehr böse auf die Menschen, und er rief die Führer der drei großen Religionsgemeinschaften zu sich: den Imam von Mekka, den Oberrabbiner von Jerusalem und den Papst aus Rom. Die drei freuten sich auf einen netten Abend, denn sie wussten nicht, dass Gott auf sie böse war. Das Essen verlief in entspannter Atmosphäre, doch als sie fertig waren, schlug Gott mit der Hand auf den Tisch und schrie: »Ich habe die Schnauze voll. Ich habe euch auf die Welt gesetzt, damit ihr in Liebe, Harmonie und Koexistenz zusammenlebt. Und was macht ihr? Ihr bringt euch gegenseitig um!« In seinem gerechten Zorn kündigte er ihnen an: Wenn sich dieser Zustand nicht innerhalb von zwei Wochen ändere, schicke er eine Sintflut auf die Erde, und alle Menschen würden ertrinken. Und er befahl: »Geht zu den Menschen und verkündet diese meine Botschaft!« Der Papst trat in Rom vor die Kameras, Millionen gläubige Katholiken überall auf der Welt sahen im Fernsehen zu – sogar die Protestanten lauschten seinen Worten. »Wir müssen in Frieden, in Koexistenz und Harmonie leben mit den Juden und mit den Muslimen, sonst gibt es eine Sintflut, und alle werden ertrinken«, rief er ihnen zu. Auch der Imam in Mekka trat vor die Kameras. Wieder schauten Millionen Gläubige zu – sogar die Schiiten waren dabei. Der Imam sagte: »Wir müssen in Frieden leben mit den Juden und den Christen, sonst schickt Gott in zwei Wochen eine Sintflut, und alle werden ertrinken.« Der Oberrabbiner stellte sich in Jerusalem vor die Klagemauer. Die Kameras waren auf ihn gerichtet, und er sagte: »Meine lieben Freunde, Gott erwartet von uns, dass wir in zwei Wochen lernen, unter Wasser zu leben!«

Dieser Witz ist lustig und traurig und wahr zugleich, denn er verdeutlicht sehr gut die Lage Israels. Es ist umgeben von ihm feindlich gesinnten Staaten, von Millionen Menschen, die dieses kleine Land hassen. Dabei ist es die letzte Zufluchtsstätte, die letzte

Lebensversicherung für die Juden, wenn nichts anderes mehr geht. Selbst für diejenigen, die gar nicht religiös sind oder gar keinen Bezug zu diesem Land haben, das so klein ist wie El Salvador und das wie ein Indianerreservat wirkt. Mit dem Unterschied, dass dort keine Indianer leben, sondern Juden. Wer dies nicht versteht, wer keine Ahnung davon hat, wie wir Juden fühlen, was uns Angst macht, wie wir unsere Umwelt sehen – der versteht auch nicht, warum wir so empfindlich auf die wachsende Welle des Antisemitismus reagieren und sehr genau beobachten, wo Judenhass offen oder unterschwellig propagiert wird und wo Israels Existenz infrage gestellt wird.

KAPITEL 5

RAP AM MITTWOCH – DIE ERSTE AUFLAGE

In der deutschen Hip-Hop-Szene ist Judenhass inzwischen alltäglich. Er nimmt überhand und wird offen verbreitet. Das geschieht keineswegs heimlich, jeder kann die Texte hören oder lesen, kann sich Videos auf YouTube reinziehen, zu einem Battle-Rap gehen oder die Kommentarspalten in den sozialen Netzwerken durchforsten. Aber niemand schreitet dagegen ein, weil kaum jemand die damit verbundenen Gefahren erkennt. Alle starren auf die Rockmusik der Neonazis, die angeblich so gefährlich ist. Das ist sie sicher auch, aber im Vergleich zu den expliziten Genres im Rap ist sie ein klitzekleines Randphänomen. Deutschrap hören Millionen Kinder, Jugendliche, junge Erwachsene und sogar viele Menschen, die den Status des Jugendlichen längst hinter sich gelassen haben. Und damit dringen täglich und völlig ungefiltert hasserfüllte antisemitische ebenso wie homophobe, gewalt- und kriminalitätsverherrlichende oder frauenfeindliche Texte in die Gehirne von Millionen Menschen ein.

Meine Homies und ich hörten damals eigentlich ausschließlich Rap, wir liebten Rap. Wir begannen, die Lyrics zu analysieren, die Reime, die Beats, die Breaks. Alles war wichtig. Und einige von uns wollten die Texte nachrappen können. Wir mussten sie auswendig lernen, doch damals gab es nur wenige CDs mit Booklets, in denen die Texte abgedruckt waren; und es existierte auch noch kein In-

ternet mit Seiten wie genius.com, auf denen man die Lyrics nach-
lesen kann. Wenn ein neues Album erschienen war, saßen wir vor
dem Radio und warteten ab, ob der Sender eine Single daraus
spielen würde. Unser Finger lag in ständiger Bereitschaft auf dem
Record-Knopf des Kassettenrekorders, um bloß nichts zu versäu-
men. Wenn ein Moderator reinredete oder den Song vor der letzten Strophe abbrach, war das eine kleine Katastrophe, und wir
regten uns tierisch über den Typen auf. Wenn wir aber einen Song
vollständig hatten, hörten wir ihn tausendmal und schrieben den
Text auf. Richtig gut Englisch konnten wir damals natürlich nicht,
aber was wir nicht richtig verstanden, schrieben wir in so einer Art
Kauderwelsch auf, beziehungsweise wir erfanden unser eigenes
Englisch. Dann rappten wir die Texte. Einige Songs von damals
kann ich heute noch auswendig. Manchmal entdeckte einer einen
Fehler in unseren Texten und hörte das richtige Wort heraus, und
wir verbesserten es. Manche Wörter aber kannte niemand von
uns, weil das so ein ganz eigener New-York-Slang war, den man
nur verstehen konnte, wenn man selbst in den Blocks dort aufgewachsen war. Aber wir bekamen ein Feeling für die Texte und
merkten, dass wir sie tatsächlich nachrappen konnten. Mir machte das wahnsinnig viel Spaß, und es war auch eine Möglichkeit,
das mit den anderen Jungs zusammen zu machen. Wir liefen mit
einem Tapedeck durch die Gegend oder saßen in der U-Bahn, hörten die Mucke in voller Lautstärke und rappten die Texte gemeinsam mit. Die meisten Leute damals kannten Rapmusik noch überhaupt nicht und schauten uns an, als kämen wir von einem
anderen Stern. Das war eine magische Zeit.
Irgendwann kam ein Typ häufiger in unseren Hof, den ich schon
vom Football kannte: Er hieß Florian, nannte sich aber Nover. Später wechselte er den Namen und hieß von da an Floe Flex. »Floe«
war eine Anspielung auf Florian, und Flex ist ein Begriff aus der
Rap-Szene. Flexen bedeutet, dass ein Künstler nicht nur rappt,
sondern das Rappen auf eine höhere Ebene bringt. Wir trafen uns

zufällig, quatschten und stellten fest, dass wir in derselben Nachbarschaft wohnten, ohne dass wir uns schon mal über den Weg gelaufen waren. Berlin ist eben eine krass anonyme Stadt. Wir stellten auch fest, dass wir beide totale Hip-Hop-Fans waren. Er war auch Sprüher, aber vor allem rappte er damals schon richtig, allerdings noch auf Englisch. Von da an hing ich viel mit Floe Flex rum. Wir entwickelten eine ziemlich intensive Freundschaft. Etwa zehn Monate nach diesem Treffen feierte ich meinen 19. Geburtstag. Das wurde eine voll krasse Party, es müssen so um die 50 bis 60 Leute in unserer Wohnung gewesen sein. Für die Mucke waren meine Homies Philip und Dennis zuständig. Floe Flex und noch ein anderer Typ namens Serhat, der sich als Rapper Sir Kane nannte, hatte ich für meine Party als Live Act organisiert. Das sollte mal so eine richtig geile Hausparty werden. Eine Nebelmaschine, wie sie damals angesagt war, brauchten wir nicht, denn aus Dennis' und Philips DJ-Ecke strömte alle paar Minuten eine dicke Dunstwolke ins Partyzimmer, von den Grasköpfen, die sie pausenlos durch die Bong flutschten. Als die Party in vollem Gange war, tauchte plötzlich ein Typ namens Murat mit ein paar Gangtypen auf, mit denen wir in der Vergangenheit immer wieder aneinandergeraten waren, und wollte mitfeiern. Mir blieb keine andere Wahl, als die Truppe reinzulassen. Hätte ich dies nicht getan und einfach mit meinen Freunden weitergefeiert, hätten die mich von diesem Abend an in der Stadt gejagt. Doch von dem Moment an war es nur noch eine Frage der Zeit, bis es zu einer Pöbelei kommen und die Lage eskalieren würde. Als einer von den Typen plötzlich eine leere Wodkaflasche vom Balkon unserer Wohnung, die sich im sechsten Stock befand, auf die Straße warf, blieb mir nichts anderes übrig, als die Party aufzulösen. In unserer Gegend wurden solche Leute wie dieser Murat Verderber genannt, die Bezeichnung hätte treffender kaum sein können.

■ ■ ■ ■ ■

Nachdem ich mit der Schule fertig war, wusste ich absolut nicht, was ich eigentlich beruflich machen wollte. Ich war schlicht orientierungslos. Es lag jetzt ein Jahr zurück, dass wir beim Abziehen erwischt und wegen »schweren bewaffneten Raubs« verurteilt worden waren. Das schweißte Floe Flex und mich zusammen. Aber irgendetwas musste ich tun. Schließlich besorgte mir meine Mutter eine Ausbildungsstelle zum Physiotherapeuten. Ich war nicht gerade begeistert, eigentlich wollte ich während dieser Zeit nur rumhängen und kiffen. Aber ich ließ mich von meiner Mutter überzeugen und begann die Ausbildung. Ich entwickelte mich dann gar nicht mal so schlecht – in der Theorie. Ich lernte die Namen der Muskeln und erfuhr, welche Bänder und Sehnen es im menschlichen Körper gibt. Nur mit der praktischen Seite haperte es leider ziemlich. Es fiel mir sehr schwer, mit Todkranken und geistig Behinderten zu arbeiten. Nach dem ersten Sommer musste ich ein dreimonatiges Praktikum in der Geriatrie absolvieren. Auf das, was ich dort erlebte, war ich überhaupt nicht vorbereitet. Da war zum Beispiel eine freundliche alte Oma, die mir voll ans Herz wuchs. Als sie zwei Wochen später starb, nahm mich das sehr mit. Ich wusste, dass mich das auf Dauer sehr unglücklich machen würde, mir ging das alles viel zu nah. Die Schule hatte uns Auszubildende einfach ins kalte Wasser geworfen und geguckt, ob wir uns über Wasser halten können. Ich war nicht stark genug, ich ging unter. Also schmiss ich die Ausbildung bald.

Trotzdem war das keine verlorene Zeit für mich. Denn da war ein Mädel in meiner Klasse, die ich echt scharf fand. Immer wenn es an die Massage-Übungen ging, regelte ich es so, dass wir zusammenkamen und uns gegenseitig massieren mussten. Das war echt so wie bei *Eis am Stiel*. Ich glaube, sie fand mich auch süß, aber ich war zu der Zeit noch voll der Bubi, und Mädels in dem Alter stehen eben doch oft eher auf Jungs, die ein paar Jahre älter sind. Als sie mich eines Tages fragte, ob ich mit ihr auf ein Hip-Hop-Konzert gehen möchte, sagte ich natürlich begeistert zu. Leider hatte sie mir nicht gesagt, dass sie auf einen Rapper dort stand und ich nur ihr kumpelhafter Begleiter sein sollte. Da standen also nun zwei Rapper auf der Bühne, und ich merkte sofort, dass die eigentlich total whack waren. Zwischen ihren Songs riefen sie immer wieder ins Mic, dass sie das Stadtgespräch Berlins seien.

Sie klangen wie eine Mischung aus Bürger Lars Dietrich und Der Wolf, voll peinlich – und dennoch standen dort rund 200 Fans vor der Bühne und feierten die ab. Ich dachte, wer guckt sich denn freiwillig so schlechte Rapper an, das kann ich doch nach zwei Wochen Übung besser! Ich war aber nie jemand, der irgendwelche Pöbeleien reinbrüllt, nur weil er etwas zu beanstanden hat. Ich schaute mir einfach geduldig deren Performance an. Meine Begleiterin hingegen schien elektrisiert zu sein. Ihre Augen strahlten. Sie wirkte, als könne sie es kaum erwarten, mit einem dieser Typen ins Gespräch zu kommen, und ich vermute mal, sogar mehr als das. Kurz nachdem sie ihren letzten Song performt hatten, sah meine Begleiterin ihre Chance gekommen. Sie verabschiedete sich kurzerhand und verschwand Richtung Bühne. An diesem Abend auf dem Konzert hatte ich zwei wichtige Erkenntnisse: Dieses Mädchen stand nur auf diesen Typen, weil er rappte. Und ich sah, dass der Rap mir eine Perspektive geben konnte, wenn schon solche Typen wie diese peinlichen Rapper es schafften, Konzerte zu geben. Ich war 19 Jahre alt, und das waren gleich zwei verlockende Aussichten für mich.

Ich ging zu Floe Flex und sagte zu ihm: »Ich will jetzt auch so richtig anfangen zu rappen.« Ich hatte auch gleich ein paar selbst geschriebene Texte mitgebracht und gab sie ihm zum Lesen. »Nicht schlecht«, war sein Kommentar. Floe Flex hatte zu dieser Zeit auch schon angefangen, Texte auf Deutsch zu schreiben, nachdem er vorher auf Englisch gerappt hatte. »Aber ich werde für dich keine Texte schreiben«, sagte er bestimmt. Das war für mich ohnehin klar gewesen, deshalb antwortete ich: »Ich will meine Texte sowieso selber schreiben.« Von da an fingen wir an, die Nächte zusammen durchzumachen, gemeinsam zu kiffen und Texte zu schreiben oder Beats zu hören. Wir klärten uns CDs mit Ami-Beats, die befreundete DJs für uns brannten, oder kauften uns Maxis-CDs, auf denen die Instrumentalversion eines Songs drauf war, denn keiner von uns hatte einen Plan vom Produzieren und konnte selber Beats machen. Wir hatten ja auch überhaupt kein Equipment. Bevorzugt nahmen wir Songs von Mobb Deep, Nas oder vom Wu-Tang Clan. Das prägte auch gleich entscheidend unseren Style. Einige Zeit später kam Floe Flex zusammen mit Kool Savas zu mir nach Hause, die beiden hatten sich kurz vorher bei einem Projekt kennengelernt. Wir chillten etwas, unterhielten uns über Rap, und dann spielten wir ihm was von uns vor. »Hey, das klingt irgendwie nach Mobb Deep«, war Kool Savas' Kommentar. Wir freuten uns darüber, denn das war schon ein starkes Kompliment vom zukünftigen King of Rap Deutschlands.

Auch Tierstar, der sich damals noch Bang Ares nannte, fing zu der Zeit an, auf Deutsch zu rappen. Wir machten zusammen einen Song, den wir beide noch bis heute auswendig können: »Berlin eine Großstadt, mit Zukunft und Flair / doch vielen Problemen, manchmal höre ich die Sirenen / in der Nacht heulen, dann wach ich schweißgebadet auf / allein in meinem Zimmer, nur der Fernseher flimmert noch immer / Was soll ich tun? Was wird mein Leben bringen? / Wie wird's einmal sein? Auf welche Weise wird es enden? / Wer kann's mir sagen? So viele ungelöste Fragen / die mich nachts quälen, tags plagen, total begraben ...«

Floe Flex wurde zu dieser Zeit immer wichtiger für mich. Er war ein recht kleiner Typ, knapp 1,70 Meter groß, mit braunen Augen und dunkelblonden Haaren. Sein Gesicht hatte etwas Verschlagenes, weshalb ihn einige in der Gegend auch »Ratte« nannten. Ich denke, sie meinten damit, dass sein Gesicht einem Nager ähnelte. Er konnte sehr gut malen, und wenn ich sein Blackbook, also sein Skizzenbuch, durchblätterte, war ich immer sehr fasziniert von seinem Talent. Er hatte eine ziemlich auffällige Macke: Immer wenn man ihm eine Frage stellte, auf die er keine Antwort wusste oder nicht so recht antworten wollte, machte er mit seinem Mund so ein seltsames Schnalzgeräusch. Das ging so weit, dass einige im Freundeskreis ihn gerne damit aufzogen.

Schon einige Zeit vor dem Besuch von Kool Savas drehte sich mein Leben immer mehr um meine Rapmusik. Die Schule schwänzte ich nun ziemlich oft, und meine Ausbildung geriet immer weiter in den Hintergrund. Morgens zu Hause bleiben konnte ich natürlich nicht, sonst hätte meine Mutter mitbekommen, dass ich schwänzte. Ich ging stattdessen auf den Ku'damm mit einem Block und Kopfhörern mit Beats und schrieb dort Texte, obwohl es tiefster Winter und ganz schön kalt war. Oder ich fuhr mit der U-Bahn von Endstation zu Endstation und schrieb unterwegs meine Texte. Das konnte natürlich nicht ewig so weitergehen, und so wurde es doch unausweichlich, zu meiner Mutter zu gehen und ihr zu sagen, dass ich die Ausbildung abbrechen wollte. Meine Mutter war enttäuscht. »Und was willst du machen?« Ich sah ihr tapfer ins Gesicht und sagte: »Ich will rappen.« Meine Mom wusste nicht einmal, was das ist. Damals war Rap ja noch völlig unbekannt. Wenn heute ein 14-Jähriger zu seiner Mutter geht und sagt, er wolle Rapper werden, dann weiß sie immerhin, dass man damit viele Millionen verdienen kann. Theoretisch zumindest.

Für meine Mutter brach in diesem Augenblick wieder mal eine Welt zusammen. Das war schon der zweite Schock, den ich ihr beibrachte, nach der Geschichte mit der Verhaftung. Für sie war das eine Schande. In jüdischen Familien herrscht oft die Einstellung vor, dass die Kinder Rechtsanwälte, Ärzte oder Wissenschaftler, kurzum Akademiker, werden sollen. Bildung, ein guter Beruf und ein gerader Lebensweg – das wird einem mehr oder weniger eingetrichtert, und so war es auch bei uns. Uncool war natürlich auch, dass meine Physiotherapie-Ausbildung viel Geld kostete und meine Großeltern dafür gespart hatten, um mir das zu ermöglichen – und sie mussten trotz meines Abbruchs noch ein Jahr lang die Kosten weitertragen. Trotzdem dachte ich mir, dass es eben doch mein Leben ist und dass ich selbst entscheiden muss, was ich damit anfangen wollte. Ich war aber schlagartig wieder das schwarze Schaf der Familie. Immer wieder verglich meine Mutter mich mit anderen. Ich erwiderte:»Mama, die hatten auch eine andere Kindheit als ich. Als ich noch auf dem Gymnasium war, war hier immer Streit und Chaos, ich hatte gar keine Ruhe zum Lernen.« So gab es mal wieder viel Streit zu Hause. Ich tauchte in meine andere Welt ab, von der ich Rettung erhoffte: Mucke hören, Bong rauchen und rappen. Ich schrieb Texte, hing rum – das war jetzt endgültig meine Welt. Aber immerhin hatte ich irgendwie eine Perspektive, ein Ziel: die Rapmusik.

Leider hatten wir überhaupt keine Geräte für unsere Musik. Wir hatten ja nicht einmal ein Mikrofon. Stattdessen wandelten wir einen Kopfhörer in unserer Stereo-Kompaktanlage in ein Mikrofon um. Wir nahmen einen Instrumentalsong von einer Maxi-CD auf Kassette auf, steckten den Kopfhörer in den Line-in-Ausgang und rappten los. So nahmen wir unsere Songs mit Beats auf. Wenn wir das doppeln wollten, machten wir das Gleiche noch mal, nur dieses Mal wurde die bereits bespielte Kassette abgespielt und das Ganze mit den neuen Back-up-Vokals auf eine weitere Kassette recordet. Was dabei rauskam, war natürlich voll der Dreckssound, aber für uns war das voll krass. Wenn wir unsere Musik Bekannten vorspielten, waren die total begeistert und baten uns um eine Kopie.

Nach meiner Erfahrung mit der Polizei hatte ich mit dem Abziehen aufgehört, damit war meine kriminelle Karriere beendet. Oder fast zumindest. Ich musste ja noch meine Sozialarbeit ableisten, die mir aufgedrückt worden war. Wir drei, das heißt Abbas, Florian und ich, wurden zum Herbstanfang mit unserem Gerichtshelfer für eine Woche zum Werbellinsee geschickt. Dort waren wir in einer Jugendherberge untergebracht und mussten tagsüber allerlei körperliche Arbeit verrichten. Woran ich mich besonders erinnern kann, ist der eine Tag, an dem wir eine Grube voller Gülle mit einem großen Berg Sand zuschütten mussten, das stank mir im wahrsten Sinne des Wortes gewaltig. Einmal waren wir in einem Wohnheim untergebracht, und an den Abenden hingen wir nach der Arbeit in der Herberge ab, spielten Karten oder führten Gespräche mit unserem Gerichtshelfer, der sich wirklich viel Mühe gab, zu uns durchzudringen. Eines Abends durften wir einen Videofilm gucken, die Auswahl war allerdings sehr beschränkt, denn es gab nur *Lawrence von Arabien* mit Peter O'Toole. Nachdem unser Betreuer schlafen gegangen war, wühlten wir alle Schränke im Haus durch und fanden ein Mikrofon. Was für ein glücklicher Zufall! So nahm ich es mit, aber wirklich arbeiten konnten wir damit auch nicht. Meine Mutter hätte ich niemals angehauen, um Geld für ein kleines Homestudio zu bekommen. Das tat man einfach nicht, das taten auch die anderen Jungs nicht. Schließlich musste meine Mutter meine Schwester und mich allein durchbringen, denn mein Vater weigerte sich, Unterhalt zu zahlen. Nach diesem Diebstahl des Mikrofons habe ich so etwas nie wieder gemacht. Ich hatte jetzt einfach Besseres zu tun.

Nur das Problem mit dem Doppeln blieb weiterhin bestehen, das war voll nervig. Wir brauchten dringend ein Vierspurgerät. Wir dachten darüber nach, was wir tun könnten. Irgendjemand sagte, wir sollten doch mal im Telefonbuch nach einem Verlag oder Label schauen und fragen, ob die uns helfen könnten. Ich wusste damals nicht mal so richtig, was ein Verlag überhaupt ist. Tatsächlich rief ich bei einem an und ging dann mit Floe Flex dorthin. Das war ein kleiner, aber richtig krasser Verlag. Heute weiß ich, dass bei denen mal Ton Steine Scherben unter Vertrag gewesen waren. Die Leute dort waren richtig nett zu uns. Als wir dem Typen unsere Sachen vorgespielt hatten, meinte er: »Das klingt gar nicht schlecht. Echt interessant.« Das half uns in unserer Situation nicht wirklich weiter. Aber dann sagte er plötzlich: »Ich kann euch jetzt keinen Vertrag anbieten oder so. Aber wir haben da im Keller so ein altes Vierspurgerät stehen. Das kann ich euch ausleihen.« Wir wussten vor Glück gar nicht, wohin. Wir nahmen das Gerät mit nach Hause und bastelten an unserem Sound. Aber technisch waren wir totale Laien, und so stießen wir bald an unsere Grenzen. Wir hatten auch niemanden, der uns mal helfen konnte. Die Jungs von Die Sekte hatten damals auch schon so ein Vierspurgerät, aber die hatten auch jemanden, der ihnen alles zeigen konnte, und sie nutzen auch gleichzeitig eine Playstation, um Musik zu machen. So etwas hatten Floe Flex und ich nicht. Als wir dann die erste Auflage von Rap am Mittwoch in Tempelhof machten und die zu uns kamen, gab ich denen voll die Props, aus purer Anerkennung. Die hatten aus fast nichts echt krass was geschafft. Nur wir hatten leider weniger als fast nichts, wir hatten gar nichts.

▪ ▪ ▪ ▪ ▪

Allmählich fing ich an, immer mehr Texte zu schreiben. Floe Flex gab mir Tipps, unter anderem, wie man in Takten schreibt. Das half mir sehr dabei, meine eigene Technik zu finden. Er erkannte schnell, dass ich wirklich ambitioniert war und nicht nur rumplapperte. Wir hingen viel miteinander rum und kifften. Beide jobbten wir jetzt in der Firma seines Vaters. Ich half, Klimaanlagen und Kühltruhen einzubauen – ein Job, der so gar nicht mein Ding war. Aber ich musste Geld verdienen. Floe Flex und ich harmonierten gut und backupten uns gegenseitig. Wir entschieden uns, eine Crew zu gründen, und nannten uns die FlowJoes. Das brachte unsere beiden Namen zusammen, denn ich nannte mich zu dieser Zeit Joka. Flow bedeutet außerdem »einen guten Fluss haben«. Und Joes war ein Begriff in unserem Freundeskreis, der so viel hieß wie »meine Atzen«.

Wir schrieben unsere ersten Songs und gingen zu kleinen Home-Cyphers, wie die Jam-Sessions unter Rappern genannt werden, oder wurden zu kleinen Auftritten auf Partys oder Geburtstagen eingeladen. Die Leute fanden unsere Perfomance cool. Wir traten auch in Coffee-Shops auf. Das waren Cafés oder Bars, in denen man illegal Gras kaufen konnte. Die meisten wurden von Arabern oder Türken geführt. Einige von diesen Shops verkauften auch Kaffee, weil sie den Eindruck erwecken wollten, sie betrieben ein legales Geschäft. Es ist mir heute noch ein Rätsel, wie es sein konnte, dass diese Läden nicht aufflogen, denn was dort wirklich ablief, wussten ja viele. Aber wie dem auch sei – wir traten dort ein paarmal auf, zum Beispiel in einem Laden namens Lucky Point in Moabit. Manchmal kauften wir da auch unser Gras. Teilweise war das ziemlich heftiges Zeug. Damals gab es das Gerücht, sie würden das Gras oder Haschisch mit Heroin strecken, um die Kunden an die Droge heranzuführen, sie abhängig zu machen und so mehr Geld damit zu verdienen. Eine Haschisch-Sorte, von der man dieses Gerücht besonders oft hörte, nannte sich Zero Zero.

■ ■ ■ ■ ■

Floe Flex lernte dann die Jungs von den Spreepatienten kennen, vor allem Doa (Frank Wolf). Die Spreepatienten waren Doas Musikprojekt, und er hatte auch ein eigenes Studio mit einem Label, das sich Artikulabor nannte. Ein Label ist eine Produktionsfirma, ein Unternehmen, dessen Aufgabe es ist, die aufgenommene Musik professionell auf einen Tonträger zu bringen und diesen in Serie herzustellen. Anschließend ist das Label auch für die Vermarktung und den Vertrieb des Tonträgers verantwortlich. Es gibt noch viele weitere Felder, um die sich ein Musiklabel kümmert, aber das sind wohl die wesentlichsten. Die Spreepatienten waren damals ein von vielen belächeltes Projekt. Doa litt an Tinnitus, und so war es nicht überraschend, dass manchmal ein sehr merkwürdiger Sound herauskam, wenn er sich als Producer betätigte. Aber er gab sich wirklich große Mühe.

Doa verdiente sein Geld eigentlich mit Auftritten als BMX-Artist. BMX-Räder waren damals ziemlich beliebt, und so machte er Aktionen in anderen Städten klar. Manchmal fuhren wir später in seinem alten BMW mit und sorgten während der BMX-Shows für die musikalische Untermalung. Einmal fuhren wir nach Stuttgart zu einer Jam. Da wurde gerappt, gebreakt und gesprüht. Wir wurden sehr freundlich empfangen, obwohl wir aus Berlin kamen. Denn mit Berlinern hatten die schon ihre Erfahrungen gemacht: Berliner waren dafür bekannt, Veranstaltungen zu sprengen. Sie kamen als Meute, pöbelten rum, zerstörten die Einrichtung, und es kam zu Schlägereien. Die typischen Berliner Verderber halt.

Bei diesen Shows stand ich also auf der Bühne, was mir viel Spaß machte. Ich kann mich auch noch gut an meinen ersten Auftritt erinnern, bei dem ich alleine vor dem Mic stand. Ich ging mit ein paar Leuten aus meinem Homie-Kreis zu einer Hip-Hop-Jam. Irgendwann fragte der DJ dort, ob MCs anwesend seien, die Lust hätten zu cyphern. Ich sah meine Chance gekommen – und stieg auf die Bühne. Vor mir waren noch ein paar andere Jungs am Mic. Ich blickte von der Bühne runter ins Publikum, die Atmosphäre war magisch, plötzlich stieg die Nervosität in mir hoch. Dort standen nämlich etwa 150 Leute, und die zeigten einem sofort, ob sie einen Rapper fresh oder whack fanden. Ich ging meinen Text noch mal im Kopf durch, um bloß keine Fehler zu machen, plötzlich drückte mir einer sein Mikrofon in die Hand. Ich hatte davor noch nie am Mikrofon gestanden. Nur noch ein Rapper war vor mir dran. Sobald der seinen Text beendet hatte, war ich an der Reihe. Ich hörte genau hin, um meinen Einsatz nicht zu verpassen und merkte, dass mein Vorgänger in seinen Lyrics zur letzten Punchline ausholte. Mein Herz schlug wie verrückt – und da war sie. Nahtlos fing ich mit meinem Text an. Der Übergang klappte perfekt, mein Text saß sicher. Der Beat trieb meinen Flow an, meine Bewegungen wurden selbstbewusster, meine Stimme fester, ich fühlte mich in meinem Element. Während ich ins Publikum schaute, entdeckte ich Gesichter, deren Ausdruck sich veränderte. Da passierte etwas. Einige, die vorher eher gelangweilt zur Bühne schauten, schienen aufzuwachen. Damit hatten sie offenbar nicht gerechnet. Schließlich sah ich bei vielen ein gewisses Leuchten in den Augen. Es keimte Begeisterung auf. Einige begannen die Arme zu heben. Plötzlich wurde eine Stelle in meinem Text, wo ich einen besonderen Flow kreiert hatte, mit Jubel kommentiert. Es war unbeschreiblich. Meine 16 Takte gelangten zu ihrem Höhepunkt. Nun kamen sie, die letzten Bars vor der End-Punchline. Ich sah, dass mein Nachfolger schon bereitstand, und signalisierte ihm mit einem Blick, dass ich gleich fertig sein würde. Er verstand. Der Beat war perfekt, denn er machte genau an der letzten Stelle einen Break und hob dadurch die End-Punchline besonders hervor. Meine Emotionen explodierten, und als ich das letzte Wort über meine Lippen brachte, explodierte das Publikum. Die Leute drehten komplett durch. Der Jubel war so ohrenbetäubend, dass meinem Nachfolger nichts übrig blieb, als ihn ausklingen zu lassen. Ich gab das Mic an den nächsten MC weiter, der mich sofort herzlich umarmte. Auch die anderen Typen, die noch auf der Bühne standen, gaben mir einen Check oder umarmten mich. Ich bekam Anerkennung. Als ich von der Bühne ging, kamen plötzlich neue Leute auf mich zu und wollten meinen Namen wissen, andere liefen an mir vorbei, klopften mir auf die Schulter und sagten dann so was wie: »Geiler Text!«, oder sie fragten, wie lange ich schon als Rapper unterwegs sei. Auch meine Homies beglückwünschten mich. Wir besorgten uns anschließend an der Bar was zu trinken und feierten die ganze Nacht. Für mich war das ein unvergesslicher Abend.

■ ■ ■ ■ ■

Doa war eines Tages auf die Idee gekommen, alle Rapper, die er kannte, für einen Song zusammenzubekommen. Und er kannte wirklich viele Rapper. In dem Song sollte der Beat einfach nur so durchlaufen, und das Ding dauerte am Ende etwa 30 Minuten. Mit dabei waren Kool Savas, Taktloss und viele andere. Floe Flex machte auch mit, das war die Gelegenheit, bei der er Doa kennengelernt hatte. Ich war noch nicht dabei, ich hatte ja auch gerade erst angefangen zu rappen. Ich war ein bisschen traurig, dass ich nicht gefragt worden war, aber wahrscheinlich war ich tatsächlich noch nicht so weit. Floe Flex dachte wohl genauso, deshalb hatte er mich gar nicht erst gefragt. Die Gefahr bestand ja auch, dass man schon whack war, bevor man überhaupt so richtig als Rapper am Start war. Deshalb nahm ich ihm das auch nicht übel.

Immerhin hatte ich schon einen ersten kleinen Erfolg gehabt. Damals gab es auf dem Berliner Sender Kiss FM eine Show namens »Eier des Tigers«, da konnte man anrufen und live rappen. Wenn man gut war, bekam man Props, und wenn man sehr gut war, kam einer vom Sender zu dir nach Hause und brachte zwei Sixer Buzz vorbei. Das war so ein Alcopop-Zeug. Die Übergabe lief dann live im Radio, das Ganze war voll die Promotion-Aktion. Einmal gewannen wir sogar die zwei Sixer Buzz, aber wichtiger als alles andere war mir, dass man vom Moderator ein ehrliches Feedback und eventuell sogar Props bekam, wenn man gut war. Ich rappte was über Berlin, die Großstadt und so – den Text kann ich bis heute auswendig. Das war voll deep, so New-York-mäßig angehaucht. Viele in meinem Freundeskreis fanden das damals fresh.

Doa und Floe Flex freundeten sich immer mehr an. Doa hatte sein Tonstudio in Trebbin, einem kleinen Kaff in Brandenburg. Floe Flex war kurz zuvor in einen Nachbarort von Trebbin gezogen. Der Hintergrund war, dass seine Eltern Berlin wegen der Kriminalität schlimm fanden und, nachdem wir beim Abziehen erwischt worden waren, verhindern wollten, dass ihr Sohn da so richtig reinrutschte. Deshalb waren sie in die Provinz gezogen. Durch diese Nähe kamen die beiden öfter zusammen. Doa entschied sich schließlich, eine zweite CD zu machen. Sie sollte aber nicht so eine Ansammlung von Rappern werden wie der erste Song, sondern er wollte aus den Spreepatienten eine festere Crew entwickeln. Zur selben Zeit bildete er zusammen mit Asek, der später mein Kumpel wurde, eine Combo mit Namen Der Harte Kern (DHK). Floe Flex holte ein paar Leute dazu, unter anderem mich. Das Album war am Ende nichts Halbes und nichts Ganzes. Es war keine echte Crew, die darauf zu hören war, weil dazu dann doch zu viele Leute beteiligt waren. Die Beats stammten von Doa mit seinem Tinnitus und waren nicht wirklich geil. Das Projekt wurde von manchen belächelt, aber in der Berliner Rap-Szene sorgte es trotzdem ein bisschen für Aufsehen. Die Spreepatienten sind auch nur als Randnotiz in die Berliner Rap-Geschichte eingegangen. Ich aber machte durch die Mitarbeit auf dieser CD Fortschritte beim Schreiben von Texten und bekam ein wenig Einblick darin, wie Musik produziert und veröffentlicht wird. Ich selbst war nicht mit einem Solo-Song vertreten, sondern rappte bei einigen Crew-Songs mit. Aber die CD war meine erste Veröffentlichung. Dementsprechend stolz war ich natürlich.

Während der Produktion dieser CD lernte ich Asek so richtig kennen. Er kam wie ich aus Schöneberg, und das war wohl ein Grund, warum wir uns gleich mochten. Asek arbeitete mit Doa zusammen, weil der dieses Studio hatte. Ich war noch voll der Grünschnabel, ich hatte noch nie ein Studio von innen gesehen. Alles wirkte auf mich so ein bisschen wie Star Trek, überall diese Regler und blinkenden Knöpfe. Doas Eltern hatten eine Art Bauernhof, jedenfalls liefen da Hühner herum. Wir konnten dort die ganze Nacht rumhängen und Musik machen, ohne dass wir irgendwen störten. Wir kifften, rauchten, tranken und arbeiteten die Nacht durch, und am Morgen hatten wir einen oder mehrere neue Songs am Start. Meine Freundschaft zu Asek wurde immer enger. Asek war kurdischer Alevit und behandelte mich, trotz meiner Herkunft, nie mit Vorbehalten, im Gegenteil. Ich lernte seine ganze Familie kennen, die sehr groß und herzlich war. Eines Tages lud er mich sogar ein, mit auf eine Hochzeit zu kommen. Er holte mich spontan ab und sagte: »So, Jonni, du kommst jetzt mit auf eine Apachen-Hochzeit.« Mit Floe Flex bildeten wir bald ein gutes Dreierteam. Doa bemerkte natürlich, dass Asek immer häufiger mit uns rumhing und wir auch gemeinsam Texte schrieben. Das ärgerte ihn wohl mächtig, und vielleicht gab er auch mir die Schuld dafür. Jedenfalls kam es zum Zerwürfnis zwischen Doa und mir. Wir hatten inzwischen das Album der Spreepatienten fertiggestellt. Das war viel Arbeit, und ich war ehrlich froh, dass ich nun wieder mehr Zeit hatte. Denn damals starteten wir gerade mit der ersten Auflage von Rap am Mittwoch.

■ ■ ■ ■ ■

Einige Monate später veranstaltete Doa den Freestyle-Award 2000. Eine echte Herausforderung. Freestyle im engeren Sinne ist, wenn ein MC aus dem Stegreif, mittels Improvisation, über Dinge rappt, die sich aus der aktuellen Situation ergeben. Im weiteren Sinne ist es auch Freestyle, wenn ein MC sich aus seinem Reim- und Punch-line-Repertoire bedient, um seine Improvisation zu komplettieren. Doa wollte partout nicht, dass ich daran teilnahm. Er nahm es dann aber zähneknirschend hin, denn auch andere Künstler seines Labels wie Floe Flex waren dabei, und so hatte er kein Argument, um mich auszuschließen. Ich gewann das Ding schließlich als einer von etwa 50 Teilnehmern, und er musste mir 500 Mark und einen Pokal überreichen, das war sehr unschön für ihn. Genauso, dass alle mir gratulierten und sich ehrlich freuten. Mach One, der zur Crew Bassboxxx gehörte, rannte nach dem Sieg als Erster auf mich zu und hob mich sogar auf der Bühne hoch.

Sido hatte Floe Flex im Battle rausgeworfen, und deshalb wollte ich unbedingt gegen ihn im Finale antreten, um meinen Kumpel zu »rächen«. Doch Sido musste gegen Damion antreten und verlor. Das brachte so einen gewissen Break zwischen die beiden. Jahrelang waren sie erbitterte Rivalen, aber später spielten sie dann in dem Film *Blutzbrüdaz* zusammen mit. Damion war und ist ein ungeheuer guter Freestyler. Auch im Halbfinale kam es zwischen uns nicht zum Battle. Damion verlor dann überraschend gegen Rebel One, und so traf ich schließlich im Finale auf ihn. Der war Old School, nicht der echte Sympathieträger, und ich gewann gegen ihn.

Doa jedenfalls war bedient. Kurz danach rief er uns alle in sein Studio, weil er ein Freestyle-Tape aufnehmen wollte. Er wollte die Leute freestylen lassen, das aufnehmen und einfach mal sehen, was dabei so rauskommen würde. Dabei können richtig geile Sache entstehen, und ich war damals auch ein echt guter Freestyler. Als wir alle in seinem Studio versammelt waren, entschied er plötzlich, dass wir alle doch Texte schreiben sollten. Darauf hatte ich in diesem Moment aber gar keine Lust, ich wollte mal etwas anderes machen. Daraufhin meinte Doa mit finsterer Miene: »Okay, dann freestylst du eben – aber der erste Take bleibt drin, der wird es dann.« Solche Aktionen machte Doa leider öfter. Ständig versuchte er, Zwietracht zu säen, oder er baute unnötig Rivalitäten zu anderen auf, wie zum Beispiel zu Sido. Ich sprach ihn darauf an, aber das gefiel ihm nun gar nicht. Asek und Floe Flex sahen das zwar genauso wie ich, aber beide sagten nichts, weil sie Doa brauchten. Asek war Mitglied seiner Crew Der Harte Kern, und Floe Flex nutzte sein Studio.

Wohl aufgrund unserer Meinungsverschiedenheiten und vor allem, weil er mir meinen Erfolg bei dem Award missgönnte, wollte er verhindern, dass ich bei dem Freestyle-Projekt glänzte. Dabei hätte er doch eigentlich froh sein müssen, dass ein Künstler seines Labels den Award gewonnen hatte. Nun, als er mich mit dieser One-Take-Ansage unter Druck setzte, fühlte ich mich nicht wirklich gedisst durch ihn, eher gechallengt. Allerdings war ich der Einzige, der stur geblieben war – die anderen acht Jungs im Studio schrieben brav ihre Texte, so wie Doa es verlangt hatte. Freestyle-Tapes waren damals sehr erfolgreich, viele Hip-Hop-Camps in Deutschland machten das, weil es schnell ging und einen besonderen Spirit hatte. Freestyle bedeutet auch nicht, dass man etwas komplett Improvisiertes auf einen Beat rappen muss. Man kann auch einen Text haben, den man zu dem Beat rappt, man kann ihn aber auch umgestalten. Sogar einfach nur zu rülpsen ist theoretisch möglich. Jedenfalls ging ich ans Mic und freestylte etwa 16 Bars. Ich würde sagen, mein Freestyle war solide, vielleicht keine Glanzleistung, aber in dieser Situation konnte ich dahinterstehen. Ich war also drauf auf dem Album.

Oder zumindest dachte ich das. Denn als das Tape rauskam, erlebte ich eine ganz böse Überraschung: Doa hatte meinen Part einfach rausgenommen. Und das, obwohl ich Künstler seines Labels war. Er hatte mich weder darüber in Kenntnis gesetzt noch mit mir darüber gesprochen. Jetzt fiel er mir voll ekelig in den Rücken. Aber er schaffte es sogar, diese Ehrlosigkeit noch zu toppen. Er hatte meinen Part nämlich nicht nur rausgeschnitten, sondern mich auch noch parodiert. Er rappte in der entstandenen Lücke selbst etwas ein, ahmte meinen Flow nach und pitchte seine Stimme zu einer Art Mickey-Mouse-Stimme hoch. Er disste damit seinen eigenen Label-Künstler. Viele Leute riefen mich an und waren empört. Ich war natürlich wahnsinnig wütend. Asek versuchte, die Wogen ein wenig zu glätten. Er war viel stärker down mit mir als mit Doa, aber er hatte auch Angst, dass ich mich von Doa trennen würde, und er wusste, dass Floe Flex dann das Gleiche tun würde. Dann wäre er allein bei Doa gewesen, darauf hatte er aber keine Lust. Und tatsächlich schaffte Asek es, dass ich mich noch einmal beruhigte, und ich schluckte die ganze Sache runter.

Ich hatte sofort, nachdem ich den Song gehört hatte, einen Antworttext geschrieben, nutzte ihn dann aber nicht. Das war eher so ein Ventil für mich. Ich schilderte darin die ganze Situation und teilte ordentlich gegen Doa aus. Später, nachdem wir uns dann doch von Doa getrennt hatten, produzierten wir einen Song samt diesem Part und nahmen ihn als Hidden Track auf unser Illuminaten-

Album. Das heißt, man musste die CD 23 Sekunden nach dem offiziell letzten Song weiterlaufen lassen, erst dann begann er.

Darin hieß es: »Zuallererst fick dich und dein beschissenes Projekt / ich und die ganze Szene wissen es, dein Label ist whack / Der Turm zu Babel, den du baust, versinkt vergessen im Schlamm / Dein Masterplan war Egotrip, also verbrenne in den Flammen / Der harte Kern war Maskerade, bist du naiv? / Man reißt dir Zügel aus der Hand, du nennst dich immer noch Chief / Kopierst mein Flow, um mich zu dissen, aber das hatte keinen Zweck / Außer dem einen, dass ich jetzt weiß, du bist nichts weiter als Dreck ...«

Aber dann gab es einen Moment, nach dem es einfach keine Verständigung mehr gab. Für das Tape veranstaltete Doa eine Release-Party in der Kulturfabrik in Moabit. Alle aus der Berliner Rap-Szene waren eingeladen. Sido konnte nicht kommen, weil er gerade Vater geworden war. Aber andere Jungs aus seiner Crew wie Vokal Matador und B-Tight waren gekommen. Von meinem Streit mit Doa hatte nur der innerste Kreis gewusst, maximal fünf oder sechs Leute. Der Fanbase in der Kulturfabrik war das alles völlig unbekannt. Es gab ein paar Auftritte, ein DJ legte ein bisschen auf, und es wurde ein wenig gefreestylt. Vokal Matador und B-Tight rappten darüber, dass Sido Vater geworden war. Ich hatte das gar nicht gewusst und freute mich krass für ihn. Wir waren keine Freunde, aber wir kannten uns, und ich hatte bereits einen Song mit ihm zusammen gemacht. Dann kam Doa auf die Bühne. Er war ja ein ganz schlechter Freestyler. Als ich hörte, dass er anfing, Sido zu dissen, traute ich meinen Ohren kaum. Ich dachte: Warum machst du das bloß, Alter? In dem Augenblick kam mein ganzer Ärger über Doa wieder hoch. Ich musste nicht lange überlegen, sondern ging anschließend auf die Bühne und haute meinen Text über Doa raus, den ich bis dahin zurückgehalten hatte. In dem Text kommt nicht einmal sein Name vor, nur »Der harte Kern« wird erwähnt. Und in der letzten Zeile verwendete ich die Buchstaben seines Namens für eine Punchline.

Kaum hatte ich meine 16 Bars beendet, sah ich unten schon große dunkle Gestalten auf mich zustürmen. Das war seine Security. Doa war sehr gut vernetzt mit den Moabiter Araber Boys. Sie stürzten auf die Bühne, zerrten mich vom Mikrofon weg und trieben mich nach draußen. Doa kam raus und schrie mich an: »Ey, du hast mich gedisst.« Er packte mich am Hals, und genau in diesem Moment hatte ich diesen Satz im Kopf: »Er missachtet deine körperliche Unversehrtheit.« Es mag merkwürdig klingen, aber genauso war es. Ich dachte aber nicht nur, ich handelte auch: Ich holte aus und gab ihm eine Bombe. Ich traf gut, Blut rann aus seiner Nase. Im selben Augenblick stürzten sich seine Security-Leute auf mich, einer von ihnen gab mir einen mit. Ich war dadurch ein bisschen benommen und nach drei Bierchen ohnehin nicht mehr ganz nüchtern. Ich hörte, wie eine Flasche zersprang – irgendjemand wollte mir damit eins überziehen. Im selben Augenblick kam Asek raus, und er, Floe Flex und ein paar andere versuchten, das Schlimmste abzuwenden. Meine Leute zogen mich weg, und wir gingen.

Sido erfuhr, glaube ich, niemals, dass das alles passierte, weil ich seine Ehre schützen wollte. Für mich und meine Jungs war an diesem Abend klar, dass wir uns von Doa trennen mussten. Wir wollten mit ihm nichts mehr zu tun haben. Wir nannten uns zunächst FlowJoes featuring Asek und bald darauf Illuminaten. Für uns hatte der Begriff »Illuminaten« nichts Negatives, ganz im Gegenteil. Wörtlich übersetzt bedeutet er die »Erleuchteten«. Wir verbanden damit etwas Positives, Aufklärerisches. Schließlich waren die Illuminaten ursprünglich im 18. Jahrhundert ein Zusammenschluss von Intellektuellen, die sich der Verbreitung der Aufklärung verpflichtet hatten. Daher fanden wir den Namen voll fresh. Als ich mich mit dem Thema näher beschäftigte, erkannte ich, dass das ein spannender Kosmos war, über den man viel rappen konnte. Wir schrieben neue Texte, aber wir hatten keinen Produzenten mehr. Deshalb gingen wir zu vielen kleinen Cyphers, zum Beispiel zur Pflegerlounge von Sera Finale am Südstern. Daraus wurde später sogar eine Crew. Es gab auch noch die Cypher im Kurvenstar in Mitte am Monbijou-Park, die von Harris gemacht wurde. Irgendwann lernten wir auf einer kleinen Cypher in Kreuzberg Mike Fiction kennen, der vielen heute als Schauspieler Mike Adler bekannt ist und jetzt mit Tierstar »TopTier Takeover« macht, das Nachfolge-Format von Rap am Mittwoch. Damals nannte er sich noch Micro. Er ging ans Mic und rappte einen Part, irgendwas mit »Hier kommt der Asi mit Abi« – ich fand, das war eine coole Line. Ich ging zu ihm und sagte ihm, dass ich das richtig fresh fand. Wir freundeten uns an, irgendwie waren wir sofort auf einer Wellenlänge.

■■■■■

Ein anderes Battle, das ich gewann, war das Battle der Hip-Hop-Sommer-Schule 2001 in der Volkbühne. Es gab ein Battle von Taktloss gegen einen anderen Typen – dem Taktloss das Mic wegriss. Ich stand hinten auf der Bühne gemeinsam mit Asek, und wir schauten uns in diesem Augenblick ziemlich entsetzt an. Ich fragte meinen Kumpel: »Was würdest du machen, wenn Taktloss mit dir so umgehen würde?« Seine Antwort war deutlich: »Den würde ich auseinandernehmen.« Ich dachte genauso. Die Leute feierten Taktloss aber für seine Aktion. Auch darüber war ich entsetzt, denn was hatte das bitte schön mit Hip-Hop zu tun? Taktloss wurde schließlich zu Recht disqualifiziert.

Es gab an diesem Abend auch ein Battle zwischen Mike Fiction und Akte One, der zur Bassboxxx-Crew gehörte. Beide waren echt gut, aber Mike Fiction war doch besser. Er brachte eine Line darüber, dass Akte One in Wahrheit kein Sprüher sei, sondern über seinem Bett ein Poster von Britney Spears hängen hatte. Was für eine krasse Beleidigung! Die Sprüher-Ehre zu beschmutzen war ein Diss von besonderer Qualität. Das Publikum rastete total aus. Akte war ein begnadeter Sprüher, und ihm war seine Sprüher-Ehre sehr wichtig, und so traf ihn Mikes Line voll. Mike wusste genau, wo er bei seinem Gegner ansetzen musste. Akte One war so wütend, dass er voll auf Mike Fiction losging. Aber das konnte man mit Mike Fiction nicht machen, der ist stark und stabil und aus dem Wedding. Wenn man ihm einen Highkick an den Kopf verpasst, zuckt er nicht mal mit dem Auge. Angst kennt der nicht. Aber er würde auch niemals als Erster zuschlagen. Es kam zu einem Handgemenge auf der Bühne, und plötzlich kamen die Jungs von Bassboxxx dazu und wollten Mike schlagen. Aber der hatte auch seine Jungs am Start. Ein Kumpel von Mike nahm Frauenarzt von den Bassboxxx-Jungs in so einen Jiu-Jitsu-Rückenbrechergriff, der konnte nur noch zappeln und winseln. Der Typ hätte Frauenarzt wirklich beinahe das Rückgrat gebrochen.

Zu diesem Tumult konnte es nur kommen, weil die Veranstaltung völlig unprofessionell gehostet wurde. Für mich war das eine wichtige Erfahrung. Ich lernte daraus, als ich Rap am Mittwoch richtig professionell am Start hatte, wie man es nicht machen durfte.

Irgendwann beruhigte sich die ganze Sache zum Glück. Ich gewann dieses Battle dann im Finale gegen Damion. Der Typ war eigentlich der viel krassere Rapper als ich. Ich konnte nicht so gut krasse Punchlines aneinanderreihen wie er. Aber ich hatte auch diesmal den einen Vorteil: Mich mochten die Leute mehr. Das war damals sehr wichtig. Damion war Ossi, das brachte ihm schon mal Minuspunkte. Und ich war durch meinen Rap-am-Mittwoch-Background ganz beliebt eigentlich. Ich habe aber auch bei anderen Battles gegen Damion mehr als einmal verloren.

Insgesamt war es aber schon krass, dass unsere Crew-Members zwischen 2000 und 2003 eigentlich bei fast allen Berliner Battle-Veranstaltungen die ersten drei Plätze belegten. Umso mehr sollte es mich später wundern, wenn mir die Verantwortlichen von den großen Plattenfirmen ins Gesicht sagten, wir seien nicht Berlin-

Style. Ich fragte dann zurück, wo diese Leute denn damals waren, als die Berliner Deutschrap-Szene entstanden war. Das waren Leute, die den Kontext überhaupt nicht verstanden und denen es nur darum ging, möglichst schnell und einfach viel Geld zu machen.

• • • • •

Als das Battle in der Volksbühne ablief, gab es die alte Rap-am-Mittwoch-Cypher schon etwa ein Jahr nicht mehr. Die Geburtsstunde von RAM hatte mehr als zwei Jahre vorher begonnen. Eines Abends, es war Anfang 1999, ging ich mit meinem Kumpel Asek in den Royal Bunker. Asek war damals in der Sprüherszene Berlins schon ziemlich bekannt. Überall in der Stadt fand man seine Bombings. Außerdem war er Mitglied bei den 36 Juniors, einer Untergruppe der 36 Boys, die damals eine der berüchtigtsten Straßengangs der Hauptstadt waren. Die kamen aus Kreuzberg. Mit denen sollte man sich besser nicht anlegen, die hätten in kürzester Zeit 50 oder mehr gewaltbereite Gangmitglieder zusammentrommeln können. Wer da Mitglied war, der war praktisch unantastbar.

Asek hatte irgendwo von einer Open-Mic-Session namens Royal Bunker gehört und wollte ihr einen Besuch abstatten. Spontan kreuzte er bei mir auf und fragte, ob ich mitkommen möchte. Ich zog meine Jacke an, und wir gingen los. Der Royal Bunker in der Mittenwalder Straße in Kreuzberg wurde von Marcus Staiger und Kool Savas organisiert, später entwickelte sich auch ein gleichnamiges Label daraus. Ich hatte von dem Laden noch nie etwas gehört, und wir dachten, dass wir uns den einfach mal anschauen sollten. Im Royal Bunker sind ja damals viele Rapper der ersten Stunde aufgetreten, als sie noch unbekannt waren. An diesem Abend war der Laden aber nicht sehr voll, vielleicht waren so 15 oder 20 Leute da. Als wir reinkamen, rappte gerade Taktloss auf der Bühne. Sido und B-Tight waren auch da, Kool Savas, der ja auch hier am Anfang seiner Karriere auftrat, war an diesem Abend nicht am Start. Er war schon auf dem Weg, bekannter zu werden. Ein paar Jungs von der Bassboxxx Crew, die später mit ihrem Label sehr bekannt wurden, waren auch da. Die Atmosphäre empfanden wir als sehr kühl, als wir reinkamen. Alle standen in ihren Grüppchen herum, einige saßen auch an so kleinen Kneipentischen. Man spürte noch voll die West-Ost-Teilung, die es damals in der Berliner Rap-Szene gab. Die Mauer in den Köpfen stand noch viele Meter hoch.

Wir kamen also rein und waren echt überrascht über diese kühle und unfreundliche Atmosphäre. Für uns war es vollkommen ungewohnt, dass man nicht begrüßt wurde. Keiner sagte »Hallo« zu uns. Ich spürte, dass Asek ziemlich wütend wurde. Er wusste ja, dass er nur einen Telefonanruf machen müsste – dann kämen seine 36 Boys und würden den Laden auseinandernehmen. Schließlich waren wir in Kreuzberg, das war ihr Revier.

Ich für meinen Teil dachte mir, egal, geh einfach auf die Bühne und zeig denen deine Skillz. Zeig denen, was du draufhast, dann wird vielleicht das Eis brechen. So hatte ich schließlich Hip-Hop kennengelernt: Man gibt Props, wenn einer was draufhat. Ich kam ja zum Hip-Hop durch den Breakdance, da war die Atmosphäre sowieso freundlicher und entspannter. Die Breaker sind eigentlich vom Ursprung her das Herz zusammen mit dem DJ. Der DJ ist nur darauf aus, dass die Breaker es geil finden, zu seiner Musik zu tanzen. Die Breaker sind das Thermometer, sie zeigen, wie heiß eine Veranstaltung, also die Jam, ist und wie fresh die Musik, die gespielt wird. Ich wohnte ja in der Nähe vom Ku'damm. Dort hatte ich schon sehr früh die Breaker gesehen und war sofort begeistert. Bald schon kamen Leute auf unseren Hof und machten Breakdance-Moves. Das war alles voll open minded. Alle waren super freundlich, und man war immer mega willkommen. Und so erwartete ich das auch vom Rappen. Bei den spontanen Cypher-

Sessions auf den Partys, wo ich meine ersten Erfahrungen gemacht hatte, war es auch so. Wenn du einen geilen Move gemacht hattest, bekamst du sofort Props. Und das galt auch für Anfänger. Wenn der kleinste in die Runde kam, wurde er in die Arme genommen, bevor er überhaupt angefangen hatte.

Von dieser Atmosphäre war im Royal Bunker an diesem Abend nichts zu spüren, absolut nichts. Alles war kühl. Alle schienen dort irgendwie schlecht drauf zu sein und hatten einen Blick, als sei man irgendwo falsch abgebogen. Ich dachte mir: Scheiß drauf. Ich ging auf die Bühne, stellte mich ans Mic und rappte los. Ich war gut an diesem Abend, und ich merkte auch, dass es der Crowd gefiel. Aber als ich von der Bühne runterging, gab es keine Regung, keine Props. Ich setzte mich an unseren Tisch und sagte zu Asek: »Was ist das denn für eine Scheißatmosphäre hier.« Asek sprang kurz darauf auf und ging selbst auf die Bühne. Er kannte das noch viel weniger als ich. Er kam ja vom Sprühen, da gab es zwar auch viele Rivalitäten, aber er war Asek36, in dieser Szene eine Legende. Und vom Breaken war ihm so ein Verhalten auch völlig fremd. Asek war einfach Hip-Hop. Und er war der Ansicht, dass wir beide gut waren. Nach seinem Verständnis hätten die ihn mit Kusshand und rotem Teppich empfangen sollen.

Er fing an zu batteln und disste die Anwesenden ganz ordentlich. Eine Punchline ging in etwa so: »Wir sind wie, wir sind was, wir sind super Hardcore / und im Vergleich zu uns ist MOR ein Knabenchor ...« MOR war die Crew um Kool Savas, die Jungs waren dort so was wie die Platzhirsche. Als er die Bühne wieder verließ, buhte ihn das Publikum total aus. Sofort stellte sich Taktloss ans Mic und disste Asek zurück. Asek war total sauer, er konnte schnell cholerisch werden: »Komm, wir gehen«, sagte er zu mir und stampfte in Richtung Ausgang. »Dein Verhalten war jetzt aber auch nicht gerade vernünftig«, rief ich ihm zu. Asek blieb stehen und meinte: »Wenn ich will, lasse ich den Laden hier auseinandernehmen und abfackeln, und der wird nie wieder aufmachen.« In dem

Augenblick dachte ich, wie gut es doch ist, dass Hip-Hop eine Möglichkeit ist, seine Wut rauszulassen, ohne dass es irgendwelche Schäden gibt. Aber ich dachte mir auch, dass es jetzt doch besser war zu gehen, wenn der Royal Bunker weiter bestehen sollte.

Als wir draußen in der dunklen Nacht standen, waren wir uns trotz allem einig: Es war echt eine coole Sache, einen Ort zu haben, an dem die Leute einfach freestylen können. »Wir brauchen einen eigenen Raum«, sagte ich, und Asek war genau meiner Meinung. An diesem Abend entstand die Idee für Rap am Mittwoch. Wir hatten noch keinen Raum, noch keine Rapper und noch keine Crowd. Wir wussten aber zwei Dinge ganz sicher: Wir wollten so eine Cypher machen. Und sie sollte ganz anders sein als der Royal Bunker. Freundlich, open minded, jeder sollte willkommen sein und sich auch so fühlen. Es ging ja schließlich darum, Spaß zu haben.

■ ■ ■ ■ ■

Das erste Problem mit dem Raum lösten wir ziemlich schnell. Wir fragten Doa, auf dessen Label wir zu dieser Zeit noch waren, ob er eine Location wusste, wo wir unsere Cypher machen könnten. Er hörte sich um, und kurz darauf kam er zu uns und sagte: »In der UfA-Fabrik in Tempelhof gibt es unter dem Varieté-Theater im Keller einen kleinen Raum, den könntet ihr haben. Aber nur mittwochs.« Das klang sehr gut. Wir schauten uns den Raum an, aber der Keller war komplett voll mit Sperrmüll und alten Theaterkulissen. Wir mussten das ganze Zeug erst mal wegschaffen.

Die meiste Arbeit machten dann Floe Flex und ich. Aber auch die anderen halfen mit. Was wir noch brauchten, war ein Name. Ich dachte nach. Wie könnte so eine Veranstaltung heißen? Mir fiel eine Kindersendung ein, die ich früher als Kind in der ARD gesehen hatte: »Spaß am Dienstag«. Da wurden Ausschnitte aus Zeichentrickfilmen und -serien gezeigt, alles wild durcheinander. Plötzlich war mir die Sache klar: Wir würden unsere Cypher

»Rap am Mittwoch« nennen. Die anderen waren einverstanden, und so machten wir es dann.

Ich war die Triebfeder hinter Rap am Mittwoch. Die anderen haben mir schon geholfen, Asek und Floe Flex, aber ich war eindeutig die Triebfeder. Ich habe den Laden vor den Veranstaltungen aufgeschlossen und danach wieder zugemacht. Ich habe damals als Kellner und Küchenhilfe bei so einem Segelclub am Tegeler See gearbeitet. Da kamen die reichen Segelkids mit ihren Eltern und machten einen auf dicke Hose. Das war ein richtiger Drecksjob. Den hatte ich durch meinen Nachbarn Dennis vermittelt bekommen, der dort auch arbeitete. Vom Tegeler See im Norden Berlins bis zur UfA-Fabrik in Tempelhof war es ein ganz schön weiter Weg. Aber diese Strapazen nahm ich gerne auf mich.

Nun hatten wir einen Raum, aber wir brauchten auch Rapper und Publikum. Damals gab es noch kein Internet, wir mussten uns also in erster Linie durch Mundpropaganda bekannt machen. In unserm Spreepatienten-Verbund gab es Rapper, die kannten andere Rapper, und die wiederum kannten wieder andere. So machte das die Runde. Aber wir haben wirklich ganz klein angefangen – ganz am Anfang waren wir drei bis fünf Leute in diesem kleinen Keller. Wir hatten auch noch keinen DJ. Die Musik lief über einen Kassettenrekorder. Irgendwann besorgten wir eine Stereoanlage mit CD-Spieler. Später kam dann ein DJ mit seinen Plattenspielern dazu. Doch das alles folgte nach und nach. Bald kamen acht Leute, dann zwölf. Nach drei oder vier Monaten waren wir regelmäßig 30 bis 50 Leute.

Kurz nachdem wir RAM ins Leben gerufen hatten, starb der Royal Bunker, weil denen der Mietvertrag gekündigt wurde. Somit waren die Rapper dort auf einen Schlag heimatlos. Also kamen sie alle zu uns. Eines Abends kamen plötzlich Sido und B-Tight die Treppe herunter zu RAM. Der Laden war zu dieser Zeit noch nicht besonders voll. Die kamen schon rein mit diesem abschätzigen Blick, wie wir ihn im Royal Bunker erlebt hatten. Als ich sie sah, ging ich einfach hin und begrüßte sie: »Ey cool, dass ihr gekommen seid. Ich bin Joka und gehöre zu den Machern dieser Cypher.« Die waren völlig überfordert durch so viel Freundlichkeit und Gastfreundschaft.

Dann gingen sie ans Mic und rappten und freestylten. Sie erzählten im Freestyle davon, dass sie ihre Beats mit einer Play Station machten. Ich dachte mir: »Wow, cool, die machen ihre Beats mit der Play Station, also mit nichts sozusagen. Das feiere ich.« Ich selbst allerdings hatte nicht mal eine solche Play Station. Als Sido und B-Tight fertig waren, ging ich ans Mic und freestylte darüber, was sie gerade erzählt haben. Das war voll anerkennend gemeint, aber mit ihrer misstrauischen Vorprägung nahmen sie das sofort als Diss auf.

Prompt ging B-Tight ans Mic, konterte mich und verteidigte deren vermeintlich letzte Ehre. Ich dachte mir, vielleicht hat er nicht ganz verstanden, was ich ihm sagen wollte. Als er fertig war, ging ich zu ihm und sagte: »Eh, Dicka, ich habe euch Props gegeben, weil ihr eure Beats mit der Play Station macht. Ich feiere das voll, weil ihr aus dem Nichts etwas macht.« Jetzt begriff er, dass ich nur Gutes wollte, und sofort brach diese mürrische Mentalität bei ihm und den anderen auf. Plötzlich gab es eine total freundliche Atmosphäre. Ich brachte die Mentalität der Breaker rein. Each one teach one. Verbindet euch!

• • • • •

Dieses »Verbindet euch« war durch einen künstlich aufgebauschten Gegensatz zwischen West- und Ostberlin, der in der Rap-Szene jahrelang eine große Rolle spielte, schwer beeinträchtigt. In meiner Gegend in Schöneberg war dieser West-Ost-Hass unter den Jugendlichen allerdings nicht nennenswert ausgeprägt. So richtig nahm ich das daher erst wahr, als ich in die Berliner Rap-Szene reinkam. Dort versteiften sich fast alle Rapper im Umfeld des Royal Bunkers auf dieses »Westberlin ist besser als Ostberlin«. Ich fand das immer ziemlich albern. Warum sollten sich Westberliner beinahe eine Dekade nach dem Mauerfall als etwas Besseres sehen als Ostberliner? Mir leuchtete das nicht ein, auch deshalb nicht, weil schon bald nach der Wiedervereinigung ein paar ehemalige Ostberliner in unsere Gegend gezogen waren. Mein Nachbar Dennis war einer von ihnen.

Zusammen sind wir als Truppe in den angrenzenden Ostbezirk Mitte gefahren, weil er uns beweisen wollte, dass es dort bessere Basketballplätze gab als bei uns in der Gegend. Und er hatte nicht übertrieben. Dort angekommen, zockten wir dann den ganzen Tag Basketball und lernten andere Ostberliner Jugendliche kennen. Das war eine spannende Zeit und half sicher dabei, die Jungs aus meiner Gegend gegen diesen West-Ost-Hass zu immunisieren. Warum allerdings so viele in der Berliner Rap-Szene dennoch diesen West-Ost-Hass entwickelten, kann ich mir eigentlich nur dadurch erklären, dass sie vielleicht den in der US-Rap-Szene geschürten Eastcoast-Westcoast-Beef nachahmungswürdig fanden. In den USA heizte sich die Stimmung wegen dieses Beefs zeitweise dermaßen auf, dass es zu Gewalt unter den Rappern und den Fanbases der jeweiligen Lager kam. Trauriger Höhepunkt dieser Hetze war die Ermordung der Rap-Superstars 2Pac und Notorious B.I.G. Was die Berliner Rap-Szene daran nun nachahmungswürdig fand, konnte ich beim besten Willen nicht nachvollziehen.

Sido machte jahrelang auf Hardcore-Westberliner, war aber tatsächlich Ostberliner. Er outete sich erst Jahre später. Die anderen Leute im Umfeld von Die Sekte waren Westberliner – B-Tight, Vokalmatador, Rhymin Simon zum Beispiel. Weitere Westberliner waren Sera Finale, die Jungs von Bassboxxx, Doa, Asek, Mike Fiction und ich. Auch die Jungs von der Beatfabrik um Prinz Pi, Kid Kobra und Smexer waren Westberliner. Kool Savas, der eigentlich aus Aachen kam, machte mit Taktloss auch immer auf

Westberliner, ebenso die ganze MOR-Crew und die meisten anderen aus dem Royal-Bunker-Umfeld. Vertreter aus Ostberlin waren dagegen zum Beispiel MC Gauner, Chefkoch, Damion, Hiob (der sich früher V-Mann nannte) und Joe Rilla.

⬛⬛⬛⬛⬛

Wie gesagt, diese West-Ost-Sache spielte noch eine ganze Weile nach dem Fall der Mauer in der Rap-Szene eine große Rolle. Erst durch Rap am Mittwoch wurde es dann möglich, dass dieser ganze West-Ost-Hass allmählich aufhörte und es zu Kollabos kam. Eine der ersten Kollabos dieser Art entstand zwischen der Westberliner Sekte und dem Ostberliner MC Gauner. Gauner war schon eine seltsame Erscheinung. Er hatte lange, eng geflochtene Cornrows und eine recht gewöhnungsbedürftige Rap-Stimme. Aber Hip-Hop war er durch und durch. Bei Rap am Mittwoch war er genauso regelmäßig am Start wie die Sekte-Jungs, und so geschah es, dass sie einander besser kennenlernten. Durch die freundliche Atmosphäre kam man ins Gespräch, und plötzlich stellte man fest, dass man musikalisch viele Gemeinsamkeiten hatte. Zum Beispiel mochte man dieselben Rapper oder feierte dieselben Alben. Nachdem das Eis gebrochen war und die Mauer in den Köpfen bröckelte, war es nur eine Frage der Zeit, bis man etwas zusammen machte.

Eines Tages riefen mich die Sekte-Jungs an und fragten, ob ich Lust hätte, bei einem Track dabei zu sein. Ich meinte »Ja, klar« und fragte, wer noch so dabei wäre. Als ich hörte: »Nur du und MC Gauner«, wusste ich, das war etwas Besonderes. Langsam wurde aus Ostberlin und Westberlin einfach Berlin. Wir haben dann einen Song zusammen gemacht mit dem Titel »Sehr geil«. Er passte zur Jahreszeit und zu unserem Leben, denn er handelte vom Sommer in Berlin und vom Kiffen.

⬛⬛⬛⬛⬛

Wir bekamen schon ganz am Anfang von Rap am Mittwoch eine eigene Hymne, die stets zur Eröffnung gerappt wurde. Die kam von niemand anderem als Sido. Damals war er noch unbekannt, sein Aufstieg zum Superstar begann erst drei Jahre später, 2003. Sido ging an diesem Abend als Erster ans Mic und begann zu freestylen. Er rappte die Line: »Rap am Mittwoch kommt alle mit / doch wenn ihr nichts mit Hip-Hop am Hut habt, müsst ihr gehen.« Das gefiel mir und passte voll zu unserer Idee. Und es funktionierte, denn tatsächlich gingen die anderen nach Sido ans Mic und übernahmen es. Sido hatte instinktiv erfasst, wie er die Leute packen und zum Mitmachen animieren konnte. Der Text wurde die Hymne von Rap am Mittwoch. Es war gut für die Leute, dass sie sehen konnten, dass jeder mitmachen und mitgestalten konnte. Das lockerte die Atmosphäre ungemein auf. Sido und seine Leute kamen dann auch häufig, denn sie erkannten, dass sie bei uns eine Homebase hatten. Andere Hosts hätten sich vielleicht durch seine Line herausgefordert gefühlt und versucht, selbst eine Eröffnungshymne zu schreiben. Ich nicht. Ich akzeptierte, dass der Text gut und eingängig war. Warum hätte ich mir die Mühe machen sollen, auf Teufel komm raus selbst eine zu schreiben? Ich hatte ja ohnehin schon krass viel zu tun.

■ ■ ■ ■ ■

Irgendwann kamen die Bassboxxx-Jungs zu uns. Mc Bogy, Frauenarzt, King Orgasmus, MC Bassdard und all diese Leute kamen ebenfalls. Die waren alle von der BC-Gang. BC stand für Berlin Crime, und tatsächlich war das eine Gruppe von Krawallmachern. Heute weiß ich, dass der Gründer der BC-Gang, Arye Sharuz Shalicar alias Boss Aro, Jude ist, der inzwischen in Israel lebt. Er arbeitet dort für die Regierung. Er hat sich damals irgendwann als Jude geoutet, daraufhin wurde er für viele Leute zur Persona non grata. Nach dem Outing sprach sich sein Background in seiner Gegend genauso schnell herum wie bei mir. Das war für ihn vielleicht noch schwieriger als für mich, denn er lebte im Wedding, und da war der arabische und türkische Anteil in der Bevölkerung noch um einiges höher als bei uns in Schöneberg. Er hat ein Buch geschrieben: *Ein nasser Hund ist besser als ein trockener Jude. Die Geschichte eines Deutsch-Iraners, der Jude wurde.* Das ist ein sehr geiles Buch. Er ist aufgewachsen wie ich, nur halt mehr in der Sprüherszene. Und er war eben auch Gangmember. Sein Outing als Jude hatte er bereits als Jugendlicher hinter sich, aber ich schätze, weil er sich später Boss Aro nannte und Dinge wie Religion oder Ethnie in der Sprüher- und der Rap-Szene zur Anfangszeit nicht so relevant waren, ging das an uns beiden vorbei. Außerdem war er zur RAM-Zeit bei der Bundeswehr, deshalb war er wahrscheinlich nie oder höchstens einmal bei RAM gewesen. Hätten wir uns damals gekannt, wären wir wahrscheinlich enge Freunde geworden. Heute sind wir es tatsächlich.

Arye hatte also diese BC-Gang gegründet. Die Jungs kamen dann auch immer zu uns. Mir war am Anfang nicht ganz wohl dabei, denn die BC-Crew war bekannt dafür, dass sie einfach mal so eine Location auseinandernahm, wenn sie Lust dazu hatte. Die waren damals ständig in den Berliner Zeitungen mit Schlagzeilen präsent. Sie galten als echt unberechenbare und gewaltbereite Bande. Bei uns aber passierte nie etwas, sie waren immer friedlich und respektvoll. Das hatte, glaube ich, drei Gründe. Erstens haben wir sie immer gut behandelt und freundlich aufgenommen. Sie waren ja bei uns wegen der Rapmusik, und das verband uns. Und dann gab es bei uns ja auch noch Asek von den 36 Juniors aus Kreuzberg. Die waren einfach noch eine Nummer krasser, und die BC-Gang wollte sich nicht unbedingt mit denen einlassen. Der dritte Grund war ganz banal: Es gab in unserem kleinen Keller einfach nichts, das man hätte kurz und klein schlagen können.

Also alles war super entspannt. MC Bassdard fing an, seine Stimme zu verstellen, und wir haben uns kaputtgelacht darüber. Das ist dann sein Style geworden. Auch die anderen kamen immer wieder: Mc Bogy, Orgie69 und Frauenarzt zum Beispiel. Auch Taktloss kam irgendwann und war bei uns herzlich willkommen. Angeblich soll auch Bushido das ein oder andere Mal bei uns gewesen sein, aber ans Mic ging er wohl nie. Ich selbst kann mich nicht daran erinnern, ihn gesehen zu haben. Er war ja schon immer eher ein Hater gegenüber solchen Cyphers, warum auch immer. Diese ganze Hip-Hop-Attitüde ist ja nicht etwas, was Bushido gut findet.

Wir wuchsen beständig, jeden Mittwoch kamen nun 50 Leute und mehr. Unser kleiner Kellerraum platzte aus allen Nähten, und es zeichnete sich ab, dass wir wohl bald einen größeren Raum brauchten. Dass dann mit Rap am Mittwoch nach einem Jahr Schluss war, hatte aber einen anderen Grund. Das hing mit der BC-Gang zusammen, obwohl sie eigentlich gar keine Schuld daran hatte, oder zumindest nur zur Hälfte. Die kamen eines Tages zu uns und wollten vor der Location ein Foto-Shooting mit 60 Leuten machen. Wir erlaubten es, aber als ich sah, dass die mit Baseball-schlägern, Äxten und Macheten bewaffnet waren, ahnte ich schon, dass es Ärger geben würde. Es war nur ein Shooting, sie posierten nur, alles war absolut friedlich. Aber einige Nachbarn der UfA-Fabrik fühlten sich von diesem Aufmarsch gestört oder hatten sogar Angst. Dann kamen die Leute von der UfA-Fabrik und meinten, wir würden zu groß werden mit Rap am Mittwoch und müssten uns eine neue Location suchen. Sie könnten das alles nicht mehr kontrollieren, und die Verantwortung wäre zu groß.

Wir suchten uns keinen neuen Raum. Wir hatten inzwischen einen anderen Plan: Wir wollten Musik machen, richtig gute Musik. Also gaben wir Rap am Mittwoch auf. Nach einem Jahr war damit Schluss. Es sollte zehn Jahre dauern, bis es zu einer Neuauflage kam. Dann aber wurden die Dimensionen ganz andere.

▪ ▪ ▪ ▪ ▪

Wir hatten in diesem Jahr viele Leute kennengelernt und waren in Berlin ganz gut vernetzt. Auch wenn wir mit Rap am Mittwoch damals noch keine Geschichte geschrieben hatten, wie wir es später tun sollten. Doch nun war es an der Zeit, dass wir uns auf uns selbst konzentrierten. Floe Flex, Asek und ich gründeten die Illuminaten, nachdem wir Doas Label verlassen hatten. Kurz darauf kam uns die Idee zum eigenen Label Tempeltainmen. Anschließend schlossen wir uns mit noch ein paar anderen Jungs zur Kaos-Loge zusammen. Die KaosLoge, oft als KL abgekürzt, war eine Rap-Crew, bestehend aus Asek, Floe Flex, Chefkoch, DJ Pete, Mike Fiction und mir. Die Berliner Rap-Szene war anfangs noch recht überschaubar, und so traf man gewisse Leute immer wieder auf irgendwelchen Jams oder Cyphers, und wenn man einander fresh und sympathisch fand, kam man ins Gespräch. Wir stellten irgendwann fest, dass wir musikalisch auf einer Wellenlänge lagen, und so beschlossen wir, eine größere Crew zu bilden. Das machten viele damals in Berlin, weil man als größere Truppe in einer von Feindschaft und Rivalität geprägten Szene bessere Chancen hatte, anerkannt zu werden. Den Namen leiteten wir, wie schon erwähnt, von den Illuminaten ab, die sich in sogenannten Logen organisierten. Das Wort Chaos stellten wir dem Wort Loge voran, weil wir ein ziemlich bunter und chaotischer Haufen waren. Wir passten, wie im Hip-Hop üblich, die Schreibweise unseren Bedürfnissen an – also »Kaos« anstatt »Chaos«. Das Besondere bei uns war, dass unser Style sehr vom US Eastcoast-Rap inspiriert war. Eine Crew, die wir uns damals zum Vorbild nahmen, war der Wu-Tang Clan. Ähnlich wie die Jungs standen wir auf minimalistische Beats, reale und anspruchsvolle Inhalte, die politisch, sozialkritisch oder auch mystisch angehaucht waren. Und besonders wichtig finde ich, dass wir tatsächlich die einzige Crew Berlins bildeten, die sich aus Westberlinern, Ostberlinern und Migrantenkindern zusammensetzte. Ein richtig bunter Haufen – echter Hip-Hop eben.

Wir nutzten unsere Kontakte und wollten zum Startschuss einen Sampler raushauen, der einen authentischen Querschnitt der damaligen Berliner Untergrund-Rap-Szene darstellen sollte. Damit war die Idee zur Sampler-Reihe Einblick geboren. Auf ihr rappten unterschiedliche Berliner Künstler, wir brachten sie aufgrund unserer Kontakte alle unter einen Hut. Oder fast alle, denn es gab schon damals Leute, die selbst nur mitmachen wollten, wenn ein anderer, mit dem sie nicht down waren, außen vor blieb. Das wollten wir nicht akzeptieren, und so sprachen wir mit diesen Leuten: »Hört mal zu, ja, ihr seid mit denen verfeindet, aber mit uns Rap-am-Mittwoch-Leuten seid ihr doch down.« Wir einigten uns dann darauf, folgenden Satz ins Booklet der CD zu schreiben: »Diverse Crews sind miteinander verfeindet und sollen nicht in Verbindung gebracht werden, außer mit den Illuminaten.« Damit waren alle down, und so konnten wir unsere CD produzieren. Sie gab einen guten Einblick darüber, was in der Berliner Deutschrap-Szene zu der Zeit so los war. Sie lief so gut, dass wir gleich noch zwei weitere machten. Da waren wirklich sehr viele Undergroundrapper aus der Stadt drauf. Von Sido und B-Tight oder Prinz Porno alias Prinz Pi mit seiner Beatfabrik über Mach One, Sera Finale bis Harris. Und obwohl wir schon so viele dabeihatten, gab es noch Dutzende, die aus Platzmangel rausgefallen sind. Berlin quoll plötzlich über vor Leuten, die rappten. Ich selbst hieß auf der ersten Platte noch Joka, aber das sollte sich schon mit der zweiten Platte ändern.

■ ■ ■ ■ ■

Ich suchte damals nach einem neuen Künstlernamen und damit praktisch nach einer neuen Identität. Der Einfall zu Ben Salomo kam mir wie ein Geistesblitz. Ich musste da gar nicht lange überlegen. Ich lag eines Nachts im Bett und dachte über meinen Namen nach. Ich war ziemlich bekifft. Plötzlich erinnerte ich mich an meine Bar Mitzwa. Ich hatte die Bilder im Kopf, als ich an jenem Tag, dem Schabbat nach meinem 13. Geburtstag, in der Synagoge neben meinem Vater saß. Der Raum war komplett voll mit Freunden, Gemeindemitgliedern und Mitgliedern meiner Familie. Dann rief mich der Rabbiner auf und sagte auf Hebräisch: »Jonathan Ben Shlomo, komm und lies aus der Tora.« Ich schaute meinen Vater an und fragte mich, warum der Rabbi mich Ben Shlomo nannte. Ich hatte diesen Namen vorher noch nie gehört. Mein Nachname ist schließlich Kalmanovich. Mein Vater sagte zu mir: »Ben bedeutet Sohn, du bist doch mein Sohn, und ich heiße Shlomo.« Das war gleichbedeutend mit Salomo. Als ich mich, völlig bekifft, daran in dieser Nacht im Bett erinnerte, stand mein neuer Name fest: Ben Salomo. »Sohn des Friedens«, damit konnte ich mich sehr gut identifizieren.

Einerseits war da diese sagenumwobene Figur des Königs Salomo mit seiner Weisheit, die mich faszinierte, andererseits sah ich mich selbst als ein Kind des Friedens an. Ein Jude, ein Israeli, ein Nachfahre von Shoa-Überlebenden, der Jahrzehnte nach dem Holocaust in einem friedlichen Europa, sogar in Deutschland lebt und auf Deutsch rappt. Da war sie wieder, die Widerstandsfähigkeit. Ein Kaktus, der sich im deutschen Mischwald seinen Platz erkämpft. Und so war es ja auch im Rap: Irgendwelche Rivalitäten jenseits der Battles wollte ich nie akzeptieren.

Doch zurück zu unseren CDs. Weil damals, 2001 und 2002, das Internet noch in den Kinderschuhen steckte, war es nicht einfach, die Alben zu verkaufen. Wir verkauften vom ersten Sampler 2000 Stück. Das ist auf den ersten Blick nicht viel, aber wir hatten ja keine Vertriebswege und waren allesamt außerhalb einer bestimmten kleinen Szene noch völlig unbekannt. Von Marcus Staiger, der ja nicht nur den Royal Bunker als Open-Mic-Session gemacht hatte, sondern später auch ein Label hatte, bekamen wir den Tipp, statt, wie ursprünglich geplant, Kassetten doch gleich CDs zu machen. »Der Sound ist viel besser, und teurer ist das auch nicht mehr«, sagte er. Wir ließen uns überzeugen. So gehörten wir zu den ersten in der Berliner Rap-Szene, die ihre Mucke auf CD veröffentlichten.

Mehr als einmal drohte mir die Arbeit über den Kopf zu wachsen. Man musste zuerst einmal die Rapper anhauen, ob sie mitmachen würden. Hatten sie zugesagt, musste man dafür sorgen, dass die Arbeit professionell und pünktlich abgeliefert wurde. Diesen Part übernahm Asek. Er war eher die Person, die mit den Künstlern in Kontakt stand. Er war damals auf Sozialhilfe und hatte viel Zeit. Letztlich waren es Asek und ich, die die ganze Arbeit machten. Ich selbst wurde eher in die Rolle des Rechte-, Vertriebs- und Marketingmenschen gedrängt bei unserem Label, das war eigentlich gar nicht geplant gewesen. Ich wurde der, der all diese unbeliebten Aufgaben erledigte. Der zum Beispiel Fragen im Zusammenhang mit der Veröffentlichung oder der GEMA klärte. Ich lernte, soviel ich konnte, über Verkauf und Einkauf und schrieb Rechnungen. Irgendwie lagen mir solche Tätigkeiten, aber es nervte mich doch. Denn eigentlich wollte ich ja selbst als Künstler arbeiten, aber dafür blieb kaum Zeit. Ich wurde unfreiwillig zum Unternehmer. Zudem lag bei mir das ganze finanzielle Risiko, denn Asek durfte als Sozialhilfeempfänger kein Gewerbe eröffnen, und so musste ich auch das machen – alles auf meine Verantwortung. Schließlich hatte ich mit Asek etwa 1500 Mark in die erste Pressung investiert. Aber es war eigentlich eine gute Aufteilung so. Asek war in seiner Arbeit sehr effizient, und er war immer motiviert. Er hat auch mich motiviert, die ungeliebten Arbeiten zu machen.

Ich war auch der bessere Verkäufer. Das hatte natürlich auch damit zu tun, dass ich das größte finanzielle Risiko trug, das übte einen ziemlichen Druck auf mich aus. Wir fuhren mit der ganzen Truppe, also der KaosLoge samt Illuminaten, zum Splash-Festival, dem damals größten und wichtigsten Deutschrap-Festival bei Chemnitz. Hier versuchten wir, die CDs zu verkaufen. Während die anderen eher Prioritäten hatten wie saufen, Spaß haben und Bitches klären, lag mein Fokus woanders. Ich lief etwa acht bis zehn Stunden des Tages über die riesigen Zeltplätze, unermüdlich von Zelt zu Zelt, und sprach die Leute an. Wenn die Leute keine CD wollten, freestylte ich etwas aus dem Stegreif oder kickte einen Text, um sie von der Qualität der Ware zu überzeugen. Das hat nicht selten gewirkt, und sei es auch nur, weil die Leute mich wieder loswerden wollten. Ab 2001 bis 2005 waren wir jedes Jahr beim Splash. Wir priesen unsere neueste Veröffentlichung an, und 2002, kurz vor dem großen Hype um Aggro Berlin, hatten wir dort einen Gig, unmittelbar vor den Jungs von der Sekte.

Recht bald hatten wir CDs, die über Sampler hinausgingen. Wir veröffentlichten dann auch unser Illuminaten-Album. Aber es war auch diesmal so wie immer: Ich machte allein fast zwei Drittel des Umsatzes, die anderen zusammen den Rest. Trotzdem sorgte die »Einblick«-Reihe für viel Resonanz weit über Berlins Grenzen hinaus. Weil die Leute damals sehen konnten, dass es abseits des Royal-Bunker-Universums noch mehr gab. Was den Berliner Rap insgesamt anging, waren wir repräsentativer als Royal Bunker. Dafür hat man sich in ganz Deutschland interessiert. Deshalb haben sich die CDs für die damaligen Verhältnisse recht gut verkauft.

Ich ärgerte mich aber damals ziemlich oft über die anderen. Ich war immer der Ansicht, wir könnten noch viel mehr erreichen, wenn sich alle richtig ins Zeug legten. Ich versuchte auch, positiven Druck auf die anderen auszuüben, indem ich mit gutem Beispiel voranging. Aber damit machte ich mich natürlich voll unbeliebt und bekam auch prompt einen Spitznamen aufgedrückt: der Mathematiker. Das war nicht freundlich gemeint. Aber es nervte mich einfach, dass die nur Kiffen, Saufen, Spaß und Bitches im Kopf hatten und einfach kein Arbeitsethos an den Tag legten. Ich hatte in dieser Zeit Phasen, in denen ich krasse Tiefs hatte, richtige Depressionen. Das waren Tage, an denen ich nicht aus dem Bett kam, weil mich Existenzängste plagten. Was wir machten, war ja schließlich alles sehr unsicher. Konnte man davon wirklich leben?

Denn das war ja mein Ziel, eines Tages, wir alle wollten von der Kunst leben können. In solchen Zeiten spielte Asek eine wichtige Rolle für mich. Er stand dann plötzlich bei mir zu Hause vor der Tür und trieb mich an, aufzustehen und mich nicht gehen zu lassen. Seine nicht ganz so präsente Businesshaltung störte mich zwar, doch auf der menschlichen Seite war er unglaublich wertvoll für mich.

Asek war im Gegensatz zu mir auch eher so ein Typ, den die nächste CD interessierte – nicht der Verkauf der aktuellen. Leider kam dann später bei ihm Kokain ins Game. Von da an wurde es schwierig mit ihm. Bei mir dagegen gab es so etwas nie. Alle Leute denken immer, weil ich so aufgedreht bin, müsse ich doch voll die Koksnase sein. Aber ich habe tatsächlich in meinem Leben nie auch nur eine einzige Line gezogen. Würde ich Koks nehmen, wäre ich wahrscheinlich wie ein Eichhörnchen nach fünf Dosen Redbull. Ich habe einige Zeit heftig gekifft, und ein- oder zweimal habe ich Pilze gegessen. Das ist meine komplette Drogenkarriere.

■ ■ ■ ■ ■

Wir lernten dann Ganjaman kennen, einen Musiker, der deutschsprachigen Reggae und Dancehall macht. Er wollte ein Album mit uns produzieren, aber nach kurzem Überlegen lehnten wir das ab, weil das musikalisch einfach nicht unseren Nerv traf. Ganjaman war ein krasser Verschwörungstheoretiker, der sich viel mit Geheimgesellschaften beschäftigte und obskure Bücher las. Er bekam damit aber ziemlichen Einfluss auf Floe Flex. Der kam eines Tages zu mir und meinte, wir dürften uns nicht mehr Illuminaten nennen. Ich fragte, wieso nicht, und er sagte: »Die werden uns finden, und dann wird es gefährlich.« Er wurde immer stranger und kleidete sich auch plötzlich sehr merkwürdig. Anfangs belächelten wir das und machten Witze: »Floe Flex schwebt an der Decke und inhaliert Licht.« Aber uns wurde zunehmend klarer, dass er sich bald von uns verabschieden würde, und zwar sowohl von den Illuminaten wie auch von der KaosLoge. Die KaosLoge brachte noch ein paar Songs heraus, bei denen Floe Flex dabei war, einer davon hieß »Tempelritter«. Er zog sich irgendwann völlig zurück und war wie vom Erdboden verschluckt. Seine Entwicklung zeigt, wie gefährlich diese Verschwörungstheorien sind. Sie machten ihm so viel Angst und veränderten seine Psyche so sehr, dass er seine Rap-Träume und den Erfolg wegwarf.

Der Wandel, den Floe Flex vor unseren Augen vollzog, kam zum denkbar schlechtesten Zeitpunkt, denn das Illuminaten-Album lief für unsere Verhältnisse richtig gut. Die Kritiken waren so positiv, dass die damalige Hip-Hop-Zeitung *Wicked* uns zum »Best unsigned Act« kürte. Bedauerlicherweise konnten wir diesen Erfolg nicht ausbauen. Die Illuminaten machten kein weiteres Album mehr.

In der KaosLoge gab es später, im Jahr 2004, dann auch künstlerische Differenzen. Einige waren der Meinung, dass wir unseren Blick mal etwas ausweiten und zum Beispiel nicht ausschließlich Beats von DJ Pete verwenden sollten, andere waren strikt dagegen. DJ Pete spielte eine sehr wichtige Rolle für uns. Er war ein guter Freund von Mike Fiction und wurde auch später sein DJ und Produzent. Wir lernten ihn kennen, als wir auf der Suche nach einem neuen Produzenten mit einem eigenen Tonstudio waren. Als wir einmal bei ihm chillten und seine Beats hörten, waren wir hellauf begeistert, denn er produzierte damals genau diesen minimalistischen Sound, den wir so feierten. Er lieferte anschließend alle Beats für das Illuminaten-Album, und wir nahmen das gesamte Album bei ihm auf. Als wir dann an den Produktionen für die KaosLoge werkelten, nahmen wir uns wieder die Jungs vom Wu-Tang Clan zum Vorbild, die ihre Alben ausschließlich von RZA, einem Mitglied des Wu-Tang Clans, produzieren ließen. Dadurch sollte ein einzigartiger und unverwechselbarer Sound entstehen, und so wurde DJ Pete unser Hauptproduzent. Aber nach einer ganzen Weile wollten einige eben mal was Neues ausprobieren – ohne DJ Pete.

Dazu kamen heftige Auseinandersetzungen zwischen Asek und Damion. Heute sind Asek und Damion sehr gute Freunde, aber damals gab es zwischen den beiden Cholerikern unfassbar viel Streit. Und nachdem herauskam, dass Damion mit einem anderen Label geheime Verhandlungen für seine nächsten Projekte führte, unmittelbar vor dem Erscheinen seines Debüt-Albums auf unserem Label, machte ihn das für die Crew untragbar. Alle waren sich einig, dass diese Illoyalität Konsequenzen nach sich ziehen musste, und forderten seinen Ausstieg. Drei Jahre zuvor hatten wir uns noch voll vor ihn gestellt, als Aggro Berlin uns zum Dreh ihres ersten Videos eingeladen hatte. Bei dem Dreh war auch Sido dabei, und der hatte sich ja mit Damion in den Haaren. Wir dachten, dass wir das vernünftig regeln könnten, und gingen hin. Als aber Sido Damion sah, stellte er uns vor die Wahl: Entweder würde Damion gehen, dann könnten wir alle bleiben. Oder wir müssten alle gehen. Wir verließen geschlossen die Location, wo der Dreh stattfinden sollte. Wir hatten gegenüber Damion volle Loyalität bewiesen, die er uns später so nicht zurückgab.

Es machte mich immer unzufriedener, dass ich der Einzige war, der sich um das Geschäft kümmerte und dafür auch noch kritisiert wurde. Als ein neues Projekt geplant war, hielt ich mich völlig zurück und sagte ihnen, dass sie das jetzt selbst organisieren müssten, da ich mich nunmehr darauf konzentrieren wollte, die finanziellen Dinge in meinem eigenen Leben auf die Reihe zu kriegen. Es lief dann auch relativ schlecht, der neue Sampler wurde ein Flop. Ich war während dieses Projekts nur als Künstler aktiv. Als die Truppe endlich merkte, wie wertvoll mein jahrelang geleisteter Beitrag für den Erfolg gewesen war, setzten sie mir die Pistole auf die Brust und verlangten eine Entscheidung: »Jonni, bist du jetzt drin oder draußen?« Ich musste nicht lange überlegen. Ich entschied mich, das Label zu verlassen, und wir wickelten die geschäftlichen Angelegenheiten ganz sauber ab. Wir blieben zwar Freunde, jedoch für einige Jahre nicht ohne bitteren Beigeschmack. Zu dem Zeitpunkt dachte ich aber noch nicht daran, der Rap-Szene komplett den Rücken zu kehren.

■ ■ ■ ■ ■

Probleme mit meinem Jüdischsein hatte ich in meiner Crew in diesen Jahren eigentlich nicht. Mit einer Ausnahme vielleicht: Chefkoch sprach irgendwann mal über seinen Opa, der in der Wehrmacht an der Ostfront gekämpft hatte. Er war voll stolz auf ihn und sagte das öfter laut. Ich weiß nicht, ob der Opa an Massenerschießungen beteiligt gewesen war, aber wenn ich mal darauf hinwies, dass damals sechs Millionen Juden ermordet worden waren, relativierte Chefkoch diese Zahl regelmäßig. Und als ich begann, mich um die Geschäfte zu kümmern, und die anderen damit manchmal nervte, kamen schon mal so Kommentare, dass es mir doch nur ums Geld ginge. Möglich, dass ich damals gewisse Vorurteile, die schon existierten, beflügelte.

Außerhalb meiner Crew jedoch machte ich bittere Erfahrungen. Zum Beispiel im Sommer 2003, als die KaosLoge eingeladen war, bei einem kleinen Friedensfest am Kottbusser Tor in Kreuzberg auf der Bühne zu rappen. Die Veranstaltung nannte sich »Musik für den Frieden« oder so ähnlich. Das war keine Hip-Hop-Veranstaltung, es gab auch Künstler, die sangen oder auf der Gitarre spielten oder trommelten. Während der Umbaupausen tobten immer ein paar Kids auf der Bühne herum. Vor unserem Auftritt wurden es mehr, und es kamen auch etwas Ältere, so um die 14 Jahre. Einer von denen schnappte sich plötzlich ein Mikrofon und sagte irgendetwas auf Arabisch. Ich verstand das Wort »Yahoud« – Jude. Auf Deutsch rief er: »Scheiß Israel!«, und dann griff sich ein anderer das Mikrofon und rief wieder auf Arabisch irgendwas mit »Falastin«. Ich dachte: »Ernsthaft jetzt? Musik für den Frieden – und dann so was?« Und genau danach musste ich auftreten. Ich wartete darauf, dass jemand von den Veranstaltern einschritt – aber vergeblich. Ich rappte anschließend über Frieden und Freiheit, aber ich dachte: Warum mache ich das eigentlich? Alle dürfen frei sein und friedlich existieren, nur ich als Jude und Israeli nicht. Ich versuchte, mich damit zu beruhigen, dass das ja nur kleine Kinder waren. Aber mir war natürlich bewusst, dass die das irgendwo lernen. Ich blickte hoch zu den umstehenden Häusern und sah die Satellitenschüsseln, die überall an den Balkonen angebracht waren. Ich fragte mich, warum man die braucht, jeder kann doch deutsche Programme empfangen. Aber die Leute, die da wohnten, wollten die arabischen und türkischen Sender schauen, die viel Hass versprühen.

Ich sah, dass der Hass auf Israel und die Juden nicht gebändigt war, sondern immer stärker wurde. Ebenso erkannte ich, dass ich die Solidarität, auf die ich hoffte, nicht bekam. Ich bekam sie damals nicht, ich bekomme sie heute nicht, und ich werde sie wohl niemals bekommen. Denn in Bezug auf Antisemitismus, Hass auf Juden und Hass auf Israel gibt es in der Hip-Hop-Szene nicht nur keine Solidarität, sondern eine breite Zustimmung.

Schließlich kam der Tag, an dem ich mich entschied, alles hinzuschmeißen. Ich wollte diese ganze Rap-Szene verlassen. Dieser Tag war der 1. Mai 2006. Für meinen Entschluss gab es einen konkreten Anlass. Das war ein Erlebnis, das ich auf dem Myfest hatte, das jedes Jahr am 1. Mai in Kreuzberg stattfindet. Das ist eine Veranstaltung, zu der viele Leute gehen, die einfach feiern wollen, auf der sich auch viele explizit Linke einfinden, aber gewiss keine Rechten. Alles gibt sich unglaublich friedlich und tolerant – die Wahrheit sieht anders aus. Auf diesem Fest gab es eine Hip-Hop-Bühne, auf der verschiedene Künstler auftraten. Einige Monate zuvor hatte ich mit Mike Fiction einen Song für sein Album geschrieben, und da er für die Hip-Hop-Bühne gebucht war, fragte er mich, ob ich Lust hätte, diesen Song mit ihm zu performen.

Natürlich sagte ich zu. Zunächst schien alles gut. Ich war zu dem Zeitpunkt als Ben Salomo noch nicht allzu bekannt, und da Mike Fiction der Act des Auftritts war, könnte es sein, dass mein Künstlername einfach kaum aufgefallen ist. Unmittelbar nach uns trat ein Rapper namens Deso Dogg auf. Von ihm hatte ich in der ganzen Stadt viele Aufkleber rumhängen sehen, die sein Album oder ein Mixtape promoten sollten. Er war berüchtigt, eine schwer kriminelle Karriere hinter sich zu haben, und galt als Schläger. Noch bevor er auch nur einen Reim ins Mikrofon gekickt hatte, stellte er sich vor das Publikum, zog eine Fahne der Hisbollah aus seinem Rucksack und schwenkte sie durch die Luft. Vor der Bühne standen etwa 2000 Leute, und als sie diese Fahne erblickten, grölten sie fanatisch. Da wurde mehr Lärm gemacht für diese Fahne als für alle Rapper an diesem Tag vor oder nach ihm.

Ich war schockiert. Nicht nur empfand ich es als beschämend, dass so ein Islamist direkt nach mir auftrat – schlimmer war, dass die Leute ihn so extrem dafür feierten, dass er die Hisbollah-Fahne schwenkte. Die Hisbollah ist eine islamistische Terrororganisation, die für den Tod von zahllosen Menschen verantwortlich ist. Und was taten die Leute? Anstatt Deso Dogg von der Bühne zu buhen, jubelten sie ihm zu. Ich dachte, was geht denn hier ab, das kann doch nicht wahr sein. Alle diese Leute, die von sich selbst behaupten, sie seien Hip-Hop, links und tolerant – die applaudierten begeistert einem Rapper, der eine islamistische Terrororganisation feierte! Ich musste mir eingestehen, dass das leider die Hip-Hop-Szene war – und dass ich damit nichts zu tun haben wollte. Ich musste mir eingestehen, dass das einfach nicht mehr die Hip-Hop-Kultur war, die ich so geliebt hatte, für die ich so viel Zeit und Arbeit investiert hatte. Deso Dogg entwickelte sich übrigens bald vollständig zum Islamisten und zog nach Syrien, um sich dem IS, dem Islamischen Staat, anzuschließen. Zu schrecklicher Berühmtheit gelangte er, als er in einem Video mit dem abgeschnittenen Kopf eines amerikanischen Journalisten posierte, das er ins Netz stellte. Später soll er von den Amerikanern getötet worden sein.

Ich fühlte mich in diesem Augenblick auf dem Myfest in Kreuzberg ganz persönlich bedroht. Natürlich ist keiner aus dem Publikum auf mich, den Juden, losgegangen. Aber sie jubelten der Fahne einer Organisation zu, die Israel vernichten, von der Landkarte ausradieren will. Ich dachte an diese Szene, als ich später das Twitter-Foto von Bushido sah, der jahrelang eine Karte des Nahen Ostens abgebildet hatte, auf dem ein Land schlicht fehlte: Israel. An diesem 1. Mai dachte ich an meine Familie, die in Israel lebte. An meinen Onkel Israel, der ein Kriegsversehrter ist. Ich beobachtete das nicht von außen als Italiener oder Franzose – dann hätte ich wahrscheinlich gedacht: Okay, das ist nicht mehr mein Hip-Hop, zieh dich raus aus der Szene. Mich traf das viel tiefer – ich bin Jude, in Israel geboren, und ich fühlte mich und mein Land existenziell bedroht.

Für mich war an diesem Tag Schluss mit der Hip-Hop-Szene. Ich fragte mich, warum ich eigentlich so viel Energie und persönliches Risiko da reinstecken sollte, wenn ich immer wieder vor den Kopf gestoßen wurde. In den folgenden Jahren arbeitete ich als Barkeeper in einem Sushi-Restaurant. Es sollte Jahre dauern, bis es mich doch wieder packte und ich eine Neuauflage von Rap am Mittwoch ins Leben rief. Dann aber mit ungeahntem Erfolg.

Daran, dass ich immer wieder auf unschöne Art und Weise an meine jüdische Identität erinnert wurde, änderte sich aber auch in der folgenden Zeit nichts. Ich erinnere mich zum Beispiel an einen Vorfall mit dem Vater meiner damaligen Freundin, mit der ich immerhin acht Jahre zusammen war. Die Eltern waren wie meine geschieden, aber sie hatten ein gutes Verhältnis, und so kam ihr Vater oft sonntags zum Frühstück vorbei. Er war Türke, was für mich überhaupt keine Rolle spielte. Zu den Eltern hatte ich eigentlich ein ganz gutes Verhältnis. Eines Tages jedoch erzählte ihr Vater morgens am Frühstückstisch, dass er am Freitag zuvor in eine

Moschee in Kreuzberg gegangen sei. Er war Informatiker, kein dummer Mensch, und dass er in eine Moschee ging, passte eigentlich auch nicht zu ihm. Ein Jugendlicher habe den Imam gefragt, ob es eigentlich stimme, dass der Mensch vom Affen abstamme. Daraufhin hatte der Imam geantwortet, dass das falsch sei – das träfe nur auf die Juden zu. Als der Vater meiner Freundin das erzählte, lachte er laut. Er fand das offensichtlich komisch, mir so etwas zu erzählen. Er wusste ja, dass ich Jude bin.

Ich bin mir nicht sicher, ob er das nur als Scherz wiedergab oder ob er mir damit eine reinwürgen wollte. Jedenfalls war ich vollkommen entsetzt. Meine damalige Freundin schämte sich für ihren Vater und entschuldigte sich später bei mir. Auch der Mutter war die Situation peinlich. Aber es war doch wie so oft: Keine von beiden sagte etwas in dem Moment. Die Aussage stand einfach so im Raum, unwidersprochen. Einige Jahre später erlebte ich nochmals eine solche Situation mit dem Vater, als meine Freundin und ich uns trennten, weil sie mich mit einem anderen Typen hintergangen hatte, der Grieche war. Zum Abschied sagte ihr Vater zu mir: »Es ist nicht so, dass ein Jude besser ist als ein Grieche. Aber dich kenne ich ja schon.« Was er mir damit sagen wollte, weiß ich nicht so genau. Aber ich fasste es als Affront auf. Dass Türken und Griechen sich oft nicht mögen, ist bekannt. Und er zeigte mir, dass für ihn Juden auf der gleichen Stufe standen wie Griechen. Dann lachte er wieder laut, wie damals am sonntäglichen Frühstückstisch.

KAPITEL 6

GOETHE WÄRE HEUTE RAPPER, MOZART WÜRDE BEATS PRODUZIEREN

Mein Leben drehte sich mehr als 20 Jahre um Rapmusik und Hip-Hop. Rap ist als Musikrichtung ein Teil des Hip-Hop, zu dem auch das Sprühen, das DJing oder das Breaken gehören. Rap wird von Menschen, die nichts mit ihm zu tun haben und ihn vielleicht auch nicht verstehen, als Kunstform völlig unterschätzt. Rap ist die Poesie der heutigen Jugend. Es ist die herrschende Kunstform, in der sich junge Leute ausdrücken, in der sie ihre Gefühle, ihr Leben, ihren Alltag widergespiegelt sehen. Mozart hat die Musik seiner Zeit gemacht und sie weiterentwickelt. Wäre er zu den Hochzeiten des Jazz auf die Welt gekommen, hätte er vielleicht Jazz-Musik gemacht – und heute würde er eventuell die Beats für Rap-Songs produzieren. Er und alle anderen Musiker sind Kinder der Zeit, in der sie geboren wurden. In der Literatur gilt das genauso. Goethe, Schiller oder Shakespeare haben die Ausdrucksformen ihrer Zeit benutzt und sie weiterentwickelt. Aber sie mussten das machen, was damals angesagt war, schließlich mussten sie ja auch von etwas leben. Sie mussten dem Zeitgeist entsprechen, sie haben Mainstream gemacht. Wenn Goethe heute 20 Jahre alt wäre, wäre er vielleicht Rapper. Und in der Kunst? Michelangelo oder van Gogh wären heute möglicherweise Sprüher.

■ ■ ■ ■ ■

Rap war anfangs, in den 70er-Jahren, eigentlich nur eine Begleiterscheinung der Disco-Musik. Der Star war der DJ. Er legte die Platten auf und stellte irgendwann fest, dass die Tänzer darauf standen, während der kurzen Breakbeat-Passagen der Disco-Musik ihre außergewöhnlichen Moves auszupacken. Diese Breakbeat-Passagen wurden so beliebt, dass die Tänzer vom DJ erwarteten, diese Passagen irgendwie zu verlängern. So geschah es, dass die DJs zwei Platten mit demselben Disco-Song parallel auf zwei Plattenspieler legten und abspielten. Während auf der einen Platte gerade der Breakbeat lief, hielt der DJ die andere Platte mit dem Anfang des Breakbeats abspielbereit. War der Breakbeat-Part auf der einen Platte zu Ende, spulte der DJ sie mit der einen Hand zurück, während er gleichzeitig mit der anderen Hand die zweite Platte abspielte. Das wiederholte er so lange, wie er wollte, und das wurde die Geburtsstunde der Breakdance-Beats und der Breaker. Es gab damals noch nicht diese speziellen Mixer, die ein Fade In/Fade Out ermöglichten. Daher entstand zwischen den Songs zwangsläufig eine kurze Pause. Diese überbrückte der Host, indem er ein wenig über die Veranstaltung rhymte, nach dem Motto: »Throw your hands in the air and wave them like you just don't care.« Dann kam der nächste Song. Ein erfinderischer DJ entwickelte dann einen Mixer, mit denen man die Songs ineinander übergehen lassen konnte, ohne dass eine Pause entstand. Damit war die kurze Einlage des Hosts eigentlich überflüssig. Aber man stellte fest, dass es eigentlich ganz geil kam, wenn der Host kurz dazwischen rappte, nun aber mit Beats im Hintergrund.

Der Rapper hatte zunächst weiterhin die Aufgabe, den DJ zu hypen, denn der war der Star. Irgendwann meinten aber die Leute, dass das Rappen selbst eine eigene Kunstform sei und mehr hervorgehoben werden müsse. Daher gab man den Rap-Einlagen in der Show mehr Zeit. Langsam, aber sicher drehten sich die Verhältnisse um: Der Host wurde zum Rapper, der DJ rückte in den Hintergrund. Die Rapper wurden vom Pausenfüller zur Frontfigur.

In der Hip-Hop-Szene, in der der Rap ja nur einen Teil darstellt, gibt es sehr viel Kreativität. Mir fällt beispielsweise Prinz Pi ein. In Berlin geboren, hat er Kommunikationsdesign studiert und macht vieles rund um seine Musik selbst. Er legt sehr viel Wert auf seine Texte, die oftmals einen sozialkritischen Inhalt haben. Ursprünglich wäre er lieber Schriftsteller geworden, aber er entschied sich für die Rapmusik, weil er erkannte, dass er damit mehr Leute erreichen konnte. Leider hat Prinz Pi aber auch ein Problem: Er fiel mit antisemitischen Verschwörungstheorien auf, was sein Ansehen in meinen Augen sehr schmälert. Oder Damion Davis. Er ist einer der krassesten lyrischen Poeten. Ich bin heute noch froh, dass wir jahrelang in einer Crew waren. Zu denken ist auch an einen Künstler wie Motrip, der einfach echt tolle Texte schreibt.

Rap und überhaupt Hip-Hop haben ungemein viel mit Wettbewerb zu tun. Man sagt ja, Konkurrenz belebt das Geschäft – auf Hip-Hop trifft das auf jeden Fall zu. Sie sorgt für beständigen Progress, für immer neue Leistungen. Und das ist krass förderlich für die Kunst. Dazu gehört der Battle-Rap, dessen Basis darin besteht, dass jeder seinen Gegner möglichst erfolgreich runtermachen und erniedrigen möchte, während die eigenen Qualitäten unermesslich hervorgehoben werden. Aber nur verbal, versteht sich. Wichtig ist nur, dass das als Kunstform verstanden wird und nach dem Battle Frieden herrscht. Was fürs Battlen gilt, gilt aber für den gesamten Hip-Hop. Man sucht ständig neue Moves beim Breakdance und versucht, seine Grenzen zu erweitern. Beim Sprühen will man neue Techniken erfinden, neue Ideen umsetzen. In der Musik ist es das Ziel, neue Sounds zu schaffen. Diese ständige Weiterentwicklung ist eines der Erfolgsrezepte des Hip-Hop. Weil es ständig etwas Neues gibt und der Hip-Hop sich in allen seinen Bereichen immer wieder auffrischt, ist er noch immer eine Jugendkultur, und dass, obwohl er schon Jahrzehnte alt ist. Im Moment ist er sogar die erfolgreichste Jugendkultur überhaupt. Das ist etwas, was Rock oder Jazz nicht geschafft haben.

Ich glaube auch, an dieser Entwicklung wird sich so schnell nichts ändern. Es wachsen immer junge Leute nach, die ihre Grenzen entdecken und ihre Kreativität ausleben und entwickeln wollen. Dafür brauchen sie Ventile, und Hip-Hop ist ein sehr geeignetes Ventil dafür. Man hat so viele Möglichkeiten und braucht so wenig dazu, um sie umzusetzen. Im Rock brauchst du eine Gitarre und musst sie spielen können. Und dann hast du doch relativ wenige Möglichkeiten, dich auszuprobieren. Im Hip-Hop kannst du im Prinzip alle Instrumente benutzen, aber im Rap kannst du theoretisch auch auf alle Hilfsmittel verzichten. Das macht ihn so vielfältig. Du kannst breaken, was ja schon etwas mit Akrobatik, also Sport, zu tun hat. Und das Geile ist, dass das alles im Hip-Hop so ineinander übergreift und es dir so unendlich viele Möglichkeiten bietet. Zum Hip-Hop gehört es, ein Cover zu gestalten oder Bilder zu fotografieren, zu malen, zu sprühen, ein Instrument zu spielen, am Computer Grafiken zu basteln, zu tanzen. Hip-Hop ist die Fusion aller Künste der Menschheit, der Dachbegriff aller Kunstformen. Und er kann an sehr alte Traditionen anknüpfen. Wer heute malt oder sprüht, der hätte vor vielen tausend Jahren Büffel an eine Höhlenwand gemalt. Wer heute rappt, hätte früher am Lagerfeuer gesungen oder in Reimform Geschichten erzählt. Wer heute Beats produziert, hätte früher aus Holz eine Flöte gemacht und darauf gespielt. Wer heute breakt, der hätte getanzt und den Regen beschworen. Das ist das Urtümlichste, das es gibt, und der Hip-Hop fußt darauf. Und ein kurzer Blick in die Gegenwart zeigt schon, dass sich diese Entwicklung fortsetzt – inzwischen drucken Sprüher ihre Bilder in 3-D aus.

Rap ist unkaputtbar. Aber leider ist die Entwicklung, die der Rap in den vergangenen Jahren genommen hat, nicht sehr gut. Anfangs war Rap eine Revoluzzer-Musik. Das ist die Richtung, mit der ich aufgewachsen bin. Damals ging es darum, die Welt zu verändern, die Gesellschaft besser zu machen. Damals ging es um Kritik an den sozialen und gesellschaftlichen Zuständen. Nach einiger Zeit kam aber die nächste Generation, und die sagte: »Die Welt ist scheiße, wir können sie nicht verändern.« Um in dieser Welt nicht gefressen zu werden, wollten sie nur noch Geld verdienen, anstatt zu versuchen, die Welt zu ändern. Sie begannen Geschichten darüber zu erzählen, wie sie Drogen vertickten oder Überfälle durchführten, um an Kohle ranzukommen. Das war die Geburtsstunde des sogenannten Gangsta- oder Straßenrap. Der wird wohl nie wieder verschwinden, es wird immer Leute geben, die diese Gewaltverherrlichung bewundern, weil sie selbst aus solchen Verhältnissen wie diese Straßenrapper kommen und sich dadurch repräsentiert fühlen. Dann kam wieder eine neue Generation von Rappern – das waren die, die sagten, sie interessiere das alles überhaupt nicht. Die rappten nicht mehr darüber, wie sie Drogen verkauften und Geld damit verdienten, sondern wie sie selbst Drogen nahmen, bis sie Junkies waren und ihr ganzes Geld für Luxus zum Fenster rauswarfen.

Das ist der Stand, auf dem wir jetzt sind. In den USA gibt es auch so einen Nerdrap. Das sind Leute, die sonst Big Bang Theory geil finden. Die rappen dann voll metaphysische und philosophische Sachen. Dort gibt es eine Zielgruppe dafür, die sagt, ey cool, ich finde das viel krasser, einen Song zu hören und das Gefühl zu haben, ich hätte gerade eine Dokumentation über Teilchenphysik gesehen. Mal sehen, was hierzulande als Nächstes kommt. Vielleicht kommen ja neue Leute, die sagen, Drogen sind scheiße – lass uns Sport machen. Und die rappen dann darüber. Klar ist, dass es immer eine Dynamik geben wird. Jede Generation hat ihren eigenen Zeitgeist und wird darüber Songs machen.

◼ ◼ ◼ ◼ ◼

Die Rap-Szene ist wie ein Puff. Du bist entweder Zuhälter, Nutte oder Freier. Manchmal spielst du auch zwei dieser Rollen, und hin und wieder bist du auch alles gleichzeitig. Manchmal hängt es von der Person, mit der du zu tun hast, ab, was du bist. Dann bist du für verschiedene Leute jeweils was anderes. Das bringt es mit sich, dass diese ganze Szene ziemlich verlogen ist. Alle reden davon, wie loyal sie sind. Tatsächlich habe ich im Deutschrap wenig echte Loyalität erlebt, das kann ich an einer Hand abzählen. Das Ding ist, für manche Leute ist es einfach, eine gerade Linie zu ziehen, und für manche nicht. Deshalb gilt in der Deutschrap-Szene das Motto: Pack schlägt sich, Pack verträgt sich. Mal gibt's eine Kollabo, und dann wird wieder gedisst. Dann heißt es plötzlich wieder: »Ich ficke deine Mutter.« Ein bekanntes Beispiel dafür sind Bushido und Fler, bei denen ging es jahrelang so. Bushido ist für viele der Zuhälter gewesen. Aber es gab auch genug Situationen, da war er die Nutte. Und bei manchen anderen Situationen auch der Freier. Deswegen ist dieses ganze Gehabe von wegen Glaubwürdigkeit, das er und so viele andere an den Tag legen, meistens absolut scheinheilig.

Es ist in dieser Szene echt schwer, wahre Freundschaften aufzubauen oder zu halten. Denn sie ist durch und durch korrumpiert, und das korrumpiert auch die Freundschaften. Wenn du selbst drin bist in dieser Szene, kannst du dich praktisch nicht davon fernhalten. Wenn du zum Beispiel intensiver mit einem Produzenten oder einem Rapper zusammengearbeitet hast und im Zuge dieser Zusammenarbeit eigentlich auch ein Freundschaftsverhältnis entstanden ist, kann es dir dennoch passieren, dass dieser Produzent oder Rapper mit Leuten zusammenarbeitet, mit denen du verfeindet bist. Das Dienstleistungsverhältnis steht fast immer über dem Freundschaftsverhältnis, erst recht, wenn eine Zusammenarbeit einen wirtschaftlichen Erfolg in Aussicht stellt. Da wird nicht lange gefackelt und die Freundschaft, wie die Seele, sprichwörtlich an den Teufel verkauft.

Es gibt in dieser Szene einfach keine klaren Grenzen. Ich hatte zum Beispiel einen guten Freund, mit dem ich aufgewachsen bin. Ich liebte ihn wirklich wie einen Bruder. Wir haben etwa zeitgleich mit dem Rappen angefangen, sind aber zwischenzeitlich unterschiedliche Wege gegangen. Unsere Freundschaft aber blieb bestehen, und ich betrachtete sie immer als etwas ganz Besonderes. Wir kannten unsere Stärken und unsere Schwächen, und wir kannten jeweils die Feinde des anderen. Nie wäre es mir in den Sinn gekommen, mit seinen Feinden zu kooperieren oder zu chillen, egal was mir dafür in Aussicht gestellt worden wäre. Ich hingegen musste die Anwesenheit von meinen Erzfeinden an seinem Geburtstag ertragen, obwohl er wusste, dass ich mit diesen Leuten nur zutiefst angewidert ein und denselben Raum teilte. Das waren Leute aus der Berliner Rap-Szene, die bei jeder Gelegenheit mit antisemitischen Ressentiments Hetze gegen mich betrieben. Nun musste ich mit ansehen, wie dieser Freund gemeinsam mit solchen Leuten ausgelassen seinen Geburtstag feierte. Spätestens nach dieser Erfahrung war mein Fazit, dass es in dieser Szene absolut keine integren Freundschaften gibt. Da steht immer alles ständig auf der Kippe.

Ich habe viele Enttäuschungen erlebt. Es gibt da zum Beispiel einen einstmals bekannten Berliner Rapper, der inzwischen verstorben ist. Er trat auch bei Rap am Mittwoch auf. Toten soll man nichts hinterherwerfen, aber dieser Typ war einfach ein krasser antisemitischer Judenhasser. Wir kannten uns persönlich, und ich habe ihn mehrmals zur Rede gestellt und ihn gefragt: »Was soll der Scheiß. Warum hetzt du überall gegen mich mit diesem Judenthema?« Als Antwort kam dann jedes Mal so was wie: »Ehhh, Dicka, du weißt doch …« Wenn ich mich dann bei Bekannten aus der Szene über diesen Typen auskotzte, meinten die immer: »Der ist ein armes Würstchen, der macht das doch nur, weil es dich aufregt. Am besten, du ignorierst ihn einfach.« Diese Angriffe wurden also ständig heruntergespielt oder verniedlicht. Solidarität Fehlanzeige. Ich wollte ihn nach einiger Zeit nicht mehr bei Rap am Mittwoch auf der Bühne haben. Aber nach einem Gespräch, bei dem er sich ganz reumütig zeigte und Besserung versprach, gab ich ihm doch wieder eine Chance für ein Battle. Er verlor – und gab mir die Schuld dafür. Als ich kurz darauf mit meinem Cutter das Video zu diesem Battle, das wir auf YouTube hochladen wollten, bearbeitete, bekam der plötzlich eine Message von diesem Typen, denn die beiden kannten sich ganz gut. Der Text ging etwa so: »Dieser Jude wird schon noch sehen ...«, und: »Er und seine Judenveranstaltung ...« Ich stellte ihn kurz darauf wieder zur Rede. Vor dem Battle hatte ich ihm eine Membercard für Rap am Mittwoch gegeben, weil er sich entschuldigt hatte, aber jetzt entzog ich sie ihm wieder, und er bekam Hausverbot. Von dem Moment an wurde er ein noch krasserer Hetzer.

Im Frühling 2015 meldete sich der Rapper Gregpipe bei mir und fragte, ob ich ein Team-Battle, bei dem mehrere Leute gemeinsam gegen ein anderes Team antreten, veranstalten wolle – mit diesem Typen und einem anderen gegen Battle Boy Basti und einem Rapper namens Besser. Dieses Match hätte echt spannend werden können und sicher auch viele Fans begeistert. Ich sagte aber trotzdem Nein, denn ich wollte diesem Typen absolut keine Plattform mehr geben. Das war mir wichtiger als jede Sensation und jedes Geld, das ich mit der Sache hätte verdienen können. Allein der Vorschlag war krass, denn Gregpipe und dieser Typ waren jahrelang Erzfeinde und hatten sich gegenseitig übelst gedisst. Nun hatte ich Gregpipe am Telefon, der völlig überrascht zu sein schien, dass ich so ein sensationelles Match für RAM ablehnte. Als ich ihm die Gründe schilderte, meinte er nur: »Ja, Dicka, du weißt doch, wie dieser Mensch tickt.« Der Gedanke, sich von dem Typen zu distanzieren aufgrund der gemeinsamen Hip-Hop-Werte, kam ihm nicht. Aber ich hatte längst genug von dem. Mit so einem unbelehrbaren Antisemiten wollte ich nichts mehr zu tun haben. Die beiden gingen dann zu DLTLLY. Die Abkürzung steht für »Don't Let The Label Label You«. Das war eine damals noch recht junge Alternativveranstaltung zu Rap am Mittwoch. Sie waren zwar aufstrebend, aber noch viel kleiner als wir und konnten jedes vielversprechende Battle gebrauchen. Sie nahmen das Match an, obwohl ich den Machern die antisemitischen Geschehnisse hinter den Kulissen geschildert hatte. Das war eine bittere Enttäuschung. Hier wurde für eine Sensation und für einen wirtschaftlichen Erfolg alles verraten, wofür Hip-Hop steht. Als ich einen der Veranstalter kurz nach der Absage an Gregpipe anrief und ihm den Grund nannte, wieso dieses Battle nicht bei RAM stattfand, behauptete er, er habe davon noch nie etwas mitbekommen. Dass ich es war, der ihm nun davon erzählte, obwohl ich selbst von diesem Match hätte profitieren können, war ihm als Zeugenaussage nicht authentisch genug. Er hat sich ein wenig gewunden, aber genutzt hat das nichts. Man hat ja gesehen, das Battle fand statt. Die Leute von DLTLLY haben schon Schwänze gelutscht, bevor sie überhaupt Relevanz hatten. Die haben voll die Rolle der Nutte übernommen. Willkommen im Puff.

■ ■ ■ ■ ■

Rap ist heute die Musikrichtung schlechthin für Millionen Jugendlicher. Am Anfang rappten auch die Deutschen auf Englisch, aber das änderte sich bald. Heute finden sich unter den Deutschrap-Künstlern auffällig viele Leute mit arabischem, kurdischem, iranischem oder türkischem Migrationshintergrund. Zuerst haben die das voll verhöhnt, die fanden das voll peinlich und blamabel, wenn jemand auf Deutsch rappte. Das lag wohl daran, dass die Rapper damals wirklich noch nicht so gut waren – und sicher auch an der deutschen Sprache. Das bot keinerlei Identifikationsfläche für sie. Sie sahen das am Anfang auch gar nicht als Möglichkeit, sich auszudrücken, über ihr Leben, ihre Probleme, ihre Benachteiligungen als Migranten zu sprechen. Das war in den USA mit den Schwarzen ganz anders, die hatten Rap schon lange so gesehen. Der Großteil der Rapper mit Migrationshintergrund sprang jedenfalls erst relativ spät auf den Zug auf. Dann aber wurden immer mehr Fans auf ihre Geschichten aufmerksam, kauften die Alben und feierten ihre Musik. Anfangs ging es zum Beispiel wie bei Kool Savas, Azad und Samy Deluxe mehr ums Battlen, da gab es noch keinen so großen Unterschied zwischen biodeutschen und migrantischen Rappern. Die jeweilige Aussprache der Worte spiegelte allenfalls die regionalen Unterschiede wider. Aber dann kam immer stärker der Migrationshintergrund dazu. Hochdeutsch mit seinen regionalen Unterschieden wurde nach und nach vom gebrochenen Deutsch, dem sogenannten Kanakisch oder Ghettodeutsch, verdrängt. Rap wurde zum narrativen Ausdrucksmittel, zum Storytelling über das Aufwachsen der Migranten in Deutschland. Immer mehr wurde Rap zur Identifikationsfläche. Die Texte wurden im Laufe der Jahre immer aggressiver, weil auch die Wut vieler Migranten über ihr Leben in Deutschland stieg. Das machte diese Musik für sie immer mehr zu einem Ventil, und je weiter diese Entwicklung voranging, umso mehr fühlten sie sich durch Rap repräsentiert.

Das war bei mir genauso. Ich bin ja auch Migrant, und ich habe genau die gleiche Story wie all die anderen Migranten zu erzählen. Das ist in weiten Teilen alles recht ähnlich. Ich erzähle in meinen Songs auch meine Geschichten, das wurde immer mehr mein Ziel. Aber ich bin ja Ben Salomo, Sohn des Friedens. Ich wollte nicht aufstacheln, so wie die vielen aggressiven Texte aus vielen Rap-Songs. Ich wollte irgendwie versöhnen, Brücken bauen. Ich dachte mir, ey Leute, vielleicht kann ich euch mal zeigen, dass eure ganzen Feindbilder und Ressentiments, die ihr im Kopf habt, einfach falsch sind. Und ich wollte ihnen zeigen, dass ich auch ein Migrant bin, genauso wie sie. Ich habe das zum Beispiel in meinem Song »Kennst du das« beschrieben. Ich habe den mit Absicht so genannt, weil ich die Migranten ansprechen wollte. In dem Song heißt es: »Er war ein Junge von der Straße / Ein Niemand aus der Unterschicht / Auch nur so ein Migrant in dieser Großstadt hier / Einer von vielen, dessen Eltern die Heimat verließen / Um in

Deutschland ein neues Leben anzufangen / Er hatte dunkle Haare und dunkle Augen / blickte oft zum Hof nach draußen, ohne Aussicht / Für seine Lehrer war er auch nur irgendein Kanake / denn dieser Jonathan sah auch nur aus wie ein Mohammed.«

In dem Song wird also mein Leben in Berlin-Schöneberg als Migrant beschrieben. Das Problem aber war: Genau das wollten die Leute gar nicht hören. Ein jüdischer Migrant? Interessierte die anderen Migranten überhaupt nicht. Ganz im Gegenteil: Israel und Juden, so denken viele, sind unsere Feinde. Warum sollen wir diesen Juden seine Geschichte erzählen lassen? Diese Geschichte lässt man mich also in der Szene gar nicht erzählen. Das hat noch einen anderen Grund: Den Juden von der Straße, so wie ich das beschrieben habe, gibt es in den Augen vieler Migranten und auch vieler Deutscher einfach nicht. Juden sind reich, gehören zur Oberschicht – so lautet ihr Narrativ. Wenn er Jude ist, dann ist er von der Wall Street oder von der Frankfurter Börse, nicht von den Schöneberger Hinterhöfen. Das sitzt so fest in den Köpfen, dagegen kommt man einfach nicht an. Als Jude wurde ich von arabischen, türkischen, palästinensischen Migranten einfach nicht als ihresgleichen akzeptiert, obwohl ich die gleichen Probleme habe wie sie. Ich weiß, wovon ich rede – wer einmal versucht hat, mit meinem Nachnamen eine Wohnung zu mieten, wird das sehr schnell verstehen. Da ist es ganz egal, ob du Ali Ötztürk, Ahmad Al-Hassan oder Jonathan Kalmanovich heißt.

Mit dem hohen Migrantenanteil hängt vermutlich eine Tatsache zusammen: Es gibt nur wenige Frauen, die rappen. In der Fanbase ist das anders, da gibt es viele, aber auf der Bühne eben leider nicht. Das ist komisch, denn in anderen Musikrichtungen sind Frauen viel stärker vertreten. Bei den Singersongwritern zum Beispiel. Natürlich haben Frauen genauso viel Talent zum Rappen wie Männer, deshalb müsste das Verhältnis eigentlich viel ausgeglichener sein. Die Tatsache, dass es nicht so ist, hat auch viel mit dem Sexismus zu tun, der in der Rap-Szene weit verbreitet ist und von Anfang an dazugehörte. Das ist ähnlich wie mit dem Antisemitismus. Wenn du sagst, dass du Jude bist, rufen die gleich: Free Palästina. Aber als Jude kannst du deine Identität immerhin verstecken, wenn du das willst. Als Frau kannst du das nicht.

Sobald Frauen rappen, sind ganz viele Kommentare von der Fanbase zu hören und zu lesen. Nach dem Motto: »Ey, was macht sie hier! Warum ist sie nicht in der Küche?« Das macht es für die Mädels total schwer, sich einen Platz als Rapperinnen zu erobern. Das schaffen nur ganz wenige, wie Schwester Ewa, Eunique oder SXTN. Aber die meisten denken wohl, dass es ein aussichtsloser Kampf ist, sich in der Rap-Szene als Frau durchzusetzen. Ich glaube auch nicht, dass es Erfolg hätte, wenn Frauen ein eigenes Format wie Rap am Mittwoch machen würden. Da würden einfach zu wenige Künstlerinnen kommen und mitmachen. Das ist schon krass – Frauen sind heute Pilotinnen und fliegen sogar ins Weltall, aber in Deutschland als Rapperin haben sie kaum eine Chance.

Rap hat sehr viel mit Wettbewerb, mit Sich-mit-anderen-Messen zu tun. Und das liegt sicher eher in der Natur des Mannes. Oder vielleicht auch an der Erziehung. So eine Competition gibt einem die Möglichkeit, Dampf abzulassen, und das brauchen Männer wohl mehr als Frauen. Breakdance und Sprühen sind auch solche Ventile. Und der Wettbewerb ist eine Chance, wahrgenommen und akzeptiert zu werden. Es scheint irgendwie in der Natur des Mannes zu liegen, sich solchen Dingen auszusetzen. Das hat etwas Archaisches. Sich mal wie ein Gorilla die Fäuste auf die Brust zu schlagen und zu sagen: Ich bin der Geilste. Es gibt viele Möglichkeiten, das auszuleben: Fußball, Boxen oder andere Sportarten zum Beispiel. Rap ist aber vielleicht eine besonders zeitgemäße Art, das zu machen. Er ermöglicht es, sich mit wenigen Zeilen auf einem Beat zum Superman zu stilisieren, den Mädels aufzufallen.

Er entspricht dem Zeitgeist und ist wohl auch deshalb ungemein beliebt gerade bei jungen Männern.

Ich habe ja schon gesagt, Goethe wäre heute vielleicht Rapper, van Gogh vielleicht Sprüher. Das soll auch sagen, dass Rap etwas mit Intellekt zu tun hat. Deshalb glaube ich, dass Frauen genauso gut rappen können wie Männer, wenn nicht sogar besser. Ich muss aber auch sagen, dass zu dem weitverbreiteten Sexismus zwei Seiten gehören – und die andere Seite sind die Frauen selbst. Sie jubeln genauso laut wie die Männer, wenn von der Bühne brutal sexistische Lines kommen. Das scheint sie gar nicht zu stören, ganz im Gegenteil. Ich weiß nicht, wie die Reaktion wäre, wenn eine Frau rappen würde »Ich ficke deinen Vater« oder »Ich ficke deinen Bruder«. Auffällig ist auch, wie Frauen sich oft an Rapper ranschmeißen. Stehst du auf der Bühne, spürst du sofort all die Blicke von Frauen. Bist du erfolgreich, wirst du für sie so richtig interessant.

Klar, Erfolg macht sexy – das ist eine altbekannte Weisheit. Aber im Rap ist das doch überraschender als in anderen Bereichen, eben weil er so sexistisch ist. Innerhalb der Fanbase lehnen sich die Frauen nicht besonders gegen diesen Umstand auf. Ganz im Gegenteil, viele machen irgendwie mit. Einerseits feiern sie feministischen Rap, der die Probleme der Frauen in der Szene und in der Gesellschaft anprangert, andererseits feiern sie dann wieder Texte, in denen Frauen zu willigen Sexsklavinnen degradiert werden. In der Gesellschaft tauchen solche Widersprüche auch auf. Zum Beispiel, wenn sich eine erfolgreiche Geschäftsfrau im Beziehungsleben einem dominanten Ehemann unterordnet. Oder es gibt viele Männer, die sich von dominanten und erfolgreichen Frauen eingeschüchtert fühlen. Andere wiederum fühlen sich zu ihnen hingezogen. Das ist alles sehr komplex, aber im Mikrokosmos Deutschrap gibt es eben kaum erfolgreiche Frauen. Mal schauen, ob das so bleibt. Im Fußball war es ja ähnlich, und erst allmählich setzen sich auch Frauen immer mehr durch. Immer mehr Mädchen spielen heute in ihrer Freizeit oder im Verein von klein auf Fußball – vielleicht wird das ja im Rap auch mal so. Aber die Stars sind auch hier immer noch die Männer, und Männerfußball erreicht auch viel höhere Einschaltquoten im Fernsehen als Frauenfußball.

■ ■ ■ ■ ■

In der Deutschrap-Szene hat sich in den vergangenen Jahren eine ziemlich unschöne Wechselbeziehung von Clubbetreibern und Künstlern mit kriminellen arabischen Clans und sogar dem Rockermilieu entwickelt. Wenn die Rapper eine große Klappe haben und die ganze Zeit über Koks, Drogen und Prostitution quatschen, zieht das genau die Leute aus diesem Milieu an. Und schnell steckst du mittendrin in diesem Kreis von Drogen und Kriminalität, den diese Szene ausmacht. Als Clubbesitzer oder Rapper zahlst du dann Schutzgeld, ohne dass du diese Leute wieder loswirst. Die stellen dir dann die Security. Warum aber knüpfen Clubbetreiber und auch Künstler überhaupt Kontakte zu kriminellen Clans? In der Rap-Szene herrscht oftmals ein großes Aggressionspotenzial durch das Machogehabe vieler Rapper, und es gibt nicht wenige, die deshalb jemanden brauchen, der für ihre Sicherheit sorgt. Oder sie glauben zumindest, dass sie so jemanden brauchen. Und dann gibt es die nicht wenigen Fälle, in denen bestimmte Kreise diese Sicherheitsleistungen – freundlich formuliert – aufdrängen. Die ganze Deutschrap-Szene ist komplett unterwandert von Clans, die aus arabischen Antisemiten bestehen. Seit Jahren sind auch Rockerbanden mit im Geschäft.

Es gibt noch einen Grund, weshalb die Tür eines Clubs oder einer Konzert-Location bei den Clans beliebt ist und sie sich darum reißen, sie unter ihre Kontrolle zu bekommen. Der Club oder die Location ist ein wunderbarer Ort, um Drogen zu verticken. Das kann ein echt krasses Problem werden. Ich kenne Leute, die in

Berlin Läden geführt haben, sehr erfolgreiche Diskotheken und Clubs, auch große. Da standen die Leute von den Clans immer wieder vor der Tür und übten Druck aus, dass sie die Sicherheit übernehmen konnten. Irgendwann wurde der Druck so stark, dass die Clubbetreiber sich nicht mehr anders zu helfen wussten, und Ja sagten. Damit haben sie sich ausgeliefert. Ihnen wurde das Heft aus der Hand genommen. Die Clans bestimmen alles. Das geht so weit, dass dem Clubmanager körperlich Gewalt droht, wenn es zu einem Interessenkonflikt zwischen ihm und dem »Sicherheitschef« kommt, oder wenn irgendwas nicht zur Zufriedenheit der Clan-Chefs läuft. Zum Beispiel wenn es um die Arbeitshaltung ging oder jemand ohne Erlaubnis der »Sicherheit« im Club Drogen verkaufte. Dann konnte es passieren, dass ein Clubmanager auch mal Schellen bekam. Das geschah sogar vor den Augen der Gäste. Inzwischen wachsen die Milieus von Rap und Clans teilweise richtig zusammen.

Bei Rap am Mittwoch versuchten wir es zunächst mit den Sicherheitsleuten des Veranstaltungsortes. Aber ich merkte schon nach sehr kurzer Zeit, dass die das überhaupt nicht im Griff hatten. Schon nach der dritten Veranstaltung entschied ich mich, die Sache selbst in die Hand zu nehmen. Aber irgendeinen Clan reinlassen und Schutzgeld zahlen – das kam für mich überhaupt nicht infrage. Die Vorstellung, dass ich mit meinem Background Schutzgeld an einen arabischen Clan zahlen sollte, war echt krass, völlig undenkbar. Mein Opa hätte sich im Grabe umgedreht. Mit solchen Leuten wollte ich mich unter keinen Umständen einlassen.

Ich habe mir dann bewusst professionelle Leute geholt mit einem professionellen Kopf an der Spitze. Der hat dann auch die ganze Zeit über sehr erfolgreich für mich gearbeitet. Der Chef war ein Iraner. Er hatte natürlich auch seine Kontakte und kannte so einige wichtige Leute, und dadurch wurde er respektiert. Aber es kam oft vor, dass irgendwelche Clans oder Rocker versucht haben, unsere Tür zu bekommen. Da wollten viele rein und Macht bekommen, immerhin wurden wir ja eine ziemlich große und bekannte Veranstaltung. Aber mein Sicherheitschef und seine Leute waren krass professionell, die haben das alles ganz gut von mir fernhalten können all die Jahre. Dafür bin ich ihm sehr dankbar.

Je größer wir später wurden, nachdem ich Rap am Mittwoch neu gestartet hatte, desto stärker wuchs das Interesse, bei uns einen Fuß in die Tür zu kriegen. Aber wir waren knallhart. Wir ließen nicht einmal die Mitglieder der Clans rein, weil wir wussten, dass es denen nicht um die Battles auf der Bühne ging. Nur wer sich wirklich dafür interessierte, durfte bei uns rein. So war die Regel. Eigentlich war das gar nicht meine Entscheidung, sondern die meines Security-Chefs. Er sagte zu mir: »Jonni, wenn du erst mal einen reingelassen hast, wollen die nächsten rein und dann wieder die nächsten und so weiter. Und am Ende hast du alle drin.« Es reiche schon aus, wenn einer auf einem Video auf YouTube vom Mitglied eines anderen Clans gesehen würde. Er hatte recht, und ich hörte auf ihn. Wer keine Ahnung hat, kann sich kaum vorstellen, mit was für einer Feindseligkeit da Leute reinkommen. Das war damals ja auch eine Phase, in der die Berliner Polizei sehr lasch war im Umgang mit Clans und Rockerbanden.

Wie schon erwähnt, haben sich auch die Rockerbanden im Security-Geschäft in der Rap-Szene breitgemacht. Rocker und Rap? Das ist nur auf den ersten Blick überraschend. Denn die Rockerbanden haben sich für Migranten geöffnet, und viele Migranten hören Rap. Da schließt sich ein Kreis. Im April 2010, etwa einen Monat vor dem Neustart von RAM, war ich auf dem Azad-Konzert im Alten Festsaal Kreuzberg. Die Konzert-Location liegt praktisch direkt am Kottbusser Tor. Es irritierte mich sehr, dass die gesamte Security an dem Abend vom Rockerclub der Bandidos gestellt wurde. Die standen da in voller Montur. Ich fragte mich: »Wie kann das sein? Was kriegen wir hier für Zustände?« Azad, der ja schon ziemlich berühmt war, musste sich sogar auf der Bühne bei den Bandidos bedanken, dass sie die Sicherheitsleute gestellt hatten.

Die deutsche Justiz hat dann irgendwann gesagt, okay, keine Kutten mehr. Aber es war eine Zeit lang richtig präsent, dass die Rockerbanden sich in ihren Kutten zeigten.

Mein Sicherheitschef betonte noch etwas: »Auch wenn du Freunde hast, die Freunde aus dem Milieu haben, müssen diese Freunde draußen bleiben.« Mein Kumpel Tierstar hatte Freunde aus diesem Milieu. Eines Tages fragte er: »Unser Sicherheitschef sagt, wenn ich mit solchen Leuten komme, werde er die Leute nicht reinlassen. Was meinst du dazu?« Ich antwortete: »Ich bin der Fachmann für die Bühne, er ist der Fachmann für die Tür. Das ist sein Bereich. Ich rede ihm da nicht rein. Er hat dort das Sagen, er weiß, wie das alles dort läuft.« Es gab Situationen, da musste dann auch Tierstar einsehen, dass diese Türpolitik die einzig richtige war. Auch wenn man mit diesen Leuten voll down ist – man darf sie nicht reinlassen. Tierstar und ich haben uns immer sehr offen darüber unterhalten. Er hat das auch verstanden. Aber die Tatsache, dass er solche Leute überhaupt kannte, zeigt, wie krass verzahnt das alles ist.

Einmal gab es eine Situation, die war schwierig. An diesem Abend wollte Ali Bumaye reingelassen werden. Mein Sicherheitschef entschied, ihn reinzulassen, das war eine echte Ausnahme. Ali Bumaye, Rapper mit palästinensischen Wurzeln, hatte in seinem Track »Voll süß aber« angedeutet, dass er mit dem Abou-Chaker-Clan in Verbindung stand. Aber er ist eben auch Rapper, und deswegen ließen wir ihn rein. Weil er von seinen Körpermaßen krass breit ist und keinen Platz in der Crowd hatte, durfte er sogar hinten auf der Bühne sitzen. Ein paar Wochen später kam er beim nächsten Rap am Mittwoch wieder. Dieses Mal mit einigen bekannten Mitgliedern seines Clans. Da hatte mein Türsteher wieder seine klare Linie. Er sagte zu Ali Bumaye: »Du kannst rein, Ali, du bist Rapper. Aber die anderen, das geht nicht.« Was dann passierte, erzählte mir mein Türsteher-Chef anschließend. Ali Bumaye warf ihm vor, zu tun, was »der Jude« ihm sage. Meinen

Security-Mann hat diese Provokation nicht sehr beeindruckt. An diesem Abend stand dieser Iraner stabil an meiner Seite, an der Seite des Juden.

· · · · ·

Eine wichtige und spannende Entwicklung innerhalb der Rap-Szene ist die Entstehung des Battle-Rap. Sie geht bis in die 1970er-Jahre zurück. Ich habe schon kurz über die Entstehung des Rap in den Siebzigern erzählt. Die Rapper wurden vom Pausenfüller zur Frontfigur. Zuerst machten sie eigentlich nur das Gleiche wie vorher, nur eben jetzt länger und mit Beats. Aber dann kamen auch Inhalte ins Spiel. Man reflektierte über die Gegend, in der man wohnte und so etwas. Aber es gab auch weiterhin Rapper, denen es mehr um die Party ging und die zum Beispiel mit Kostümen auftraten und Bühnenshow machen wollten. Aber die Leute, die ihre Lebensrealität widerspiegeln wollten, wurden immer mehr. Einer fing an, andere zu dissen, dadurch kam eine Rivalität ins Spiel. Dabei ging es aber immer nur um die musikalisch-künstlerische Rivalität. Das entwickelte sich bald zu einem ganz eigenen Sub-Genre mit eigenen Songs, Veranstaltungen und Formaten.

Die einen dissten eher auf intelligente Weise, die anderen kamen mit Lines an wie »I fuck your mother«. Die Grenzen, was gesagt werden durfte und was nicht, wurden kontinuierlich immer weiter ausgedehnt. Immer war das Publikum irgendwann gelangweilt, und es kam ein Rapper, der die Grenze weiterzog. Das wurde teilweise immer plumper. Plump sein ist viel einfacher, als jemanden auf intelligente Art anzugehen. Diese Richtung gab und gibt es auch, aber da es eben viel schwieriger ist, ist sie klar in der Minderheit. »Fick deine Mutter, du Hurensohn« versteht jeder, auch ohne zu denken und sogar, wenn man besoffen ist. Die Entwicklung war in den USA und in Deutschland ziemlich ähnlich, allerdings sind die Amis schneller von allzu plumpen Sprüchen gelangweilt als die Deutschen. Das Wort »Hurensohn« löst, auch viele Jahre nachdem es Einzug in den Rap hielt, immer noch Begeisterung aus. Dafür sind die Deutschen bei einer anderen Sache mit keinem anderen Land der Welt vergleichbar: Hierzulande Lines über den Holocaust zu bringen ist etwas ganz anderes als in Frankreich, England oder den USA.

Im Laufe der Zeit entwickelte sich daraus in den USA der Battle-Rap. Erst gab es Open-Mic-Sessions, da wurden schon Rivalitäten mitgebracht oder sie entstanden während der Cypher. Ein Competition-Denken ist sowieso immer dabei – wenn jemand vor mir rappt, dann will ich einerseits einen Text bringen, der auf seinen Text eingeht. Und andererseits will ich besser sein als er. Das ist der Motor für den Progress, für den Wunsch, immer besser zu werden. In welche Richtung die Battles gehen, hängt sehr von dem Land, der Stadt oder auch der Hood ab, in der sie stattfinden. Da kann es große Unterschiede geben – in einer bürgerlichen Gegend wird es gesitteter abgehen als in einer Brennpunkt-Gegend. In den USA geht es anders ab als in Deutschland und in Berlin anders als in Stuttgart. Deshalb ist es auch nicht möglich, einen Zentralverband der Battle-Rapper zu gründen. In den USA setzte sich unausgesprochen eine Regel durch. Man darf fast alles sagen, aber als Weißer nicht das N-Wort. Aus Erfahrung wusste man, dass es zu Gewaltausbrüchen kommen kann, wenn dieser Kodex nicht beachtet würde.

Ich habe immer darauf hingewirkt, dass wir uns in Deutschland daran orientieren und keinerlei Begriffe aus dem Nazi- und Rassistenjargon verwenden. Aber ich konnte natürlich nicht alleine irgendwelche Regeln erfinden, an die sich alle halten müssen – ich bin ja nicht der Godfather of Battle-Rap. Ich erließ, so gut ich es konnte, für Rap am Mittwoch Regeln, aber sie galten eben nur für meinen eigenen kleinen Kosmos. Ich maßregelte Worte wie das N-Wort, »Judenpack« oder »Moslemsau«, aber Lines, die in einem bestimmten Kontext standen und keine komplette Menschengruppe pauschal entwerteten, waren nach meinem Verständnis von Battle-Rap, allerdings nur innerhalb eines Rap-Battles, noch ertragbar, selbst wenn sie außerordentlich geschmacklos waren. Deswegen blieben Lines wie »Ich bin so respektlos und piss an die Klagemauer« oder »Ich ficke deine Freundin Richtung Mekka« zulässig. Mit derartigen Lines beleidigt man zwar religiöse Symbole, aber entwertet oder entmenschlicht noch keine komplette Gruppe von Menschen. Denjenigen, die mir jetzt vorwerfen, das sei alles Haarspalterei, möchte ich sagen: Qualitative Unterschiede zu benennen ist keine Haarspalterei und Blasphemie ist kein Rassismus.

Es gibt natürlich immer Leute, die das mit Tricks umgehen. Beliebt ist zum Beispiel zu sagen: »Wenn ich ein Nazi wäre, würde ich das und das sagen. Bin ich aber ja nicht, deswegen sage ich es nicht.« Oder einer bringt bewusst einen Satz nicht zu Ende, sondern rappt: »I pull the trigger, because you are a …« So was kommt durchaus öfter vor. Er hat es nicht gesagt, aber jeder hat an das N-Wort gedacht. Der Rapper kann aber immer behaupten, er habe einen anderen Reim benutzen wollen, vielleicht »sinner« oder »snitcher«. Durch solche Tricks ist es unmöglich, das Ganze in einen Rahmen zu bringen, der nicht dehnbar ist. Wir hatten für Rap am Mittwoch einen Katalog von Regeln aufgestellt, aber dabei ging es mehr um den Ablauf der Cyphers. Ich musste mir jedenfalls bei Rap am Mittwoch zahllose Juden-Lines anhören, die alle einen Kontext hatten – wie zum Beispiel »Ich dreh durch wie Hitlers Gaszähler« oder »Du landest eh wieder in Auschwitz«.

Ausgerechnet im Finale der BattleMania Champions League, dem BMCL Battle zwischen Ssynic und Mighty Mo im Sommer 2017, warf Mighty Mo in der letzten Strophe seines Parts dem Comedian und Rapper Ssynic vor, ein Alien in der Rap-Szene zu sein, und baute eine Brücke zu seinem jüdischen Vornamen Samuel. Die Punchline endete ungefähr so: Du bist im Hip-Hop genauso ein

Fremdkörper wie das »Judenpack in Palästina« – »Judenpack«: ein typischer Begriff aus dem Nazi-Jargon. Der ganze Abend, der bis dahin sehr angenehm und gut gelaufen war, wurde durch diese Äußerung vergiftet. Ich fühlte mich plötzlich fehl am Platz auf meiner eigenen Veranstaltung. Als das Gremium Mighty Mo dann auch noch zum Sieger kürte, war ich innerlich zerrissen. Und ich musste ihm dann auch noch den Preis überreichen: 1000 Euro und eine fette BMCL-Kette aus verchromtem Titan. Ich machte gute Miene zum bösen Spiel, doch es brannte in mir. Als ich mich direkt im Anschluss im Interview dazu äußerte und ihn kritisierte, bekam ich anschließend im Internet einen riesigen Shitstorm. Später rief mich Mighty Mo an und entschuldigte sich bei mir, er habe nur die Provokationskarte ausspielen wollen. Er war sich der Wirkung gar nicht bewusst, behauptete er. Aber der Schaden, den er damit angerichtet hatte, war öffentlich und der Damm gebrochen. Dieser Moment war für mich mindestens so aufwühlend wie die Sache mit Deso Dogg.

KAPITEL 7

RAP AM MITTWOCH – KULT AUS KREUZBERG

Ich hatte 2006 der Rap-Szene den Rücken gekehrt und war froh, dieses Kapitel hinter mir zu lassen. Knapp vier Jahre arbeitete ich als Barkeeper, aber ich stellte fest, dass dieser Job nichts war, was ich auf Dauer oder gar für mein ganzes Leben machen wollte. Aber was konnte ich sonst machen? Ich fing eine Ausbildung zum Taxifahrer an, aber dieses trockene Auswendiglernen des Berliner Stadtplans war auch überhaupt nicht mein Ding. Ich bin eben ein kreativer Mensch, und das ließ sich wohl nur eine gewisse Zeit unterdrücken. Dann kam es wieder raus. Zu dieser Zeit ging auch meine achtjährige Beziehung in die Brüche. Das machte mich ziemlich fertig, und ich war eine ganze Weile gar nicht in der Lage, mich auf irgendetwas richtig zu konzentrieren. Ich war orientierungslos und rutschte zum Hartz-IV-Empfänger ab. Mein Berater von der Job-Agentur fragte mich, was ich mir jobmäßig denn so vorstellen könne. Eher so nebenbei erwähnte ich, dass ich früher jahrelang gerappt hatte und mir gut vorstellen könne, an Schulen mit Jugendlichen in dieser Richtung etwas zu machen. Ein Kumpel von mir machte zu der Zeit auch so etwas.

Überraschenderweise sprang er sofort darauf an. Ich wurde für ein paar Monate in ein Jugendzentrum in Schöneberg geschickt. Das war in der Yorckstraße, also hart an der Grenze zu Kreuzberg, und hatte einen hohen Migrantenanteil. Anschließend ging es an

eine Schule in Lankwitz. Dort wurde ich als Sozialhelfer eingestellt. Die Kinder waren zwischen neun und sechzehn Jahre alt.
Ich machte mit ihnen Rap-Workshops, in denen wir zum Beispiel
freestylen übten. So etwas ist eine gute Möglichkeit, ihre Kreativität zu fördern und ihnen gleichzeitig etwas zum Thema Respekt
gegenüber anderen beizubringen. Die Kinder hatten ihren Spaß,
das sah man deutlich, und sie mochten mich wohl auch. Ich selbst
merkte, wie sehr ich den Rap vermisst hatte. Ich fühlte mich wieder in einem Wasser, in dem ich problemlos schwimmen konnte.
Das tat mir sehr gut.

Leider musste ich auch bei dieser Tätigkeit wieder so meine Erfahrungen machen. Im Schöneberger Jugendzentrum fragten
mich einige der Kinder, wo ich denn herkomme. Bald sprach sich
herum, dass ich Jude bin und aus Israel stamme. Prompt kam das
eine oder andere Kind mit den typischen antijüdischen und antiisraelischen Vorurteilen zu mir. Das hatten die von zu Hause, von
ihren Eltern mitbekommen. Bald gab es Kinder, die sich in den
Workshops nicht mehr so vorbehaltlos mir gegenüber verhielten
wie zuvor.

Eine krassere Situation erlebte ich aber auf dieser Schule in Lankwitz. Sie lag genau um die Ecke des deutschen Kindergartens, in
den ich als Kind gegangen war. Ich dachte: »Wow, hier hat es angefangen, und hier bin ich wieder!« Ich ging dreimal in der Woche in diese Schule, um meine Workshops zu geben. Ich glaube,
die Sache in Schöneberg war so als eine Art Test gedacht. Als man
sah, dass ich das gut machte, wurde ich gewissermaßen an die
Schule befördert. Hier waren meine Schüler zwischen neun und
zwölf Jahre alt, Jungs und Mädchen. Ich brachte ihnen Freestyle
bei und erklärte ihnen, was ein Reim ist und wie man einen kreiert. Wir battleten auch ein bisschen – aber natürlich nicht so wie
bei Rap am Mittwoch, wo es darum ging, sich gegenseitig auf der
Bühne zu dissen. Ich erfand kleine Geschichten, zu denen die
Kinder dann rappen sollten. Da war dann einer ein Hai und der

andere ein Delfin – und los ging's. Sie haben dann mit Metaphern und viel Fantasie über ihr Leben im Ozean gebattlet. Das lief richtig gut.

Zwei der Jungs in dem Workshop waren Araber. Die hatten richtig krasses Talent. Als sie über den Delfin, den Hai und den Ozean battleten, war ich voll überrascht über ihren Flow, sie erzählten aus dem Stegreif Geschichten. Kein Wunder, dass ich mich immer darauf freute, sie in meinem Unterricht zu sehen; ich mochte sie richtig gern. Aber von einem Tag auf den anderen tauchten sie nicht mehr auf. Als ich sie zufällig auf dem Schulhof traf, fragte ich sie: »Hi, warum kommt ihr denn nicht mehr zum Workshop?« Einer sagte: »Wir dürfen nicht mehr kommen, unsere Eltern haben uns das verboten.« Ich fragte zurück: »Warum das denn nicht?« Das Erste, woran ich dachte, weil ich das schon öfter gehört habe, war: Unter gläubigen Muslimen gibt es die Auffassung, dass es haram – also verboten – ist, Rapmusik zu hören oder sich daran zu beteiligen. Doch der Junge antwortete: »Weil du Jude bist und weil du aus Israel kommst.« Ich wusste nicht, wie ich darauf reagieren sollte. Dass meine Herkunft der Grund war, überraschte mich in diesem Moment doch wieder. Damit hatte ich nicht gerechnet. Ich kann ja auch nicht ständig mit diesen Vorbehalten durch die Welt laufen, dass ich von jedem arabischen Menschen irgendwie gehasst werde, oder doch?

Kurz dachte ich darüber nach, mit ihren Eltern zu reden. Aber ich war ja nur ein kleiner Sozialhelfer – was hätte das gebracht? Ich ging zur Schulleiterin und erzählte ihr von der Sache. Sie fand das schrecklich und fragte mich, ob sie die Eltern zu einem Gespräch einladen solle. Aber ich war echt überfordert mit der Situation. Ich wusste zu diesem Zeitpunkt auch gar nicht, was ich mit den Eltern hätte besprechen sollen. Die Jungs waren gerade mal Viertklässler. Ich sagte zu der Schulleiterin, dass sie nicht mit den Eltern reden solle. Das hätte gar keinen Zweck, denn das Problem gehe tiefer. Selbst wenn wir diese eine Situation hätten klären können, was ich nicht glaubte, hätte sich letztlich überhaupt nichts geändert, weil das Problem in der Migrantengesellschaft insgesamt liegt. Man denke nur an die muslimischen Kinder, denen die Eltern verbieten, zum Schwimmunterricht zu gehen. Die Sache bestätigte mir einmal mehr: Die ältere Generation hat diese Vorurteile und diesen Hass, das wusste ich ja aus eigener Erfahrung. Jetzt bekommt ihn die nächste Generation eingetrichtert. Und so wird das immer weitergehen.

Meine Zeit mit den Workshops an der Schule lief aus, und ich musste mir etwas Neues überlegen. Meine Liebe zum Rap war durch die Arbeit mit den Kindern wieder voll entbrannt. Damals ging es mit dem Rap gerade wieder bergauf, nachdem er eine Krise durchlebt und eine Weile an Bedeutung verloren hatte. Diese Krise des Deutschrap und Hip-Hop im Allgemeinen war durch mehrere Dinge gekennzeichnet. Einerseits gingen die Verkaufszahlen vieler großer Künstler nach unten, andererseits verlor Hip-Hop-Musik auch in der deutschen Clubszene an Bedeutung. Mit dem Aufstieg der House- und Electro-Szene gab es ein neues Genre, das mehr im Trend lag. Die meisten Clubbetreiber und Veranstalter sprangen auf diesen Zug auf. Dadurch war zwischen 2006 und 2010 Hip-Hop fast vollständig aus den Clubs verschwunden. In Berlin nahm diese Entwicklung noch mehr Fahrt auf, weil es auf Hip-Hop-Partys immer wieder zu gewaltsamen Auseinandersetzungen kam. Der Tiefpunkt war erreicht, als vor einem bekannten Berliner Club während einer Hip-Hop-Party ein Streit eskalierte, bei dem am Ende einer der Beteiligten niedergestochen wurde und noch vor Ort verstarb. Diese Situation schreckte viele Clubbetreiber auf. Die Rechnung war einfach: Um die Sicherheit bei Hip-Hop-Partys aufrechtzuerhalten, war ein größeres Sicherheitsaufgebot erforderlich als bei den friedlichen House- und

Electro-Partys, und daraus zog man Konsequenzen. Bei Hip-Hop-Jams sah es nicht anders aus. Dadurch verlor die Rap-Szene die Begegnungszonen, die lebenswichtig sind für das Fortbestehen und die kulturelle Weiterentwicklung.

Aber nun ging es mit dem Hip-Hop und dem Rap endlich wieder aufwärts, und auch ich ließ mich wieder anstecken. Da kam die Arbeit mit den Jugendlichen gerade zur rechten Zeit. Im Nachhinein kann ich sagen, dass das Jugendzentrum und die Schule so eine Art Beta-Phase für die erfolgreiche Wiederauflage von Rap am Mittwoch waren. Ich stellte dort einmal mehr fest, dass man die Leute mit Freestylen und Battlen begeistern kann. Ich hatte wieder Blut geleckt – aber ich musste mich natürlich auch um einen Job kümmern, schließlich brauchte ich Geld zum Leben. Ich erzählte DJ Pete, meinem alten Kollegen von der KaosLoge, davon. Er hatte damals Kontakt zu einem Modelabel aus Polen mit dem Namen Stoprocent und erzählte mir, die Leute würden gerade jemanden suchen, der Kontakte hat und ihnen in Deutschland den Vertrieb und das Marketing aufbaut, sie wollten ihre Mode hierzulande auf den Markt bringen. Ob das vielleicht etwas für mich wäre? Ich hatte zwar so etwas noch nie gemacht – ich hatte nur ein wenig Erfahrung durch den Verkauf unserer CDs. Aber ich besaß ein Talent zu reden, also schickte ich meine Bewerbung los und wurde tatsächlich zu einem Gespräch nach Stettin eingeladen. In meinem Lebenslauf stand drin, dass ich dieses Rap am Mittwoch von 1999 bis 2000 gemacht hatte. Ich hatte das nicht reingeschrieben, weil ich dachte, das bringt mir einen Vorteil – ich wollte nur dokumentieren, dass ich keine Lücke im Lebenslauf hatte. Das Gespräch lief sehr gut, und überraschenderweise interessierten sich die Leute von Stoprocent gerade für Rap am Mittwoch. Wenn ich so etwas noch einmal aufziehen wolle, würden sie mich dabei unterstützen. Ich nahm das zur Kenntnis, aber es ging ja um einen Vertriebsjob, deshalb beachtete ich das nicht weiter. Ich fing dann mit meinem neuen Job an. Meine Aufgabe war es anfangs, die

Klamotten von Stoprocent in die Shops reinzubringen, die sie mir in einer Liste aufgeschrieben hatten.

Stoprocent verkaufte typische Hip-Hop-Mode. Die Firma war fokussiert auf den Dipset Style, der aus langen Shirts und breiten Hosen bestand. In Deutschland war dieser Trend eigentlich 2010 schon seit Jahren am Abklingen, Stoprocent hinkte also der Entwicklung der Mode etwas hinterher. Aber es gab doch immer wieder Leute, die solche Klamotten suchten, und für sie wurde es immer schwerer, so etwas zu finden. Das war vielleicht die Lücke, auf die die Polen bauten. Ich rief die Leute von den Shops an und versuchte, die Klamotten bei ihnen unterzubringen. Ich kann so etwas ganz gut, weil ich eine lockere Art habe, mit anderen Leuten zu sprechen. Tatsächlich hatte ich auch recht schnell erste Erfolge. Die Leute von Stoprocent hatten als Ziel, in den ersten Monaten auf einen Umsatz von 10 000 Euro zu kommen. Anschließend wollten sie ihn verdoppeln. Ich erreichte die 20 000-Euro-Marke nach einem Jahr und schaffte sogar noch mehr. Das Problem lag bei den Polen: Als wir uns etwas etabliert hatten, wollten die Shops nachbestellen und die Klamotten natürlich auch möglichst schnell erhalten. Wir konnten aber nicht nachliefern. Wenn etwas ausverkauft war, musste man drei Monate auf eine Nachlieferung warten. Es bringt natürlich nichts, wenn du im Sommer Klamotten bestellst, die erst im Herbst eintreffen. Die Marke war für den deutschen Markt in puncto Produktionsabläufe einfach nicht ordentlich aufgestellt.

■ ■ ■ ■ ■

Nach ein paar Monaten fragten die Leute von Stoprocent mich, was eigentlich aus diesem Rap am Mittwoch geworden sei. Ich konnte mir noch immer nicht vorstellen, dass die ein wirkliches Interesse daran hatten. Aber ich entschloss mich, DJ Pete zu fragen, was er davon hielt. Er fand die Idee gar nicht schlecht und bot auch sofort an, mir zu helfen, wenn ich etwas aufbauen wollte. Daraufhin fragte ich noch ein paar andere Leute, die ich noch aus der Rap-Szene kannte. Immer gab es die gleiche Antwort: »Gute Idee, so etwas fehlt total in Berlin.« Auch Vokalmatador fand die Idee super. Zuletzt schrieb ich Sera Finale auf Facebook an, auch er ein alter Weggefährte aus der ersten Rap-am-Mittwoch-Zeit. Er meinte, ein neues Rap am Mittwoch sei genau das, was momentan fehle. Das war die letzte Unze auf der Waage.

Sera Finale hatte recht. Tatsächlich war die Szene damals in Berlin wirklich nahezu tot. Es gab noch das End of the Weak in Friedrichshain, aber da ging fast niemand hin. Die Cypher galt einfach nicht mehr als cool. Battle war dort zudem voll verpönt. Die hatten ein Rap-Show-Konzept, bei dem es mehr um Challenges ging. Da gab es verschiedene Disziplinen, zum Beispiel trat ein Rapper gegen einen DJ an. Der DJ legte Musik auf, und der Rapper musste darauf rappen; dann wurde der Beat schnell geändert, und der Rapper musste darauf reagieren. Aber dieses Duellieren von zwei Rappern untereinander, das haben die voll gehatet. Später, als Rap am Mittwoch erfolgreich wurde, gehörten sie zu den Ersten, die RAM vorwarfen, durch Battles der Hip-Hop-Kultur zu schaden. Aber als ein paar Jahre später DLTLLY plötzlich auftauchte, die auch Battles machten, sprangen sie auf den Zug auf. Lustig, oder?

Das End of the Weak war aber auch praktisch die einzige Veranstaltung, die überhaupt so eine Rap-Cypher anbot. Die Szene im Ganzen betrachtet war wirklich tot. Es gab in Berlin viele verteilte Crews, die alle ihr eigenes Süppchen kochten. Aber es gab kein Zentrum der Szene, keinen Ort, an dem sie sich treffen konnte. Es blieben alle mehr oder weniger unter sich. Also fasste ich mir ein Herz, obwohl ich überhaupt keine Lust hatte, Verantwortung für eine regelmäßig stattfindende Cypher zu übernehmen. Immerhin bedeutete das eine Menge Arbeit: die Location buchen, mit den Besitzern verhandeln und vieles mehr. Das war mir alles too much, und vor allem hatte ich ja einen Job, mit dem ich mein Geld verdienen musste. Aber ich musste mir eingestehen, dass es mich doch in den Fingern juckte.

Probehalber eröffnete ich auf Facebook eine Gruppe. Ich nannte sie die »Rap am Mittwoch Revival Kampagne«. Wenn 50 Leute dieser Gruppe beitreten, schrieb ich, würde ich versuchen, eine Location für eine neue Cypher zu finden. Es dauerte keine 24 Stunden, da waren die 50 Leute zusammen. Ich erhöhte rasch die Bedingung, dass es 100 Leute sein müssten. Wieder dauerte es weniger als einen Tag, bis auch diese Zahl erreicht war. Diese Hürde war der letzte Versuch, die ganze Sache von mir wegzudrücken. Ich dachte auch, dass mir das nötige Selbstvertrauen fehlte, Rap am Mittwoch wieder zu machen. Aber jetzt, nachdem sich 100 Leute auf Facebook gemeldet hatten und die Idee unterstützten, konnte ich nicht mehr Nein sagen. Aus 100 wurden dann übrigens schnell 200. Diese Leute in der Facebook-Gruppe waren zum großen Teil alles Bekannte von damals. Berliner Ursuppen-Underground. Leute, die sich nie über den damaligen Status hinaus weiterentwickelt hatten, aber immer noch vom guten alten Rap am Mittwoch schwärmten.

Und irgendwie verspürte ich ja auch Lust. Ich würde sagen, auf mich traf damals der gute alte Spruch zu: Halb zog es ihn, halb sank er nieder. Ich machte mir also doch Gedanken darüber, wie ich die Sache angehen könnte. Eines Abends ging ich mit DJ Pete auf eine Party von DJ Raz Q. Wir kannten beide DJ Raz Q schon ewig. Er veranstaltete eine Party mit Namen »Faces of Hip-Hop«. Sie fand im Club Bohannon statt, das war eine ganz kleine Location am Alexanderplatz. Früher hatten wir da mal eine Release-Party mit der KaosLoge gemacht, damals hatte der Club aber noch einen anderen Namen. Faces of Hip-Hop war eine ziemlich traurige Veranstaltung mit nur ein paar wenigen Gästen. Aber cool fand ich, dass DJ Raz Q nachts um zwei oder drei Uhr ein Open Mic ankündigte. Jeder konnte auf die Bühne gehen und loslegen. Zu dieser Zeit war das voll ausgestorben, aber früher war es völlig

185

normal, dass mittendrin oder nach einer Hip-Hop-Party einfach mal Open Mic war. Irgendwann gab es dann aber nur noch DJs, die auflegten, und Leute, die dazu tanzten.

Gleich am Tag nach der Party sprach ich DJ Raz Q darauf an und erzählte ihm von meinem Plan. Ich meinte: »Du machst im Prinzip genau das, was wir früher mit Rap am Mittwoch gemacht haben. Wollen wir das nicht verbinden?« Ich sagte ihm, dass ich von einigen Leuten positive Resonanz bekommen hatte. DJ Raz Q musste ich nicht lange überzeugen – er stimmte zu. Er hoffte wohl, dass dadurch zu seiner Party mehr Leute kamen. Aber wir drehten sein Konzept um: Hatte er bis dahin erst Party gemacht und dann Open Mic, begannen wir von nun an mit der Open-Mic-Cypher, und danach ging's zur Party über. Dadurch war der Laden schön voll, wenn die Party losging. Ich hatte damals überhaupt keine finanziellen Interessen an der Sache. Es war am Anfang auch DJ Raz Qs Veranstaltung. Er hatte die Tür, und DJ Pete und ich bekamen eine kleine Aufwandsentschädigung.

So ging es los. Die erste Veranstaltung war am 5. Mai 2010 im Club Bohannon. Komischerweise sollte dann meine letzte Veranstaltung von Rap am Mittwoch auf den Tag genau acht Jahre später, am 5. Mai 2018, stattfinden. Da fand Rap am Mittwoch aber dann am Samstag statt. Dass die erste Veranstaltung im Rahmen der Faces of Hip-Hop-Partys am Mittwoch stattfand, war eher Zufall, passte aber natürlich super. Damals ging es gerade mit dem Hip-Hop wieder aufwärts, die Hip-Hop-Partys schossen überall aus dem Boden. Ich hatte zwei Gründe, warum ich unsere Cypher unbedingt am Mittwoch haben wollte: Erstens, weil ich die Authentizität der alten Rap-am-Mittwoch-Cypher unbedingt aufrechterhalten wollte – das war auch wichtig, weil viele aus der früheren Zeit sie noch kannten. Und dann war da noch die finanzielle Seite: Am Mittwoch gab es einfach so gut wie keine Konkurrenz.

■■■■■

Ich sprach parallel zu unseren Planungen mit den Leuten von Stoprocent. Sie waren sehr froh, dass ich mich entschlossen hatte, Rap am Mittwoch wiederaufleben zu lassen, denn sie erhofften sich davon einen Marketingeffekt. Ich brauchte Promo-Material und ein Logo. Ihr Designer machte mir eins. Ich hatte ihm erzählt, dass viele Leute, die jetzt wieder zu Rap am Mittwoch kommen würden, früher mal von einer großen Karriere als Rapper geträumt hatten. Inzwischen hatten sie Jobs wie KFZ-Mechaniker, aber ihre Liebe zum Hip-Hop war nie erloschen, das Feuer brannte noch. Sie würden nach getaner Arbeit mit schmutzigen Händen zu uns kommen und den Rap als Ventil nutzen, um Dampf abzulassen. Das inspirierte den Designer wohl, und deshalb machte er so ein Logo, das ein wenig an die Arbeiterbewegung erinnerte, mit sozialistischer Anmutung. Es zeigt eine schmutzige Hand, wie von einem Automechaniker, die nach einem Mikrofon greift. Dann wurden Flyer gemacht, aber alles step by step. Die erste Veranstaltung fand noch komplett ohne Design statt. Auf dem Flyer stand nur: »DJ Raz Q präsentiert die Faces of Hip-Hop-Party plus Pre Cypher Rap am Mittwoch«. Diese erste Veranstaltung wurde ein voller Erfolg. Vorher war diese Faces of Hip-Hop-Party ziemlich leer gewesen. Plötzlich waren wir mit Rap am Mittwoch dabei, und sofort kamen doppelt so viele Leute.

Ich wollte ja ganz bewusst an die ursprüngliche Rap-am-Mittwoch-Cypher anknüpfen, und deshalb startete die Show auch wieder mit unserer kleinen Hymne, die Sido zehn Jahre zuvor erfunden hatte. Inzwischen war er seit Jahren ein großer Star. Es kam natürlich ganz gut an, wenn man erzählen konnte, dass unsere Anfangshymne von diesem Superstar stammte. Es war das Symbol dafür, dass unsere Cypher das Sprungbrett für eine große Karriere als Rapper sein konnte.

■ ■ ■ ■ ■

Am ersten Abend ging ich auf die Bühne und moderierte. Das hatte ich noch nie zuvor gemacht. Ich merkte auch, dass ich fünf Jahre lang nicht mehr auf der Bühne gestanden hatte. Das machte mich doch etwas unsicher am Anfang. Aber ich habe eben doch dieses Rap-Ding in mir. Ich sagte: »Ey Leute, mein Name ist Ben Salomo, vielleicht kennen mich einige noch von der KaosLoge.« Ich rappte Sidos Hymne und erzählte den Leuten unten vor der Bühne, von wem sie stammte. Das Publikum war zunächst ziemlich zaghaft. Ich kündigte an, dass wir erst mal ein Open Mic machen würden. Einer traute sich, wollte das Mikrofon aber unten haben. Ich sagte ihm, er müsse schon auf die Bühne kommen. Er nahm seinen Mut zusammen und kam tatsächlich hoch. Allmählich tauten die Leute auf und wurden mutiger. Und sie fanden es offenbar gut, denn in der Szene sprach sich augenblicklich herum, was da in dem kleinen Club Bohannon neuerdings abging. Beim zweiten Mal waren viel mehr Leute als beim ersten Mal, und so ging es weiter. Und bald kamen auch Rap-Größen wie Chefket oder Amewu vorbei.

Ich hatte eine Location, eine Hymne und eine Crowd. Nur eins hatte ich noch gar nicht: irgendein Konzept für die Show. Allerdings hatte ich schon ganz früh, an einem der ersten Abende, eine Idee, die dann geradezu legendär und zu einem unserer Markenzeichen wurde: Mr. Besen. Er hatte seinen Auftritt, wenn wir einen Rapper, der nicht so wirklich gut war, freundlich sagen wollten, dass es Zeit für ihn war, die Bühne zu räumen. Oft war es ja so, dass die Leute ihren eigenen Freundeskreis mitbrachten, der ihnen dann natürlich mächtig Props gab. Das sollte den Eindruck erwecken, dass das Publikum auf seiner Seite ist. Ich als Host durchschaute so etwas aber immer. Wenn ich DJ Pete per Blickkontakt das Signal gab, dass der Rapper nicht so gefeiert wurde, wurde die Musik etwas leiser gemacht. Wenn die Entscheidung dann gegen sie fiel, konnten manche schon mal recht wütend werden. Und wenn es sich um einen krassen Muskelmenschen handelte, war durchaus Vorsicht geboten. Dann kam Mr. Besen zum Einsatz. Später bauten wir LEDs in den Griff des Besens ein, der dann per Leuchtsignal anzeigte, dass der Rapper leider gefegt werden muss. Ich behauptete dann immer augenzwinkernd, dass Mr. Besen ganz allein reagierte und ich überhaupt keinen Einfluss darauf hatte.

Die Idee zu diesem Besen war übrigens schon älter und keine Erfindung von mir. Nach dem Ende der erste Rap-am-Mittwoch-Reihe entwickelten sich in den unterschiedlichen Bezirken Berlins weitere kleine Cyphers. Eine davon war in der H2o Bar in der Kastanienallee in Prenzlauer Berg, nahe des U-Bahnhofs Eberswalder Straße. Das organisierten in diesem Fall aber Damion Davis und Chefkoch, die Ost-Fraktion also. MC Gauner drehte sogar einen Videoclip dort, in dem auch Sido und wir zu sehen sind. Nach dem Video-Dreh gab es ein kleines Battle auf der Straße zwischen dem heutigen Hiob, der sich damals noch V-Mann nannte, und einem anderen Rapper mit Namen Rhymin Simon. Rhymin Simon war von der Westberlin-Fraktion und gehörte zum Umfeld der Sekte, der Crew von Sido, B-Tight und Vokalmatador. V-Mann war sozusagen das Gegenstück dazu, er war von der Ost-Fraktion. Beide waren sich nie so richtig grün geworden. Das hatte vor allem mit diesem West-Ost-Problem zu tun. Es gab dann jedenfalls ein Battle, bei dem eine echte Rivalität herrschte. Hiob war klar besser, aber er hatte weniger Crew am Start. Der andere Rapper war definitiv schlechter, hatte dafür mehr Crew am Start, und dementsprechend war die Crowd-Reaction für ihn größer. Jedenfalls kam dann Rhymin Simon mit einem Straßenkehrer-Besen an, kehrte Hiob damit vor den Füßen herum und schob ihn weg. Das war eigentlich ziemlich respektlos, aber es sah so komisch aus, dass wir alle urplötzlich loslachen mussten. Ich fand das wirklich witzig damals, und jetzt, als wir Rap am Mittwoch wiederauflegten, erinnerte ich mich daran.

Mit dem Besen, der den Rapper quasi von der Bühne fegte, wollten wir Streitsituationen entschärfen. Denn so ein Streit auf der

Bühne kann einen ganzen Abend ruinieren. Da hast du fünf Leute, die sich voll freuen, weil sie besoffen sind und ihr Kumpel das erste Mal auf der Bühne steht. Aber das restliche Publikum, also die große Mehrheit, zieht lange Gesichter. Doch niemand sagt diesem Typen, dass er von der Bühne gehen soll, und niemand nimmt ihm das Mikrofon weg. Das geht auch in Berlin nicht so einfach. Es kann ganz schnell zu einer Schlägerei kommen, wenn man so etwas macht. Berlin ist ja nicht zivilisiert und freundlich wie zum Beispiel Stuttgart. Da denkt jeder an jeden, Berlin ist jeder gegen jeden. Die Ellenbogen raus und eins auf die Fresse, das ist der Berliner Style. Das muss man als Host immer bedenken und darauf achten, dass man das zu jeder Zeit unter Kontrolle hat. Mr. Besen war eine gute Möglichkeit, sich bei einer konfliktträchtigen Situation so aus der Affäre zu ziehen, dass niemand sein Gesicht verliert. Und ich denke, das gelang uns über die Jahre auch ganz gut. Aber wichtig war immer, dass das Publikum, genauso wie ich, jedem erst mal den Respekt gab, den er verdiente. Immerhin hatte er sich auf die Bühne getraut und losgelegt. Das musste gewürdigt werden, denn allein das kostet Überwindung.

■ ■ ■ ■ ■

Wir hatten also eine Hymne von Sido und Mr. Besen – aber mehr noch nicht. Am Anfang war es gar nicht das Ziel gewesen, dass die Leute sich battlen. Ich wollte eigentlich nur eine Open-Mic-Cypher machen. Doch dann stand plötzlich Davinci auf der Bühne, nahm sich das Mic und battlete mich. Das war in keiner Weise abgesprochen, und so war ich auch ziemlich überrascht. Wir hatten aber nicht nur ein, sondern zwei Mics, denn ich hielt noch mein Mikrofon als Moderator in der Hand. Ich dachte mir: Okay, darauf antworte ich! Aber Davinci hörte überhaupt nicht mehr auf. Schließlich wurde mir das zu bunt, und ich fiel ihm einfach in seine Lines und battlete ihn ordentlich zurück. Eigentlich hatte ich gar keine richtige Lust darauf, aber als Host einer Rap-Veranstaltung muss man auch mal unter Beweis stellen, dass man vom Fach ist. Und ich verspürte auch das Verlangen, den Leuten zu zeigen, dass Ben Salomo noch lange nicht eingerostet war. Vielleicht, so dachte ich mir, bin ich nicht der Beste, aber einen Davinci kriege ich noch zusammengefaltet. Genau das habe ich dann auch gemacht. Die Crowd reagierte euphorisch auf meine Konter-Punchlines, bis Davinci genug hatte und aufhörte.

Das Wichtigste war aber für mich, dass Davinci nicht geknickt mit eingezogenem Schwanz von der Bühne ging und sich schlecht fühlte. Ich sagte zur Crowd, dass es ein voll cooles Battle war, bei dem ich auch ein paar blaue Flecken abbekommen habe und sie Davinci Respekt zeigen sollen. Davinci dachte am Anfang, dass ich ihn jetzt hassen würde. Als wir von der Bühne runter waren, ging ich sofort zu ihm und meinte: »Wow, voll mutig, dass du das gemacht hast. Respekt!« Wir unterhielten uns noch etwas und tranken ein Bier. In meinen Augen ist Davinci auch heute noch jemand, der das Timing nicht immer im Blick hat.

Jedenfalls war das nach langer Zeit das erste Battle, das ich hatte. Niemand zeichnete es an diesem Abend offiziell auf, wir hatten keinen Kameramann am Start. Aber ein paar Szenen dieser Cypher wurden von Leuten aus der Crowd mit dem Handy aufgenommen. Schon am nächsten Tag sah ich ein Video auf YouTube. Da kam mir ein Gedanke, und ich eröffnete noch am selben Tag einen eigenen Videochannel auf YouTube: RapAmMittwochTV. Zu dem Zeitpunkt hatte ich noch keine Ahnung von YouTube. Für mich war das eine Plattform, wo Leute wackelige Handyvideos reinstellten, wie jemand auf einer Bananenschale ausrutscht. Darauf, dass mein Channel mal so erfolgreich sein würde, wie es dann geschah, wäre ich nie gekommen. Wir kamen schließlich innerhalb von acht Jahren auf mehr als 112 Millionen Views und mehr als 400 000 Abonnenten!

Was immer noch fehlte, war ein richtiges Konzept. Ich stellte gleich am ersten Abend fest, dass die Leute auf Battle standen und sich davon mitreißen ließen. Also entschied ich, dass Battles einen Platz darin erhalten sollten. Schon ab der dritten Veranstaltung gab es mehr zu gewinnen als nur Ruhm und Ehre, nämlich ein T-Shirt von Stoprocent. Die Sache lief gut an, und wir luden jetzt wöchentlich zu unserer Cypher ein. Nach vier Wochen hatten wir schon ein paar Events gemacht. Aber wir sahen, dass die Leute jeden Mittwoch das Bohannon verließen, sobald das Battle fertig war. Das gefiel DJ Raz Q, der ja der Schirmherr der Party war, natürlich gar nicht. Nach zwei Monaten kam er zu mir und sagte, ich solle doch lieber ohne ihn weitermachen, er habe schon eine andere Location für seine Partyreihe gefunden. Damit wurde ich voll krass ins kalte Wasser geworfen.

■ ■ ■ ■ ■

Ich hatte eigentlich noch immer keine Lust, diese ganzen Aufgaben zu erledigen, die nun auf mich zukamen. Ich sprach mit den Betreibern des Bohannon-Clubs, die ziemlich krasse Bedingungen stellten. Dabei war der Laden eigentlich für unsere Zwecke gar nicht so gut geeignet. Ich musste sogar Bühnenelemente und die Technik selbst mitbringen, und trotzdem war die Raummiete ziemlich hoch. Das nervte mich, und so suchte ich nach etwa zehn Wochen eine neue Location. Ich fand schließlich per Zufall den Calabash Club in der Veteranenstraße, unweit vom Rosenthaler Platz in Berlin-Mitte. Das war eine Location, die eher für ihre Dancehall Events bekannt war. Sie gehörte zum Acud Kunst- und Kulturzentrum, wo auch Film- und Theatervorführungen stattfinden. Geleitet wurde der Calabash Club von Flo, das war ein total netter Typ, und wir wurden uns schnell einig. Flo hatte die Bar und übernahm die Sicherheit an der Tür, ich bekam die Tür selbst. Das war ein fairer Deal, denn in der Regel sind die Einnahmen an der Bar höher als an der Tür, deshalb übernahm Flo noch zusätzlich die Kosten für die Sicherheit. Die Location war erheblich besser ausgestattet, und sie war deutlich größer. Hier passten so um die 300 Leute rein, und wenn es mal ganz voll wurde und man sich zusammenquetschte, auch bis zu 450. Es dauerte nicht lange, bis diese 450 Leute regelmäßig kamen und es sehr eng wurde im Club.

Unsere neue Location war super zu erreichen, und man kam auch spät am Abend mit den öffentlichen Verkehrsmitteln noch gut wieder weg. Sie lag aber in Mitte und gehörte zum Osten Berlins. Prompt kamen wieder Leute zu mir und fragten, warum ich Rap am Mittwoch nicht im Westen mache. Ich wollte von so etwas einfach nichts mehr hören, die Spaltung in den Köpfen musste doch mal ein Ende haben. Die Lage hatte außerdem noch einen Vorteil: Dadurch, dass die Location in Mitte lag, hatte sie in der Rap-Szene kein eigenes Profil. Wären wir damals gleich nach Kreuzberg gegangen, wären nur bestimmte Leute zu uns gekommen und andere ausgeschlossen geblieben. Später gingen wir dann ja tatsächlich nach Kreuzberg – aber da hatten wir schon einen guten Namen, ein ausgewiesenes Profil und unsere eigenen Regeln.

Wir hatten unsere Cypher bis in den Sommer hinein im Bohannon gemacht. Dann gab es eine Art Sommerpause, und schließlich starteten wir im September im Calabash. Wir zogen unsere Veranstaltungen von nun an nur noch zweimal im Monat durch. Flo meinte: »Wenn du längerfristig planst, ist eine wöchentliche Show zu viel, dann kommen nie regelmäßig so viele Leute.« Das war ein guter Tipp, er hatte recht. Wir entschieden uns für den jeweils ersten und dritten Mittwoch im Monat. Das war mit Bedacht so gewählt, denn unser Publikum bestand zu einem guten Teil aus Studenten und Hartzlern, und die verfügten in der ersten Hälfte des Monats über mehr Kohle als gegen Ende. Erfahrene Clubbetreiber wie Flo wussten so was.

Am Anfang kamen zu unseren Cyphers rund 150 Leute. Bald wuchs die Crowd immer mehr an. Wir starteten im Calabash viel profimäßiger als im Bohannon. Ich hatte die Sommerpause genutzt, die Veranstaltung marketingtechnisch vorzubereiten, sie also in der Szene bekannt zu machen. Wir ließen den Begriff »Cypher« wiederaufleben. Er war einige Zeit stark in Gebrauch gewesen, dann aber immer mehr in Vergessenheit geraten. Erst durch uns setzte er sich wieder durch, weil wir ihn auf unsere Flyer schrieben.

Das Konzept entstand schließlich durch die Erfahrungen, die wir in den ersten Wochen und Monaten machten. Das war klassisches Learning by Doing. Ich dachte mir, eine abendfüllende Show sollte etwa zwei bis drei Stunden dauern, kürzer wäre zu wenig und länger zu viel gewesen. Ich überlegte mir, wie man so eine Show gestalten könnte, und beschloss, dass in der ersten Showhälfte die Open-Mic-Cypher als Warm-Up laufen sollte und in der zweiten Showhälfte die Battles als Attraktion. Den Ausklang des Abends würde dann eine Party bilden. Das war das grobe Konzept. Zwischen zwei und drei Uhr nachts sollte dann aber auch Schluss sein, denn es war ja Mittwoch, und ich musste am nächsten Tag um neun Uhr im Büro von Stoprocent auf der Matte stehen. Der Einlass war um 20 Uhr, Showbeginn ab 21 Uhr.

⬛ ⬛ ⬛ ⬛ ⬛

Mir wurde immer klarer, dass auch das Battle selbst ein Konzept und Regeln brauchte. Aber wie nur sollte es aussehen? Ich war schon damals mit Tierstar befreundet, und er wurde für mich zu einer Art Beispiel – wenn ich ihn sah, hatte ich einen typischen Rapper vor Augen. Er gehörte zu der Fraktion, die nicht so gut Freestylen konnte, aber immens gut im Schreiben von Texten war, die man dann im Acapella einsetzten kann. Acapella ist eigentlich die Königsdisziplin des Rap. Die deutsche Rap-Szene sah das damals aber anders – sie wollte partout nur Freestyle.

Sobald Acapella gerappt wurde und Künstler vorgeschriebene Texte hatten, wurde die Crowd unzufrieden. Man musste den Leuten erst mal beibringen, dass Acapella geil ist. Das gelang uns auch zum Glück, und dann sprangen alle anderen auf den Zug auf. Wir haben damals echte Pionierarbeit geleistet. Aber um das zu erreichen, brauchte ich ein ausgefeiltes Konzept, das ich mir binnen kurzer Zeit erarbeitete. Ich nannte es BattleMania – den Begriff lehnte ich an den Begriff Wrestlemania an, womit ein großes Wrestling-Event gemeint ist. Es musste ja irgendwie eigen und eingängig sein. Ich hatte dieses Markenverständnis intuitiv drauf, ohne dass ich das gelernt hatte. Zuerst fürchtete ich allerdings, die Leute würden mich wegen dieses Namens auslachen, aber tatsächlich fanden sie ihn ziemlich cool.

Die BattleMania sollte sich aber nicht nur durch den Namen abheben, sondern auch durch das Konzept. Ich wollte ein Konzept, das einzigartig war. Ich überlegte mir, dass ein Battle mit Freestyle und vier Takten nichts Neues mehr wäre. Bei einem One-on-One-Battle auf Zeit dagegen gibt es keine Einschränkung durch Takte, sondern eben durch die Zeit. Also jeder rappt eine Minute zum Beispiel. Eine ganze Minute, also 16 Takte, durchzurappen ist aber schon eher etwas für Fortgeschrittene, vier Takte dagegen sind etwas für absolute Anfänger. So entschied ich mich für die Mitte, also acht Takte. Da muss man schon was können, aber es reicht auch aus, wenn man Mittelmaß ist. Aber die acht Takte machten auch krasse Punchlines möglich.

Aber purer Freestyle war mir nicht genug, weil man nur durch Freestylen nicht den besten Rapper findet. Er muss mehr draufhaben. Um herauszukristallisieren, wer auch im Acapella gut funktioniert, musste ich ab dem Halbfinale eine Text-Komponente einführen. Um was es in den Texten geht, ist vollkommen egal. Es muss kein Battle-Text sein, man kann auch über Blümchen rappen. Es geht nur um die Text-Writer-Skills. Wenn im Halbfinale ein Rapper die Freestyle- und die Textrunde für sich entscheiden konnte, war er durch und der andere raus. Wenn es aber 1:1 stand, kam als dritte Disziplin Acapella ins Spiel. Das

Wichtigste beim Acapella – und das mussten die Leute am Anfang erst lernen – ist, dass alles erlaubt ist. Das bedeutet nicht, dass man alles sagen darf, sondern dass man sich aus seinem kompletten Repertoire bedienen darf. Es bedeutet, dass man geschriebene Texte performen darf. Man darf einzelne Punchlines, die man sich vielleicht auf der Toilette ausgedacht hat, nutzen. Man darf aber auch komplett freestylen oder alles miteinander mischen. Gegen Acapella gab es anfangs die größten Widerstände. Die Leute verstanden das einfach nicht. Sie schimpften, »Battles ohne Beat sind voll scheiße« oder »Acapella ist ja kein Freestyle«. Wir brachten ihnen bei, dass Acapella tatsächlich sogar schwieriger ist, denn erstens muss man sich mehr vorbereiten, zweitens muss der Text genau auf den Gegner passen, drittens muss man ihn auch gut rüberbringen, und viertens gibt es keinen Beat mehr, der die Schwächen des Rappers kaschieren kann. Man versteht jedes Wort, und jede textliche Schwäche wird sofort bemerkt.

Es dauerte wirklich lange, bis die Leute das verstanden und akzeptiert hatten. Und wie schon gesagt: Tierstar war für dieses Konzept so ein bisschen die Schablone. Er war damals noch kein guter Freestyler, das kam erst später. Eigentlich versuchte ich, das Konzept so zu gestalten, dass jemand wie Tierstar die Chance hatte weiterzukommen. Nicht nur weil er mein Freund war. Ich fand das fair, denn Tierstar war ein echtes Arbeitstier. Er war der krasse Arbeiter, hatte aber flowtechnisch nicht so viel Talent. Solche Leute hatten damals nur selten eine Chance, gegen die Naturtalente zu gewinnen, wenn es ausschließlich um Freestyle ging. Also erschuf ich ein Format, das für beide Vorteile bringt und beide auch vor Schwierigkeiten stellt. Rap am Mittwoch wurde durch dieses Konzept quasi zu einer Art Triathlon. Dementsprechend gab es Leute, die Vorteile und Schwächen in den unterschiedlichen Disziplinen hatten. Am Ende zählte das Gesamtergebnis. Die Teilnehmer wählte ich während der Warm-Up-Cypher aus. Das geschah nicht willkürlich, sondern in Interaktion mit dem Publikum und den Rappern.

Damit stand das Konzept: BattleMania Vorrunde mit vier Matches, BattleMania Halbfinale, BattleMania Finale. Am Beginn warf ich eine Münze, und der Gewinner durfte entscheiden, ob er selbst anfangen oder dem anderen den Vortritt lassen wollte. In der ersten Runde, an der acht Rapper teilnahmen, gab es die Disziplin Freestyle. Die Kontrahenten mussten drei Mal im Wechsel acht Takte über einen Beat rappen. Das wurde zunächst in der zweiten Runde, dem Halbfinale, wiederholt. Anschließend rappten sie drei Mal im Wechsel acht Takte über einen Beat, gefolgt von einer Textrunde mit mindestens zwölf Takten. Sollte es danach unentschieden stehen, mussten die Gegner anschließend eine Runde Acapella rappen, und zwar 45 bis 60 Sekunden. Im BattleMania Finale gab es ein Match in der Disziplin Acapella. Jede Seite musste zweimal 60 bis 90 Sekunden rappen.

Das Publikum entschied bei jedem Battle, welcher Rapper besser gewesen war. Ich hatte beschlossen, das Publikum abstimmen zu lassen, anstatt die Entscheidung in die Hand einer Jury zu legen. Denn ich wollte, dass die Crowd sich einbezogen fühlte. Dabei ging es aber nicht um Lautstärke, wie man es früher mal gehandhabt hatte, sondern abgestimmt wurde per Handzeichen. Ich sagte dem Publikum immer wieder, dass es nur über die Darbietung entscheiden solle. Nach dem Finale folgte noch das King-Finale: Der Sieger trat gegen den Gewinner der vorherigen Veranstaltung an. Ich hoffte, dass so eine Art Story entstehen würde, die in die jeweils nächste BattleMania reichen sollte.

■ ■ ■ ■ ■

Bald stellte ich fest, dass ich mehr Preise für die Sieger brauchte. Stoprocent erhöhte den Preis auf 100 und später auf 200 Euro. Und noch etwas anderes kam hinzu: Da war immer ein Typ mit einer Kamera bei uns und filmte die Veranstaltung. Ich dachte mir zuerst, mit welchem Recht der das eigentlich machte, und wollte es unterbinden. Doch dann entschied ich mich um und fragte ihn, ob er nicht Lust hätte, die Veranstaltung in unserem offiziellen Auftrag für RapAmMittwochTV zu filmen. Er wollte – und von da an war er über Jahre mein Kameramann. Anfangs konnte ich ihm kein Honorar bezahlen, denn wir hatten ja selbst kaum Geld. Aber er machte den Job trotzdem, weil es ihm Spaß machte. Erst als ich meine Anforderungen ein wenig höherschraubte und etwas aufwendigere Sachen erwartete, fragte er nach einem Honorar. Aus meinem Bekanntenkreis kam bald noch ein weiterer Kameramann dazu, der ihm unter die Arme griff. Er wurde unser Cutter. Nach und nach wuchs mein Team. Nun musste ich plötzlich Gehälter zahlen und auf die Wirtschaftlichkeit der Veranstaltung achten. Das ist ein richtiges Kunststück in einer Szene, wo jeder auf der Gästeliste stehen möchte und sein Geld am liebsten nur für Drogen und Alkohol ausgibt.

Ich suchte auch für die Mitschnitte ein Konzept. Man konnte daraus eine richtige Online-Show machen, ein echtes YouTube-Format. Ich überlegte, wie ich das für den Online-Zuschauer, der eigentlich mit Rap am Mittwoch nichts am Hut hatte, spannend machen könnte. Mir war klar, dass ich nicht einfach jeden Teilnehmer zeigen konnte, schließlich kamen pro Cypher im Durchschnitt 50 bis 60 Rapper auf die Bühne. Wenn jeder nur zwei Minuten rappt, wäre das ein Video in Überlänge geworden, das sich niemand komplett anschauen würde. Ich beschloss, dass die Clips von der Cypher nur in Ausnahmefällen 20 Minuten überschreiten sollten, ideal für YouTube waren zehn bis 20 Minuten. Dabei orientierte ich mich an diesen Castingshows im Fernsehen und brachte jeweils die schlechtesten und die besten Rapper. Also diejenigen, die auffielen, egal ob positiv oder negativ. Das ganze Mittelmaß schnitten wir raus. Da es ein Videoformat war, veranlasste ich, dass auch die Namen der Leute eingeblendet werden, die auf der Bühne performten. So wollte ich erreichen, dass die unbekannten Rapper bekannter wurden. Schließlich sollte mein Slogan »Hol dir dein' Fame!!!« nicht bloß ein leeres Versprechen sein. Und natürlich musste auch das Publikum in den Videos immer wieder auftauchen. So hatten wir nach ein paar Monaten unser Konzept gefunden – sowohl, was die Live-Show anging, als auch, was das Videoformat betraf.

■ ■ ■ ■ ■

Stoprocent profitierte von RAM und wurde noch bekannter, und genau das wurde ihnen auch zum Problem. Ich präsentierte deren Logo, es gab ein Banner auf der Bühne, ich trug Klamotten von denen. Bald gingen die Verkaufszahlen hoch – und nach etwa eineinhalb Jahren kamen sie in Lieferschwierigkeiten. Sie konnten die Nachfrage in Deutschland einfach nicht mehr bedienen, hatten aber gleichzeitig relativ hohe Kosten. Zugleich stiegen damals gerade wieder die Baumwollpreise stark an, weil es in Pakistan ausgedehnte Überschwemmungen gab und Ernten vernichtet wurden. Sie hätten also höhere Preise nehmen müssen, aber die ließen sich nicht durchsetzen, denn es gab ein Imageproblem. Polen gilt in Deutschland als Land von Billigprodukten, Stoprocent war aber eine Premiummarke, in Polen gehörte sie zu den Top-drei-Marken. Schließlich entschieden sie sich, ihr Schwergewicht in Polen zu lassen, weil sie fürchteten, sie könnten den polnischen Markt, der ihr Hauptstandort war, verlieren, wenn sie ihn zugunsten des deutschen Marktes vernachlässigten. Daher beschlossen sie, sich nach etwa anderthalb Jahren, vom deutschen Markt wieder zurückzuziehen. Ich verlor dadurch meinen Vertriebsjob. Rap am Mittwoch war zu dieser Zeit zu einem Nebenverdienstjob geworden, aber leben konnte ich nicht davon. Ich stand vor der Frage, ob ich RAM, das ja schon ziemlich erfolgreich lief, ohne Stoprocent weitermachen sollte.

Ich entschied mich dafür und beantragte beim Jobcenter einen Gründungszuschuss.

Zu dieser Zeit kamen auch bereits Leute aus anderen Städten nach Berlin, um bei uns mitzumachen. Das war eigentlich geil, aber wie die Berliner so sind, fingen sie laut an zu buhen und zu dissen, wenn jemand auf die Bühne kam und sagte, dass er aus Hannover oder München kam. Ich sagte dann immer, dass es doch cool sei, ein echter Liebesbeweis für Rap am Mittwoch, wenn ein Rapper extra aus einer anderen Stadt käme, um bei uns aufzutreten, und ich fand, der Respekt, den er von der Crowd bekommen sollte, müsste umso größer sein, je größer die Entfernung war, aus der er anreiste. Doch das Publikum tickte oft anders, die Leute haben eben ziemlich viele Mauern in den Köpfen.

RAM wurde bekannter, und selbst Kool Savas kam zu uns, um sein neues Album *Aura* zu promoten. Er stand plötzlich als Überraschungsgast auf der Bühne – und die Leute flippten völlig aus. Er hatte mich vorher angerufen, mich aber gebeten, ihn nicht anzukündigen. Wir hatten aber doch ein wenig Werbung für *Aura* gemacht, und wenn man eins und eins zusammenzählte, konnte man sich schon denken, dass Kool Savas bei RAM auf die Bühne steppen würde. Trotz solcher Erfolge konnte ich aber von Rap am Mittwoch nicht leben, es war, nach Abzug aller Kosten, nur ein Zubrot. Ich spielte ernsthaft auch mit dem Gedanken aufzuhören. Ich hatte ausgerechnet, dass ich, um überhaupt einen Euro zu verdienen, mindestens 450 zahlende Gäste brauchte – so viele konnte man gerade noch ins Calabash hineinquetschen, aber das war keine Lösung auf Dauer. Mir war klar: Entweder ich gebe Rap am Mittwoch auf – oder ich setze alles auf eine Karte. Ich nahm meinen ganzen Mut zusammen und entschied mich für die zweite Option.

Ich machte mich auf die Suche nach einer neuen Location und fand schließlich das Bi Nuu am Schlesischen Tor in Kreuzberg. Als ich den Laden das erste Mal von innen sah, war ich ganz schön eingeschüchtert, denn da passen offiziell 600 Leute rein und tatsächlich wohl gut 750. Ich dachte, wow, den Saal musst du erst mal voll kriegen. Die Technik war besser, das Licht ebenso. Alles war weniger Underground-mäßig. Wir zogen um und machten weiter. Meine Leute waren motiviert und machten mit. Zum Kernteam gehörten damals DJ Pete, Tierstar, und häufig war auch Mike Fiction dabei. Tierstar hatte anfangs weniger mit der Organisation zu tun, sondern war oft als Rapper am Start. Mit Mike Fiction drehte ich ein Video, um die Szene von der neuen Location zu überzeugen. Es gab natürlich viele, die herummäkelten, wir würden nun noch größer und noch kommerzieller. Aber all diese Leute fahren jedes Jahr gerne zum Splash-Festival, feiern dort neben den riesigen Werbebannern der großen Konzerne jedes kommerziell erfolgreiche Musikprodukt und prostituieren sich, wenn es ihnen etwas bringt. Uns jedenfalls gelang es, unsere Fanbase zu überzeugen: Sie zog mit ins Bi Nuu.

Trotzdem hatte ich richtig Angst, wie es wohl weitergehen würde. Umso mehr Leute nun zu Rap am Mittwoch kamen, umso mehr investierte ich in Technik und Personal. Ein bisschen so wie das Kaninchen, das sich die Möhre immer höher hängte und dann immer höher springen musste, um sie zu erreichen. Ich vergab etwa 250 Membercards an Rapper und Szenegrößen, mit denen die Besitzer kostenlos bei uns reinkamen. Im Gegenzug erwartete ich dafür, dass sie regelmäßig ins Mic steppten, unsere Videos teilten und likten. Nicht wenige von denen waren noch völlig unbekannt, als sie bei uns auftraten. Wenn sie dann allmählich ein wenig Relevanz bekamen, waren sich viele plötzlich zu fein, bei uns aufzutreten. Einige fingen sogar an, über die Newcomer zu lästern. Sie begannen uns zu haten und wollten nicht mehr mit uns in Verbindung gebracht werden. Je größer wir wurden, umso größer wurde auch die Menge der Leute, die uns kritisierte – und darunter waren einige, die uns viel zu verdanken hatten. Ich denke da beispielsweise an Atzenkalle, aber es gibt da noch eine ganze Reihe anderer. Die begriffen nicht, dass wir eine Talentschmiede waren und deshalb auch Anfänger auf die Bühne ließen. Dieses Nach-unten-Treten ist für mich eine typisch deutsche Eigenschaft. Sie teilten auch nicht mehr die Videos, um uns zu supporten. Aber den Vorteil, bei uns mit der Membercard umsonst reinzukommen – den wollten sie natürlich nicht aufgeben. Ich war aber zu stolz, sie zu fragen, warum sie nicht mehr unsere Videos teilten. Ich musste dann die Entscheidung treffen, einigen Leuten die Membercards wegzunehmen. Das erzeugte natürlich erst recht böses Blut. Von einigen bekam ich das Image verpasst als Jude, der viel Geld verdient, und von den andern das Image als Jude, der andere ausschließt. Wenn sie keine rationalen Argumente hatten, kamen sie eben mit dem Judenargument.

Durch uns gelangten viele Künstler zu erster Bekanntheit, ohne uns wären diese Leute vielleicht nie so berühmt geworden, wie sie es wurden, und hätten auch niemals so viel Relevanz erlangt oder eine Karrierebasis erhalten. Zu ihnen gehörte, wie schon gesagt, Atzenkalle, dann sicher Marvin Game, Tighty, Takt 32, Fresh Polakke, Gozpel, Karate Andi, ein echter Chartstürmer. Und Laas Unltd., der eigentlich schon weg vom Fenster war, weil er von Kollegah total gedisst wurde, und der durch ein Battle gegen Drop Dynamic bei uns überhaupt erst rehabilitiert wurde. Dazu Finch, Drop Dynamic, Bong Teggy, Ssynic und natürlich Capital Bra, dessen Videos bei uns unglaublich erfolgreich waren und der im Jahr 2018 der am meisten gehypte Rapper in Deutschland war. Er schaffte es, sechs Singles hintereinander auf Platz 1 der Charts zu bringen – das ist ein Rekord, der bis dahin nur den Beatles gelungen war. Capital Bra ist ein echtes Kind von Rap am Mittwoch. Er vereint in seiner Person viele Faktoren: Er spricht die Sprache der Migranten; er ist Russe und spricht die Sprache der osteuropäischen Migranten und Aussiedler; und zugleich spricht er auch noch die Deutschen an. Soundmäßig ist er total da, wo der Zeitgeist ist, und seine Texte sind zum Teil wirklich sehr geil. Er hat eine Gabe, ein gutes

Auftreten, er ist total verrückt und hat vor niemandem und nichts Angst – das sind genau die Eigenschaften, die du brauchst, um in der Rap-Szene nach oben zu gelangen. Ich glaube, er wird an allen vorbeiziehen, auch an Bushido. Ich feiere Capital voll und jedes Mal, wenn ich aus einem Auto seine Musik herauswummern höre, denke ich, dass er gewissermaßen mein Kind bei Rap am Mittwoch war. Und schließlich nicht zu vergessen die Leute, die schon beim ersten Rap am Mittwoch dabei waren: Sido, B-Tight, Taktloss, Mach One, Sera Finale, Frauenarzt und viele mehr. Ich denke, Rap am Mittwoch hat mehr bekannte Künstler hervorgebracht als Royal Bunker – und das, obwohl RAM niemals ein Label war.

Rap am Mittwoch wuchs nach dem Umzug ins Bi Nuu weiter, und ich erreichte eine gewisse wirtschaftliche Stabilität. Doch ich investierte das Geld gleich immer wieder. Genau genommen war es in der Regel so, dass ich zuerst investierte und dann das Geld wieder reinholen musste. Ich war also immer in einer gewissen Schieflage. Rap am Mittwoch war niemals in der Lage, sich komplett so zu finanzieren, dass ich von der vielen Arbeit, die ich damit hatte, hätte leben können. Deshalb suchte ich nach dem Ausscheiden von Stoprocent nach einem neuen Sponsor. Ich arbeitete mit Defjay Radio zusammen, die mir einen befristeten Sponsoring-Vertrag gaben und eine kleine Summe pro Monat zahlten. Es gab aber später Ärger, weil sie das Geld trotz des Vertrags nicht zahlen wollten. Ich musste mir dann mein Geld mithilfe eines Anwalts besorgen. Das gelang auch, aber da ich die Anwaltskosten tragen musste, hatte ich am Ende, nachdem es zu einem Vergleich gekommen war, weniger als ursprünglich vereinbart. Danach gab es andere kleine Sponsoren. Dennoch wurde von manchen behauptet, Ben Salomo verkaufe für Sponsorengelder seinen Arsch und stecke sich alles in die Tasche. Tatsächlich waren es immer nur Verträge, die mir das Weitermachen überhaupt ermöglichten. Hätte ich das nicht gemacht, wäre es das Ende von Rap am Mittwoch gewesen. Und es gab Leute, die das herbeisehnten.

Zu dieser Zeit gab es auch schon DLTLLY. Ihre ganze Existenz gründete sich eigentlich nur darauf, Anti-RAM zu sein, obwohl ich sie am Anfang supportete. Wir waren die Etablierten, sie die Underdogs. Oder besser: Sie gaben sich so. Dort traten Rapper auf, die nun ganz öffentlich das rappten, was vorher an Kritik gegen uns nur hinter vorgehaltener Hand gesagt wurde. Einer von den Leuten, die uns dort besonders verunglimpften, war deren Host Big Chief. Er hatte eigentlich bei uns als Talent-Scout anfangen wollen, aber wir hatten abgelehnt. Seitdem sah er seine Lebensaufgabe darin, uns hinter den Kulissen schlechtzumachen, während er nach außen hin immer einen auf Support machte. Ab und zu konnte Big Chief auch mal das N-Wort rausrutschen, und so schwang auch bald dieses Judending bei ihm mit. Irgendwann war er dann plötzlich Best Buddy mit diesem inzwischen verstorbenen Rapper, von dem ich schon erzählte und der einer der Haupthetzer gegen mich in der Szene war.

All diesen Widerständen zum Trotz stießen wir nach drei Jahren im Bi Nuu erneut an unsere Grenzen, was den Platz für das Publikum anging. Der Laden platzte aus allen Nähten. Ich entschied mich, RAM in Berlin nur noch einmal im Monat zu machen. Für die zweite Veranstaltung fuhren wir von nun an immer in eine andere Stadt. Das waren Köln, Hamburg, Frankfurt und München, und die Sache war ziemlich erfolgreich. Das machten wir anderthalb Jahre, aber ich stellte fest, dass die Organisation und die vielen Reisen einfach eine riesige Belastung waren. Es kamen auch noch andere Dinge dazu – die Schwangerschaft meiner heutigen Frau, und die Krankheit meines Vaters brach wieder aus. Und so fragte ich mich, ob ich diese Belastung für diese Szene, die mich immer stärker ankotzte, tatsächlich noch auf mich nehmen wollte. Ich fürchtete, dass ich dabei kaputtgehen würde.

Finanzielle Unsicherheit, persönliche Beanspruchung – das war eigentlich schon genug. Aber was mir meine Motivation und meine Begeisterung endgültig nahm, war dieser Antisemitismus in der Szene. Im Herbst 2017 gab es wieder ein Erlebnis, das die entscheidende Unze auf die Waage legte. Damals hatten wir ein Problem mit Fresh Polakke, den ich eigentlich sehr mochte. Er wollte mehr Geld, aber tatsächlich ließ zu der Zeit die Qualität seiner Auftritte ziemlich nach. Ich glaube, das lag daran, dass er einige persönliche Probleme hatte. Wir tendierten eher dazu, die Gage zu reduzieren. Wir nahmen ihn mit zum Frauenfeld-Festival in der Schweiz, und ich gab ihm 500 Euro dafür. Aber er hatte dort nur gefreestylt und überhaupt keinen Text vorbereitet. Das war einfach zu wenig. Meine Battlescouts machten ihm klar, dass es so nicht weitergehen könne. Kurz darauf postete er auf Facebook irgendwelche Ansagen gegen mich und RAM, die in die bekannte Ausbeuterkerbe schlugen. Damit machte er sich bei denen beliebt, die mich aus antisemitischen Gründen hassten, wie ich in den Kommentaren auf Facebook lesen konnte. Das war für mich eines der letzten ausschlaggebenden Erlebnisse. Ich dachte mir, es lohnt sich nicht, dass ich mich für diese Szene so engagiere. Ich hatte keinen Bock mehr auf diese ganzen antijüdischen Vorurteile und die Fantasienullen, die mir die Leute mit Blick auf mein Einkommen ständig andichteten. Ich erkannte, dass die laufende RAM-Saison meine letzte sein würde. Ich war wütend, ich war traurig, ich war wirklich enttäuscht.

Ich hatte zwar überhaupt keine Ahnung, was ich danach machen wollte, aber eins wusste ich: Mit Hip-Hop habe ich angefangen, weil es mich glücklich gemacht hat, nun machte es mich wieder unglücklich. Vor meiner endgültigen Entscheidung kam ich nach Hause und resümierte in meinem Kopf all diese Erlebnisse. Meine Tochter war zu dem Zeitpunkt etwas über ein Jahr alt und begann ihre ersten Worte zu sprechen. Als sie mich reinkommen sah, lief sie strahlend auf mich zu: »Aba, Aba, Aba.« Das war ein so wunderschöner Moment, und doch konnte ich ihn nicht genießen, weil diese schwarze Wolke namens Rap-Szene permanent über meinem Kopf hing. Da sagte ich zu mir: Scheiß drauf! Lieber liefere ich Pizzas aus, arbeite als Verkäufer oder mache sonst was, womit ich meine Familie versorgen kann, Hauptsache, ich würde solche Momente mit meiner Tochter, mit meiner Familie endlich genießen können. Die Entscheidung war getroffen. Ich überlegte, ob ich meinem Team davon erzählen sollte, und beschloss, Tierstar einzuweihen. Leider kam jetzt eine sehr turbulente Zeit mit vielen Zerwürfnissen auf mich zu. Manche vom Team bekamen Panik und handelten dadurch irrational, immerhin war ich für einige bei RAM die Haupteinnahmequelle oder ein wichtiger Bestandteil ihres Einkommens. Während der Wirren um die Nachfolge fiel bei einigen die Maske, und ihr wahres Gesicht trat zum Vorschein. Nun, da man wusste, dass ich bald aufhören würde, verschoben sich die Machtverhältnisse. Letztendlich konnte man sich irgendwie einigen, und ein neuer Zuhälter übernahm den Puff.

KAPITEL 8

»MAL WIEDER BOCK AUF ENDLÖSUNG« – ANTISEMITISMUS IM DEUTSCHRAP

Als ich mit dem Rap anfing, hatte ich zwar schon antisemitische Erfahrungen in der Schule und auf der Straße gemacht. In der Rap-Szene gab es solche Probleme zunächst überhaupt nicht. Wo du herkommst, was du bist, welchen Hintergrund du hast – das interessierte damals niemanden (wenn man mal von diesem merkwürdigen West-Ost-Hass absieht). Fremdenfeindlichkeit, Antisemitismus oder Israelhass hatte einfach absolut nichts mit Hip-Hop zu tun, darin waren sich damals alle einig. Das änderte sich allmählich, je mehr Migranten mit arabischem, iranischem oder türkischem beziehungsweise muslimischem Hintergrund dazukamen. Ich habe schon davon erzählt, dass ich mich 2006 wegen des grassierenden Antisemitismus das erste Mal aus der Rap-Szene zurückzog. Damals hatten 2000 Leute auf dem Kreuzberger Myfest Deso Dogg zugejubelt, einem islamistischen Juden- und Israelhasser, der wenige Jahre später in den Dschihad zog und sich in Syrien dem IS anschloss. Das Verhalten der Fans war ein echter Schock für mich. Ich hatte schon vorher so manches Mal diesen grassierenden Hass auf Juden und Israel gespürt. Aber dass so eine Masse von Leuten – noch dazu auf einer als »links« geltenden Großveranstaltung – sich so verhielt, ohne dass es seitens der Organisatoren zu einer Stellungnahme kam, das hatte eine völlig neue Qualität: Ein Rapper schwenkte bei einer öffentlichen Großveranstaltung mitten in Berlin die Flagge einer islamistischen Terrororganisation, und die Massen jubelten. Bis zu diesem Zeitpunkt war so etwas für mich undenkbar! Heute sehe ich in diesem Vorfall den Augenblick, in dem islamistische Tendenzen und die dazu passenden Narrative in der deutschen Rap-Szene massentauglich wurden. Kurz darauf ging es richtig los. Immer mehr Migranten schlossen sich der Szene an und bedienten sich in ihren Songs und Musikvideos antisemitischer Verschwörungstheorien, gepaart mit einer militant islamistischen Symbolik und Bildsprache. Bedauerlicherweise muss ich sagen, dass ich 90 Prozent meiner antisemitischen Erfahrungen mit eben genau diesen Leuten habe machen müssen.

Ich hatte ja in der Schule und außerhalb inzwischen einige eklige Erlebnisse mit Juden- und Israelhass gemacht. Das nahm mich immer ganz schön mit, und es wurde mit den Jahren definitiv nicht besser, ganz im Gegenteil. Aber wie schon gesagt, die Rap-Szene war in der Anfangszeit absolut frei davon. Mit der Zeit kamen dann aber immer mehr Rapper raus, die wie Massiv oder B-Lash diese bestimmten Backgrounds hatten. Ich machte meine ganz persönlichen Erfahrungen, zum Beispiel mit B-Lash, einem iranischstämmigen Rapper und Produzenten aus Kreuzberg. Er war einer der Ersten, mit dem es 2010, kurz nach dem Neustart von Rap am Mittwoch, zu einem Zwischenfall kam. An der Kasse arbeitete bei mir damals eine Bekannte, die auch Jüdin war. Sie trug an dem Tag ein Davidsternkettchen. Als B-Lash und seine Entourage zur Kasse kamen und ihren Anhänger sahen, änderte sich deren Haltung augenblicklich. Sie verhielten sich plötzlich aggressiv und respektlos. Als die Türsteher einschritten, um die Situation zu klären, wurde rumgepöbelt, woraufhin die ganze Truppe einen Platzverweis erhielt. Gleich am nächsten Tag entdeckte ich hasserfüllte und hetzerische Posts von den besagten Leuten auf Facebook: RAM sei eine »Judenveranstaltung«. Sogar ein Typ von der Gruppe Trailerpark namens Basti beteiligte sich an diesem

Mobbing. Er hetzte richtig krass gegen mich und forderte die Leute in der Rap-Szene auf, nicht mehr zu der »Judenveranstaltung« zu gehen. Das ist nichts anderes als die alte Nazi-Parole »Kauf nicht beim Juden«. Als ich ihn anrief und auf diese Scheiße ansprach, wiegelte er ab: »Ey Alter, du weißt doch, Mann, ich bin so aufgewachsen, Jude ist ein Schimpfwort in den Kreisen, in denen ich aufgewachsen bin.« Als ich ihn direkt damit konfrontierte, wand er sich nur feige herum. Dieses Abwiegeln ist eine Erfahrung, die ich oft – sehr oft – gemacht habe, wenn ich Leute direkt auf solche Äußerungen ansprach.

Ich habe natürlich auch sehr gute Erfahrungen mit Arabern und Türken gemacht, denen es völlig egal war, dass ich Jude bin. Aber Tatsache ist, dass wenn wir von Antisemitismus in der Rap-Szene sprechen, er zum allergrößten Teil von Leuten aus dem Migrantenmilieu kommt, insbesondere wenn es um die Künstler geht. Beim Publikum sieht das nach meinen Beobachtungen etwas anders aus, wie ich anhand zahlloser Facebook-Einträge von Judenhassern ablesen kann. Die Crowd auf dem Myfest vor der Hip-Hop-Bühne bestand ja auch gewiss nicht nur aus Migranten. Um die Tatsache des hohen Migrantenanteils unter den Juden- und Israelhassern wird gerne ein großer Bogen gemacht, in der Szene und auch außerhalb. Darüber spricht man nicht, da druckst man gerne herum, denn das passt nicht zu einer Szene, die sich nach außen gerne als tolerant und links positioniert und natürlich überhaupt nichts mit irgendwelchen Islamfaschisten oder rechtsradikalen Nazis zu tun haben will. Was Israel angeht, gibt es jedoch erschreckende Überschneidungen. Gerne wird auch immer wieder behauptet, Araber könnten gar keine Antisemiten sein, weil sie doch schließlich selbst Semiten sind. Wie sollten sie da anderen Semiten gegenüber feindlich eingestellt sein? Das ist natürlich der größte Blödsinn, aber die Tatsache, dass diese Behauptung immer wieder aufgestellt wird, zeigt nur, wie wenig ernsthaft die Szene dieses heikle Problem angeht. Wegen dieser

Behauptung benutze ich lieber die Begriffe »Judenhasser« und »Israelhasser« als die Worte »Antisemit« oder »Antizionist«. Denn mit dem Wort »Hasser« wird die Irrationalität dieser Leute unterstrichen, während die Begriffe »Antisemit« und »Antizionist« einen rationalen Anstrich vermitteln.

· · · · ·

Ich habe, seit ich Rap am Mittwoch 2010 neu und mit großem Erfolg wieder startete, auch backstage, in meinem persönlichen Bereich, viele antisemitische Erfahrungen gemacht. Das fing schon damit an, dass viele Leute zu mir meinten, ich würde als jüdischer Rapper niemals Erfolg haben können – eben weil ich Jude bin. Ich habe acht Jahre lang Rap am Mittwoch gemacht, alle Rapper kennen mich, sehr viele haben von mir profitiert, und nicht wenige, die später viel Kohle verdient und sich eine riesige Fanbase aufgebaut haben, sind überhaupt erst durch Rap am Mittwoch bekannt geworden. In einer Szene, in der viele sich kennen, sind viele Künstler immer schnell dabei, wenn es darum geht, mal ein Feature auf einem Album eines Kollegen zu machen. Nur bei mir wurde das nie gemacht. Keiner hat mir das je angeboten.
Das ging so weit, dass man mich nicht einmal dabeihaben wollte, als es um ein Projekt gegen Diskriminierung ging. Einmal machte mein Kumpel Harris bei so einem Projekt mit schwarzen Rappern mit. Harris ist ein Hammer-Dude, DJ und Rapper. Der Song sollte damals bei den Brothers Keepers gemacht werden. Die waren, bevor sie zu einem Event wurden, ein loser Zusammenschluss von schwarzen Rappern. 2001 machten sie den Song »Adriano (letzte Warnung)«, da waren zum Beispiel Samy Deluxe und D-Flame dabei. Hintergrund des Projekts war der Tod von Alberto Adriano, der im Jahr 2000 in Dessau von Neonazis zusammengeschlagen wurde und wenige Tage später an den Verletzungen starb. Sie fragten Harris, ob er mitmachen wolle. Ich war damals bei seinem

Labelsampler GBZ Connectz am Start. Also fragte er die anderen, ob ich nicht auch mitmachen könne. »Der Typ kommt aus Berlin, ist seit Jahren auf der Straße mit Anfeindungen konfrontiert als Migrant und Jude, er weiß ganz genau, was Diskriminierung bedeutet«, erklärte er. Doch die lehnten ab – sie wollten nur schwarze Künstler dabeihaben. Als Jude ist man zwar der Schwarze unter den Weißen, aber ich blieb dennoch außen vor. Es war ganz egal, dass ich dieselben Erfahrungen machte wie die anderen. Hier erlebte ich übrigens einen der seltenen Momente echter Integrität in der Rap-Szene. Denn Harris lehnte dann selbst ab mitzumachen, weil man mich nicht rappen lassen wollte. Sie würden doch genauso eine Grenze ziehen wie die Rassisten, gegen die sie kämpften, sagte er. Da gäbe es doch gar keinen Unterschied.

Es gibt ein Beispiel dafür, dass man auch als Jude Erfolg als Rapper haben kann, sogar großen Erfolg: Spongebozz oder Sun Diego, wie er sich inzwischen nennt. Allerdings gibt es einen großen Unterschied zwischen uns beiden. Ich stand immer zu meinem Jüdischsein. Nie habe ich verheimlicht, dass ich Jude bin – sogar an meinem Namen kann das jeder ablesen. Ich komme aus einer anderen Rapper-Generation als Spongebozz. Da stand man zu dem, was man ist. Spongebozz alias Sun Diego ist in der Ukraine geboren und Jude. Das hat er allerdings viele Jahre verheimlicht. Er hat sich eine große Fanbase erarbeitet, erst danach kam er mit der Wahrheit raus. Da sagen dann die allermeisten Leute: »So what, er ist doch ein geiler Rapper!« Das stimmt ja auch. Es gibt sicher auch welche, die sich daran stören. Aber wenn du dich erst mal durchgesetzt hast, ist so ein Bekenntnis weniger schlimm. Hätte er aber von Anfang an klargemacht, dass er Jude ist, hätte er gar keine Chance bekommen, so eine große Karriere zu starten. Die Leute hätten in ihm immer zuerst den Juden gesehen. Spongebozz alias Sun Diego hätte einfach die Chancen nicht bekommen, die er hatte. Ich verurteile es nicht, dass er sich auf seinem Karriereweg so entschieden hat, ich kann das sogar nachvollziehen. Allerdings ist dieser Umstand ein weiterer Beweis dafür, dass es in der deutschen Rap-Szene einen weitverbreiteten Judenhass gibt, und das will ich in diesem Kapitel deutlich machen und untermauern.

• • • • •

Wenn ich mir die Entwicklung der vergangenen ungefähr zehn Jahre ansehe, muss ich feststellen, dass antisemitische Tendenzen krass angewachsen sind. In der Szene war das nur selten ein Thema, die Rap-Medien versagen hier leider völlig. Sie hecheln nur noch den großen Stars hinterher und machen Hofberichterstattung. Mit kritischem Journalismus hat das nichts zu tun. Die oft in der Deutschrap-Szene aufgestellte Behauptung, dass Antisemitismus zum Rap einfach dazugehöre, ist purer Unsinn und ein mehr als schwaches Verteidigungsargument. In den Deutschrap hielten islamistische Sprüche und Narrative unmittelbar im Zusammenhang mit den Anschlägen vom 11. September 2001 Einzug. Bushido, dessen Karriere zu dieser Zeit startete, bekannte sich in seinem Song »Taliban« auf dem Album *Carlo Cokxxx Nutten II*, mit dem er seinen Durchbruch in Deutschland erzielte, als Fan islamistischer Attentäter: »Ich mach ein Anschlag auf dich wie in Tel Aviv … Wenn ich will, dann seid ihr alle tot, ich bin ein Taliban …« 2007/08 wurden antisemitische, antijüdische und antiisraelische Lines im Deutschrap immer mehr zum Alltag. In einem Song, der 2008 viele Tausend Mal auf YouTube und Myspace geklickt wurde, heißt es beispielsweise: »Araber aus Untergrund / Nationalstolz ist gesund / Judenhass mit Hintergrund« – im Hintergrund des Videos war eine brennende israelische Flagge zu erkennen. Weiter geht der Song so: »Alle Nazis sagt nicht Nein, tötet jedes Judenschwein / Die Yahudis sind gemein / Alle sollen sie hier krepieren / Araber werden hier regieren.« Hinterhergeschoben wurde noch die Zeile: »Israel, die Bombe macht tick, tick, tick, boom …«

In einem Song wurde gerappt:»Türke, Moslem, hasse die Ost-deutschen / das sind Hurensöhne / wie die Scheißjuden.«Der Rapper war ein bekennendes Mitglied der türkischen Grauen Wölfe. Und der Rapper Karub aus Berlin-Moabit gab die folgende Line von sich:»Palästina unsere Brüder / gegen Scheißjuden.«Wenige Jahre nach Bushidos Debüt sind islamistische Attentäter im Deutschrap zu einer beliebten Metapher für Männlichkeit und Härte geworden. Bushido selbst hat es vorgemacht, wenn er beispielsweise in seinem Song»11. September«rappte:»Ich bin dieser Terrorist, an den die Jugend glaubt.«Und was passierte? Regte sich irgendjemand in der Gesellschaft, der Politik oder den Medien darüber auf? Niemand, bis auf wenige Ausnahmen wie etwa die *Jüdische Allgemeine*. Im Gegenteil: 2011 wurde Bushido sogar von einem großen deutschen Verlag mit einem»Integrations-Bambi« ausgezeichnet. Damals gab es Proteste von Künstlern wie Peter Maffay, Peter Plate von Rosenstolz oder Heino, der sogar seinen Bambi zurückgab. Sonst passierte – nichts. Im Nachhinein wirkt diese Sache wie ein Vorspiel für den Streit, den es 2018 um die Echo-Preisverleihung an Kollegah und Farid Bang gab.

Fast schon komisch wirkte es, als der Rapper Bözemann, ein Intimfeind von Massiv, ihn, den Muslim, ausgerechnet als Juden beschimpfte, um ihn herabzuwürdigen. Die Umstände, unter denen er das tat, waren allerdings gar nicht komisch. Bözemann, der gerne als bewaffneter albanischer Freischärler auftrat, knöpfte sich Massiv in einem Video vor mit dem Titel»Die Herausforderung«. In dem Werk, das auf YouTube mehrere Hunderttausend mal aufgerufen wurde, kündigt Bözemann an, den Kopf seines Feindes mit einer Axt mehrfach zerteilen zu wollen. Man sieht zudem, wie er ein für Massiv bestimmtes Grab schaufelt und ihm ein Holzkreuz bastelt. Und was ist auf diesem Holzkreuz zu sehen? Ein Davidstern. Dazu rappte Bözemann:»Ich will dich einfach nur wegbomben / Ich scheiß auf dein Fame, auf dein Label, auf deine Tatoos / Deine Fett Berge, deine schwulen Songs, deine schwule

213

Stimme / Und auf dein Moslem-Getue / Weil du bist ganz sicher kein Moslem / Du bist mit Sicherheit Jude und ziehst den Koran durch den Dreck ...« Ganz nebenbei: Laut einem Blogger-Bericht brachte *Spiegel TV* einen Beitrag über diese Fehde – ließ darin aber den Davidstern auf dem Holzkreuz verschwinden. Diese antisemitische Seite war den Journalisten nicht nur keine Rede wert – sie unterschlugen sie sogar offenbar ganz bewusst.

Schon zuvor hatte Massiv selbst ein beliebtes Narrativ von Islamisten und Israelhassern verbreitet, nach dem am 11. September 2001 mehr als 4000 Juden rund um das World Trade Center nicht zur Arbeit erschienen seien. Weiter behauptete er laut der Zeitung *Jungle World* auf seiner Facebook-Seite über Israel:»Frauen werden an ihren Haaren durch die Straßen gezogen, Kinder werden verschleppt, systematisch werden seit Jahren die Straßen gesäubert in einem Warschauer Ghetto 2.0. Stacheldraht, Stromzäune, Mauern, so hoch, dass man den Himmel nicht sehen kann.« Wenn ein User darauf hinweist, dass das mit den Fakten nichts zu tun hat, springen Massivs Fans ihrem Star bei.»Verfickte Israelis!!! Elendig sollen sie verrecken!« oder»Free Palestine. Weg mit Israel!« ist dann in den Kommentaren zu lesen. Gerne wird auch behauptet, muslimische Länder hätten noch keinen einzigen Krieg angefangen, das seien stets Juden oder auch Christen gewesen. Die Terrororganisation IS erscheint dann plötzlich als eine von wem auch immer – wahrscheinlich von den Juden oder ihren angeblichen Hintermännern – bezahlte Organisation, die nichts mit den Muslimen zu tun hat. Verdeutlicht wird das gerne mit Wortschöpfungen wie ISISrael oder ISraeHELL. Das steigert den Hass dann immer weiter:»Scheißjuden, euer Vater, der Adolf, wusste ganz genau, was ihr braucht!«, oder auch: »Schade, dass Hitler nicht alle Juden vernichtet hat.« Ein Ausspruch, den ich immer wieder lesen musste, meistens von Facebook-Profilen mit arabischen oder türkischen Namen, lautet:»Hitler hat nicht alle Juden getötet, er hat einige übrig gelassen, damit wir heute wissen, warum er sie getötet hat.« Hier zeigt sich eindrucksvoll, dass sich das Problem Antisemitismus, Judenhass oder Hass auf Israel keineswegs nur auf die Künstler beschränkt, sondern längst einen Teil der Deutschrap-Fanbase erfasst hat. Diesen Eindruck hatte ich ja schon, als ich auf dem Myfest 2006 Deso Dogg sah – und die Crowd, die ihm zujubelte, als er die Fahne der Terrororganisation Hisbollah schwenkte.

Haftbefehl hatte sich in der Öffentlichkeit Kritik zugezogen, weil er in einer Line rappte:»Ich ticke Koks an die Juden von der Börse.« Er entschuldigte sich später dafür, indem er behauptete, genau das habe er ja tatsächlich in früheren Jahren gemacht. Aber warum hat er ausschließlich die Juden an der Börse erwähnt? Gab es keine Nichtjuden dort damals? Teil seiner Entschuldigung war der Hinweis, dass er doch einfach nur wiedergegeben habe, was ein durchschnittlicher 16-jähriger Jugendlicher aus Offenbach so über die Juden denke. In der Öffentlichkeit wird er gerne für die Entschuldigung gelobt – einer, der zur Einsicht gelangte, nachdem er nachgedacht hat. Aber stimmt das denn? Später drehte Haftbefehl ein Video zu dem Song »Saudi Ararabi Moneyrich«. Darin treten klischeehaft dargestellte orthodoxe Juden mit Schläfenlocken auf, die ganz eindeutig die Finanzwirtschaft darstellen sollen. Es gibt noch andere, die in dem Video ihren Reichtum zeigen, und alle scheinen die besten Freunde zu sein – ganz gleich ob die Frau in einer Burka oder die »Finanz-Juden«. Am Ende machen sie alle Party – nur die Juden sind plötzlich weg. Kritische Beobachter glauben, dass Haftbefehl, der bei dem Plattenriesen Universal unter Vertrag steht, die Botschaft transportieren wolle, dass Juden schon irgendwie ganz okay seien, aber eben doch etwas mit dem Finanzkapital zu tun haben, und das ist grundsätzlich böse. Wenn man sich von ihnen trenne, werde der Kapitalismus gesäubert, und das Geld könne mit vollen Händen und gutem Gewissen ausgegeben werden. Das sei eine neue, subtilere Art, antisemitische Botschaften unters Volk zu bringen. Die Frage, die sich mir zusätzlich stellt, ist: Warum hat der kurdischstämmig-muslimische Haftbefehl überhaupt das Juden-Thema wieder einmal aufgenommen? Er scheint genauso besessen davon zu sein wie andere Rapper mit ähnlichem Hintergrund. Die Kritik an Haftbefehl hat für mich Hand und Fuß.

■ ■ ■ ■ ■

Ich bin aber auch der Meinung, dass manche Lines von Rappern, die für Außenstehende, die nichts mit der Deutschrap-Szene zu tun haben, schockierend und krass antisemitisch wirken, eher als Provokation gedacht sind. Rapper wissen, dass sie damit in Deutschland immer Aufsehen erregen und einen Skandal auslösen können – wie Kollegah und Farid Bang mit ihrem Song »0815« und der Auschwitz-Line. Ich kenne Farid Bang nicht, aber ich gehe davon aus, dass es ihm – und von ihm stammt die Line, nicht von Kollegah – genau darum ging: um Aufsehen und Skandal. Aufsehen und Skandale bedeuten Klicks und Verkäufe, und Klicks und Verkäufe bedeuten Geld und Luxus. Genau darum ging es Farid Bang, glaube ich. Er spielt mit den Empfindungen hierzulande. Er macht das provokativ, geschmacklos, ekelerregend. Farid Bang ist zudem wie alle Künstler der Deutschrap-Szene einem ständigen Druck durch die Fanbase ausgesetzt, den sie selbst wiederum ständig verstärken. Es ist ein Teufelskreis: Erst wurden in Songs und Battles Mütter und Schwestern gefickt, Schwulen die Schwänze abgeschnitten oder es wurde mit Kalaschnikows auf andere Rapper geschossen. Doch das Publikum will immer mehr, und so werden inzwischen eben auch Juden und Israel zum Thema, denn das ist in Deutschland immer noch das absolute Tabuthema, nach dem aber ganz viele gieren.

Ein Typ wie Farid Bang erkennt die Chance, die sich aus solchen Provokationen ergibt: viel Geld zu verdienen. Denn nur darum geht es solchen Rappern. Das ganze Gerede von Street-Credibility und Gerechtigkeitsstreben ist pure Heuchelei. Man will mit Lambos durch die Gegend jagen, die teuersten Luxusuhren am Handgelenk tragen und von glamourösen Frauen umgeben sein. Dafür braucht man Geld, und das lässt sich mit Anspielungen auf den Holocaust genauso verdienen wie mit Antisemitismus, der sich in allen möglichen antijüdischen Narrativen äußert. Ich glaube aber nicht, dass Farid Bang tatsächlich ein Antisemit ist. Juden sind ihm vielleicht völlig egal. Und manch anderen Rappern geht das genauso. Dass sie nicht durchschauen oder erkennen wollen, was sie mit solchen Lines bei Jugendlichen anrichten, die sie immer und immer wieder hören – ohne, dass jemand widerspricht –, ist schlimm und unverantwortlich.

Ich glaube aber, dass eine Frage ausschlaggebend ist, wenn man beurteilen möchte, ob ein Rap-Künstler tatsächlich ein Judenhasser ist: Rappt er nur eine provokante Line oder erzählt er in seinen Songs Geschichten, antijüdische Narrative? Bestimmen antijüdische und antiisraelische Ansichten seine Meinung? Solche Rapper gibt es leider auch, und das schon, wie wir gesehen haben, seit Mitte der 2000er-Jahre. Das Problem ist in den vergangenen Jahren nicht nur nicht gebannt worden, sondern es ist gewachsen, auch weil sich weder die Öffentlichkeit noch die Deutschrap-Szene dafür interessierten. Das änderte sich möglicherweise mit der Erregung um die Vergabe des Echo an Kollegah und Farid Bang im Frühjahr 2018. Wenn wir die Frage stellen, welche Rapper sich dem Verdacht aussetzen, wirkliche Juden- und Israelhasser zu sein, landen wir schnell bei Farid Bangs Partner, mit dem er den Song »0815« darbietet: Kollegah. Er ist ein absoluter Superstar des Deutschrap. Er ist geprägt von einem albernen Männlichkeitswahn. Aber männliche Jugendliche sind leicht zu beeindrucken und leicht formbar; sie fühlen sich oft angezogen von allem, was irgendwie mit Kraft, Muskeln und auch Gewalt zu tun hat. Kollegahs Fans hängen an seinen Lippen, er übt eine große Faszination auf sie aus und verfügt in ihren Augen über eine hohe Glaubwürdigkeit. Er nennt sich »Der Boss«, und viele seiner vor allem männlichen jugendlichen Fans sehen ihn so. Wir reden dabei von einer Zahl, die in die Hunderttausende und Millionen geht.

Einzelne Videos von Kollegah wurden auf YouTube bis zu 16 Millionen Mal (Stand September 2018) angeklickt – schon an dieser Zahl kann man leicht erkennen, welchen Einfluss er auf Jugendliche hat. Kollegah verbreitet seinen Männlichkeitswahn über seine Songs, seine Videos, seine Konzerte, über ein Fitnessprogramm und über ein Buch, das einen Tag nach seinem Erscheinen im September 2018 die Verkaufscharts bei Amazon anführte. Er schafft es also sogar spielend, Jugendliche an das gedruckte Buch heranzuführen, ein Medium, das bei dieser Altersgruppe heute nur noch eine geringe Rolle spielt. Kollegah ist natürlich ein Künstlername, mit bürgerlichem Namen heißt er Felix Blume. Er ist in der tiefsten deutschen Provinz aufgewachsen und seit dem 16. Lebensjahr bekennender Muslim, nachdem sein Stiefvater ihm den Glauben nahegebracht hatte, so behauptet er es jedenfalls. Neben seiner Karriere als ziemlich erfolgreicher Rapper studierte er Jura an der Uni Mainz.

* * * * *

Ich möchte hier auf ein besonders krasses Beispiel etwas genauer eingehen: Kollegahs Video »Apokalypse«. Dabei handelt es sich um ein 13 Minuten langes Machwerk, das eine sonderbare und abstruse Verschwörungsgeschichte erzählt und dabei an verschiedenen Stellen die Juden ins Blickfeld rückt. Dieses Video, das Ende 2016 auf YouTube hochgeladen wurde und sich bei Jugendlichen großer Beliebtheit erfreut, ist ein übles antisemitisches Machwerk.

»Apokalypse« ist die Fortsetzung des Vorgängers »Armageddon« (bei YouTube mehr als acht Millionen Aufrufe). In »Armageddon« ging es um einen Zyklopen, dessen Ziel es ist, die Welt zu vernichten. Kaum überraschend: Am Ende gibt es einen Helden, der ihn besiegt – Kollegah. An dieser Stelle setzt »Apokalypse« ein. Das Video ist in vier Kapitel untergliedert. Die Welt liegt in Trümmern, aber immerhin: Die Menschheit ist gerettet. Kollegah streift durch die Trümmerlandschaft und findet in einem Keller einen Geheimvertrag, in dem die Vernichtung der Welt geplant wird. Wer plant so etwas? Natürlich die üblichen Verdächtigen: Illuminaten, Freimaurer, die 13 satanischen Blutlinien und andere. Im zweiten Kapitel erzählt Kollegah eine absurde Geschichte über den Untergang Babylons. Schließlich wird erzählt, wie unser Held den Anführer der Dämonen besiegt, gegen den die Menschen kämpfen. Am Ende ist die Welt gerettet, und die Menschheit kann sich an den Wiederaufbau machen.

Man kann solche Geschichten geil finden oder auch nicht. Aber wer nur ein bisschen genauer hinschaut, wird feststellen, dass dieses Video von antisemitischen Anspielungen durchzogen ist. Es handelt sich um ein krudes verschwörungstheoretisches Machwerk, geschaffen von einem der bekanntesten Deutschrapper, dessen Musik Millionen Kids in Deutschland hören und den zahllose Jugendliche verehren. Da greift Kollegah alias Felix Blume gleich zu Beginn tief in die Judenhasser-Kiste, wenn er rappt (ich habe mir die Zitate von dem Blog rothschildreptiloid.de geholt, der das Video intensiv bespricht): »Was geschrieben stand, ist wahr! Im Talmud, dem Koran / Und in der Bibel las ich's nach, der Niedergang ist nah!« Nur mal ganz nebenbei: An dieser Stelle hat Kollegah alias Felix Blume etwas durcheinandergebracht. Denn während die Bibel die Heilige Schrift der Christen und der Koran die der Muslime ist, ist natürlich der Talmud nicht die Heilige Schrift der Juden. Das ist die Tora. Der Talmud enthält Texte, die die Tora auslegen. Ein Irrtum, der mich nicht verwundert, denn wie die allermeisten Antisemiten hat auch Kollegah nur ein sehr begrenztes Wissen über das Judentum. Wichtiger aber ist: Kollegah bezieht sich hier auf die drei abrahamitischen Religionen: das Christentum, den Islam und das Judentum. Ganz am Ende aber, nachdem die Menschheit vor den bösen Dämonen gerettet ist, heißt es plötzlich:

>Etliche Jahre sind seit dem Kriegsende vergangen.
Die Menschen auf der Erde leben friedfertig zusammen.
Man sieht wie Buddhisten, Muslime und Christen
Gemeinsam die zerstörten Städte wiedererrichten.«

Komisch – da sind jetzt irgendwie die Juden verloren gegangen! Aber warum nur? Zur Erklärung muss man zurück an den Anfang des Videos gehen. Dort heißt es:

>Mir wurde offenbar, was sonst niemand andres sah
Doch jetzt sieht man die Gefahr von Palästina bis Katar.«

Die Gefahr wurde also nur in einem ganz kleinen Gebiet der Erde gesehen. Nicht von Argentinien bis Island, nicht von Deutschland bis Neuseeland und auch nicht von Südafrika bis Russland. Nein – ausgerechnet – von Palästina bis Katar. Und wer wohnt in diesem Gebiet? Richtig – Muslime. Nur die Muslime sind es also, die die Gefahr erkennen, und nur die Muslime sind es, die sich gegen diese Gefahr wehren. Im dritten Akt des Videos rappt Kollegah alias Felix Blume, nachdem er die Pforte der Dämonen zerstört hat:

>Auch wenn jetzt kein weiterer Dämon mehr nachkommt,
Gleicht ganz Ost-Jerusalem einer enormen Schlachtfront.
Die letzte Bastion der Menschheit wehrt sich mit Kämpferherz
Gegen eine unmenschliche Übermacht auf dem Tempelberg.«

Wir sehen, dass Ost-Jerusalem die letzte Bastion der Menschheit ist. Warum nicht ganz Jerusalem? Das liegt auf der Hand: Weil West-Jerusalem jüdisch ist. Ost-Jerusalem wird von Muslimen wie Kollegah alias Felix Blume als muslimisch beansprucht. Wenn aber nur der muslimische Teil Jerusalems zur letzten Bastion der Menschheit gehört, nicht aber der jüdische, ja, dann verstehen wir auch, warum die Juden am Ende nicht mehr da sind, wenn es um den Wiederaufbau der Welt geht.

Ganz schön krass! Doch es geht ja noch weiter. Am Ende des ersten Aktes rappt Kollegah über den schon erwähnten Geheimvertrag über die Vernichtung der Erde. Im Video ist ein aufgeschlagenes Buch zu sehen, das diesen Vertrag darstellen soll. Man erkennt allerlei okkulte Symbole und auch hebräische Buchstaben. Der Gedanke, dass dieses Buch eine Anspielung auf die »Protokolle der Weisen von Zion« sein soll, ist nicht von der Hand zu weisen. Diese Protokolle einer angeblichen jüdischen Weltverschwörung hat es jedoch nie gegeben, sie sind eine pure Erfindung von Antisemiten vom Anfang des 20. Jahrhunderts, haben aber eine große propagandistische Wirkung entfaltet.

In einer weiteren Szene des Videos rappt Kollegah:

»Der Zyklop sollte bloß ihre Stärke demonstrieren,
Nebenbei die Bevölkerung der Erde reduzieren,
Die verbliebene Menschheit mit aller Härte kontrollieren,
den Weg ebnen, bis sie komm', um ihr Werk zu komplettieren.«

Wer sind diese »sie«? Das wird schnell klar, wenn in der Szene ein Mann in einem Kapuzenpullover gezeigt wird, der vor mehreren Bildschirmen sitzt. Seine Hände bedienen eine Tastatur, und es ist ganz offensichtlich, dass dieser Mann den Zyklopen lenkt und kontrolliert. Am Ringfinger der linken Hand ist im Original-Video ein Siegelring mit einem Davidstern zu erkennen. Nun wissen wir, wer »sie« sind, die die Menschheit kontrollieren wollen: die Juden!

In der Version des Videos, die ich im Oktober 2018 noch im Internet gefunden habe, wurde die Szene mit dem Davidstern-Ring unkenntlich gemacht. Scheinbar ist das eine cleane Version. Eine dirty Version habe ich bei meiner Recherche nicht mehr gefunden, auf YouTube wurde das Video inzwischen gelöscht.

Etwas später, nachdem Ost-Jerusalem zur letzten Bastion der Menschheit deklariert wurde, rappt Kollegah alias Felix Blume weiter:

»Aufseiten der Menschen türmen sich Leichen zu Bergen,
Doch die feindlichen Schergen – sie schein' nicht zu sterben!
Sie strömen von überall wie die lebendigen Toten
Die Hänge nach oben in scheinbar nie endenden Wogen.
Unmenschliches Tosen, ein Kämpfen und Toben.
Zwischen Traum und Realität sind alle Grenzen verschoben.«

In diesen sechs Versen werden die Juden aus der menschlichen Gemeinschaft ausgeschlossen, sie werden entmenschlicht. Sie sind, das wird sehr deutlich, keine Menschen. Man glaubt kaum, dass sich das noch toppen lässt. Aber ziemlich am Ende des Tracks rappt Felix Blume folgende Lines:

»Der Dämon ist besiegt, der dunkle Zauber gebunden.
Doch noch immer werden Bücher mit der schwarzen Aura gefunden.
Wir suchen und bringen jedes Buch, das wir finden,
Auf den Scheiterhaufen, wo Feuer und Glut es verschlingen.
Gerade brennt auf dem Dorfplatz das letzte schwarze Kapitel …
… Da kommt ein Rabe vom Himmel …«

Kollegah rappt hier also von Bücherverbrennungen. Hatten wir das nicht schon mal in Deutschland? Tatsächlich, 1933 bei den Nazis!

Und ganz zum Schluss hat Felix Blume sich noch etwas ganz Besonderes ausgedacht. Das Video ging, so las ich es im Netz, am 9. November 2016 online – auf den Tag genau 78 Jahre nach der »Reichskristallnacht«, als in ganz Deutschland die jüdischen Synagogen vom Nazi-Pöbel angesteckt wurden. Ein Zufall? Jetzt kann man natürlich sagen, es ist ja Kollegah, der diesen antisemitischen Scheiß verzapft hat, also eine Kunstfigur. Und nicht Felix Blume. Aber wie schon gesagt: Man muss sich den Background der Künstler anschauen, die antisemitische Lines bringen.

Und wenn man sich das Video »Apokalypse« bewusst anschaut, kann man nur zu dem Urteil gelangen, dass hier ein antisemitisches Machwerk der krassesten Art vorliegt. Wenn Kollegah nichts gegen Juden hätte, warum sollte er dann ausgerechnet so viele Anspielungen auf die Juden bringen? Warum sollte er ausgerechnet sie als das Böse schlechthin darstellen? Warum sollte er ausgerechnet sie entmenschlichen und auslöschen? Und warum, so kann man zusätzlich fragen, sollte er ausgerechnet die Muslime als die Einzigen darstellen, die das »Problem« der »jüdischen Weltverschwörung« erkannt haben? Warum überhaupt erzählt er diese ganze Geschichte? Ich habe vorhin gesagt: Antisemitismus beginnt da, wo es nicht mehr um eine einzelne antisemitische Zeile geht, sondern wo eine Story erzählt wird. Hier haben wir ein ganz krasses Beispiel dafür.

Dann gibt es natürlich noch die Leute, die sagen, »Apokalypse« sei doch nur eine fiktive Geschichte und könne gar nicht antisemitisch sein. Ja, wie? *Jud Süß*, wohl das bekannteste antisemitische Machwerk der Nazi-Propaganda, war ja auch keine wahre Geschichte, sondern Fiktion. Der Film basiert zwar auf der historischen Figur des Joseph Süß Oppenheimer, aber die historische Realität wurde von den Nazis so hingebogen, wie sie es für ihr Feindbild brauchten. Will deswegen wirklich irgendwer behaupten, dieser Film sei etwas anderes als ein widerliches antisemitisches Machwerk?

Drei Monate nachdem »Apokalypse« ins Netz gestellt worden war, gab es in der hessischen Stadt Rüsselsheim einen Streit um Kollegah. Zum Hessentag hatte der Bürgermeister ihn zu einem Auftritt eingeladen; vorangegangen war eine Befragung von Jugendlichen, über welchen Künstler sie sich bei einer geplanten Rap-Night am meisten freuen würden. Als das Ergebnis bekannt wurde, hagelte es Kritik von verschiedenen Organisationen wie dem Zentralrat der Juden, die sich dagegen wehrten, dass ein antisemitischer Rapper wie Kollegah auf einer offiziellen Veranstaltung der Stadt auftreten dürfe. Als der Druck zu groß wurde, sagte der Bürgermeister die Veranstaltung schließlich ab. Bei dem Streit war es allerdings gar nicht um das »Apokalypse«-Video gegangen, sondern um eine Textzeile aus dem Song »Sanduhr« aus dem Jahr 2014: »Ich leih dir Geld, doch nie ohne 'nen jüdischen Zinssatz mit Zündsatz.« Sie hat allerdings nicht Kollegah, sondern sein auf dem Track mitwirkender Gast Favorite gerappt. Das hätte Kollegah aber natürlich leicht verhindern können, wenn er es denn gewollt hätte.

Kollegah antwortete auf die Kritik mit einem offenen Brief, den er auch auf seine Facebook-Seite stellte. Darin vertrat er – drei Monate nachdem er »Apokalypse« ins Netz gestellt hatte – die Ansicht, die Antisemitismus-Vorwürfe seien vollkommen haltlos. Er gab dem Zentralrat der Juden die Schuld dafür, dass es im Netz so viel Hass auf Juden gebe. Die »haltlosen Vorwürfe seitens des Zentralrates« seien der Grund, weshalb jüdische Gemeinden nun »tragischerweise mit in das Kreuzfeuer eines – zu verurteilenden – Shitstorms gegen jüdische Menschen im Allgemeinen auf Hip-Hop-Portalen und meiner Facebook-Seite geraten«. Da ist es wieder, was man auch bei den Nazis immer wieder gehört und gelesen hat: Die Juden sind selbst schuld an ihrem Unglück. Warum wehren sie sich auch, wenn man auf sie einschlägt. Sollen sie doch die Schnauze halten.

Nach der Absage des Auftritts in Rüsselsheim tobte der antijüdische und antiisraelische Mob auf Kollegahs Facebook-Seite. Es sind Kommentare, wie ich sie auch immer wieder auf meiner eigenen Facebook-Seite finde. Hier eine kleine Auswahl (mitsamt all den kruden Schreibweisen im O-Ton):

»hab gerade mal wieder bock auf endlösung«

»Das ist übrigens auch genau der Zentralrat, welcher aus 370 000 / 6 Millionen gemacht hat. Und der wahrscheinlich die Protokolle der weisen mitverfasste.«

»Ich bin mir nicht sicher ... aber ist dieser Mechanismus nicht langsam abgedroschen? Wollt Ihr, die Räte und Organisationen der Jüdischen Bevölkerung immer und immer wieder diese Geige spielen? Natürlich wollt Ihr, nein, müsst Ihr sogar. Eure Vereine gefördert mit den Steuergeldern. Trotz unzähliger Mahnmale, Gedenkstätten und Geschichtlichem Mahnendem Finger bleibt Ihr beharrlich in der Opferrolle ... aber jede Reputationszahlung wird dankend angenommen. Diejenigen für die Ihr steht, sind längst in unserer Gesellschaft und Alltag angekommen, ohne zu vergessen jedoch mit dem Bewusstsein das die jetzt lebenden Generation keine Täter mehr sind.«

»Dann soll doch der Jüdische Zentralrat am Hessentag eine Rede halten zum Thema ›Landraub‹, oder bin ich gleich ein Antisemit wenn ich sowas sage?«

»... außerdem ist es doch eine tatsache dass die jüdische bevölkerung seit jahrtausenden das bankengeschäft kontrolliert da es im christentum verboten ist schulden zu geben und zu verzinsen.«

»Wie lange wollen die sich noch daran aufgeilen. Keiner von denen die da arbeiten haben das miterlebt. Die waschen blutdiamanten und verwalten unser Gold. Ist ja genau mein Humor. Das sind doch die wahren Verbrecher ... Gauner hinter panzerglas mit Jugo Boss und Fahrenheit, warten mit dem Staatsanwalt auf Haftanstalt wie Knast Arbeit.«

»Dieses Gedränge in die Opferrolle ist so armselig. Wenn die jüdische Bevölkerung so 'nen Mist schreibt, werden sie auch noch 100 Jahre lang in dieser Rolle stecken. Was für elendige Hurensöhne. Töten Kinder und schwangere Frauen und reden von Respekt und Gleichheit. Zionistische Satansanbeter. Das machen die alles nur, weil Kollegah eine Schule in Palästina gegründet und die Umstände, wie die Menschen dort zu leben haben, ohne deutschem Propaganda gezeigt hat. Hunde.«

»Als Antwortschreiben müsste raus gehen was Israel und das jüdische Volk heute repräsentiert! Unruhe auf der Welt stiften, unschuldige Frauen und Kinder töten, Menschen aus Lust und Laune das Leben zur Hölle machen, die Welt durch Zinsen versklaven, Ländereien erobern die ihnen nicht gehört? Israel gehört verboten und alle Zionisten in ein Arbeitslager!«

»Die Zinsen sind zurzeit niedrig, das stimmt schon aber rechne mal die Zinsen von 100 Milliarden aus dann weißt du bescheid. Und Fakt ist nunmal dass die Personen die das Bankwesen im laufen halten so gut wie alle jüdischer Abstammung sind ich hab sie nicht dahin getan aber es ist Fakt und dann solltest du mal recherchieren wer das heutige Bankensystem erfunden hat.«

»Hoffentlich kapiert spätestens die nächste Generation das die hier eigentlich nichts zu melden haben. Spielen sich auf wie ein wichtiges deutsches organ …«

»Es ist doch offensichtlich, das die jüdisch gläubigen Senatoren die USA regieren und somit ist die USA der grösste Kriegsverbrecher auf der Welt. Für das kapitalistische System, hinter den Decknamen Demokratie, machen sie Gehirnwäsche mit den Leuten auf der ganzen Welt. Da gehört eben die Medien auch dazu und daher kommt wahrscheinlich das Besorgnis, wenn jemand seine Meinung (Meinungsfreiheit) äußert? Ich selber habe jüdisch stämmige Freunde, so wie ich manche Moslems auch nicht mag. Ich denke, das man bei der Wahrheit und Korrektheit bleiben sollte.«

»Wer hat die Banken in den Krallen, wer lässt die Kurse steigen oder fallen ... die Antwort sie steht nicht im Duden, doch meistens sind es doch die Oi Oi Oi.«

»Fickt euch, denn ihr habt den Zinssatz erfunden ihr Blender!«

»Was soll da entschuldigt werden? Es gab tausende Reiche wo die Juden verfolgt und vernichtet wurden, das einzige was uns zu Massenmördern macht ist das es alles so gut dokumentiert wurde!! ... Du hörst ständig nur auf das was die Medien von sich geben!!! Du glaubst es gibt keine judenverschworung? Google mal Rothschilds.«

»Die Juden und die Opferrolle – a never ending Lovestory ...«

»... guckt euch die kleinen Judenbengel an.«

»profilieren sich an allem elendes pack seit froh das ihr übehaubt so einen rat habt und nicht rennen müsst.«

»Vor allem die Juden Line feier ich so richtig!!«

»Warum gibt es noch juden in Deutschland?«

∎ ∎ ∎ ∎ ∎

Wie weit Kollegahs öffentliche Distanzierung vom Antisemitismus aus dem Herbst 2018 glaubwürdig ist, mag jeder für sich beurteilen. Mich hat es nicht überzeugt. An Kommentaren wie solchen auf seiner Facebook-Seite zeigt sich eindrucksvoll, dass er artikuliert, was viele seiner Fans denken, und dass sich das Problem Antisemitismus im Deutschrap nicht auf bestimmte Künstler beschränkt, sondern auch eines der Fangemeinde ist. Ich kenne das ja von den Kommentaren unter meinen Facebook-Posts selbst zur Genüge. Ich denke sogar, dass das Problem in der Fanbase das größere ist. Antisemitisches, antijüdisches, antiisraelisches Denken gehört in dieser Szene zum Alltag – genauso wie es zum Alltag in der deutschen Gesellschaft gehört. Es hat sich in den vergangenen Jahren unter unser allen Augen stark ausgebreitet, aber man sollte nicht so tun, als ob es das nicht auch schon früher gegeben habe.

Ich habe in diesem Buch von Szenen erzählt, wie ich sie am eigenen Leib zu spüren bekam. Insofern ist die Deutschrap-Szene nicht antisemitischer als die Gesellschaft insgesamt. Das Besondere an dieser Szene aber ist, dass es Künstler gibt, die entweder auf diesen Zug aufspringen, weil sie Lust an der Provokation haben und erfahren, dass sie die Aufregung, die sie erzeugen, kommerziell ausnutzen – also in bare Münze umwandeln können. Und dass es andere Künstler gibt, die den antisemitischen Mist, den sie rappen, tatsächlich auch glauben. Und dass sie auf eine Fanbase aus jungen Menschen treffen, die nach Orientierung suchen und gerne an die Dinge glauben, die ihnen Rap-Künstler, zu denen sie aufschauen, die sie respektieren und einfach cool finden und als Vorbilder sehen, erzählen. Diese Fans können oft nicht beurteilen, ob ihre Stars wirklich meinen, was sie rappen. Sie nehmen es auf, wenn sie ständig in den Songs antijüdische Klischees, Lügen und Verschwörungstheorien hören. Dass das Wort »Jude« auf deutschen Schulhöfen längst ein täglich gebrauchtes Schimpfwort ist und dass die Facebook-Kommentarspalten voll sind mit Narrativen wie die von den Rothschilds, die die Welt knechten wollen, sind bedrohliche Folgen davon. Die Gefahr besteht darin, dass formbare Jugendliche alle diese Klischees und Narrative nicht nur nachplappern, sondern in sich aufsaugen. So lange, bis sie eines Tages, bevor sie überhaupt richtig ins Leben starten, schon waschechte Antisemiten sind.

Das findet unter den Augen besorgter, hilfloser und wahrscheinlich in den allermeisten Fällen ganz einfach ahnungsloser Eltern statt. Nicht selten vielleicht auch in Elternhäusern, in denen diese Klischees und Narrative sich ohnedies festgesetzt haben – dann werden die Jugendlichen sogar doppelt beeinflusst. Es findet auch unter den Augen von Lehrern statt, die als Autoritätspersonen gegen einen muskelbepackten Deutschrapper, der die Sprache der Jugend spricht und genau weiß, wie er seine Fans beeinflussen kann, keine Chance haben.

Dass engagierte Lehrer mit Einfühlungsvermögen und Energie durchaus einen wichtigen Beitrag dazu leisten können, wieder geradezurücken, was Deutsch-Rapper den Jugendlichen in die Gehirne pflanzen, zeigt ein Beispiel, über das ich in der Zeitung gelesen habe. Ein Lehrer sprach mit seinen Schülern im Unterricht über die Auschwitz-Zeile von Farid Bang und Kollegah. Es stellte sich zunächst einmal heraus, dass manche Schüler gar nicht wussten, was die Insassen des Vernichtungslagers Auschwitz überhaupt hatten erleiden müssen.

Der Lehrer brachte den Jugendlichen also überhaupt erst einmal bei, welche Dimensionen der nationalsozialistische Massenmord an den Juden hatte. Danach projizierte er zwei Fotos auf eine Leinwand: Auf dem einen war ein Bodybuilder zu sehen, auf dem anderen ein KZ-Häftling. Die Reaktionen der Schüler waren eindeutig: Angesichts dieser Fotos fanden sie die Auschwitz-Zeile aus dem Song »0815« – »Mein Körper definierter als von Auschwitz-Insassen« – gar nicht mehr cool, sondern geschmacklos. Eine Schülerin wird zitiert:»Der Bodybuilder quält sich freiwillig für seinen Körper. Der Mann aus Auschwitz sieht so aus, weil er von anderen gequält wurde. Außerdem hat er keine Muskeln mehr. Der stirbt sicher bald.« Die Schüler haben an diesem Tag eine Lektion gelernt und sehen vielleicht von nun an die Texte der Deutsch-Rapper kritischer – und zwar nicht nur die antisemitischen, sondern auch die frauenfeindlichen, gewaltverherrlichenden oder die homophoben. Das bedeutet gewiss nicht, dass sie zukünftig die derzeit populärste Musikrichtung nicht mehr konsumieren werden, aber vielleicht doch, dass der Einfluss der Texte kleiner wird.

Im Sommer 2018 erfuhr ich, dass meine alte Truppe von Rap am Mittwoch zum Anfang der kommenden Saison eine Kooperation mit Kollegah einging. Nach all dem, was ich in der Szene hatte durchmachen müssen, enttäuschte mich diese Nachricht sehr, es war aber auch nicht überraschend. Die Rap-Szene ist nun mal ein Puff, und wenn der selbst ernannte »Boss im Zuhälter-modus« zum Bankett einlädt, lassen sich die Bitches nicht lange lumpen.

■ ■ ■ ■ ■

Man kann es nicht oft genug betonen: Es ist nicht der Deutschrap an sich, der antisemitisch, antijüdisch und antiisraelisch ist. Hip-Hop ist eigentlich sogar im Gegenteil Ausdruck einer besonderen Offenheit für andere Kulturen und Lebenseinstellungen. So war es zumindest am Anfang, und so sollte es auch sein. Das ist auch das, was die Szene gerne von sich behauptet und über sich kommuniziert. Fühlt sie sich angegriffen, reagiert sie aber leider schnell aggressiv und abweisend und zeigt, wie wenig kritikfähig sie ist. Deshalb weist sie auch den Vorwurf zurück, es gebe antisemitische Tendenzen im Deutschrap. Sie zieht sich dann gerne auf die Freiheit der Kunst zurück, die für sie ein absolut unantastbares Gut ist. Tatsächlich ist die Freiheit der Kunst ein sehr wichtiges Element unserer Demokratie, nicht umsonst ist sie durch das Grundgesetz besonders geschützt. Aber auch die Freiheit der Kunst ist nicht grenzenlos, wie viele Deutschrap-Fans glauben. Auch sie hat ihre Grenzen – nämlich genau dort, wo Kunst, in diesem Fall also die Rapmusik, anfängt, andere Gruppen pauschal zu diffamieren, herabzuwürdigen, zu beleidigen, zu entmenschlichen und zu diskriminieren. Die Übergänge zwischen dem, was gerade noch erlaubt ist, und dem, was die Grenze überschreitet, sind im Deutschrap wahrscheinlich so fließend wie in keinem anderen Bereich der Gesellschaft. Das gilt besonders für den Battle-Rap, der ja gerade davon lebt, den Gegner zu dissen und herabzusetzen. Aber es geht eben um den einen konkreten Gegner, nicht um eine ganze Gruppe von Menschen. Bei Rap am Mittwoch war für mich an dieser Stelle die Grenze überschritten. Viele Fans wollten das nicht einsehen und kritisierten mich scharf; sie warfen mir

»Zensur« vor. Ich glaube trotzdem, dass meine Haltung die richtige war und ist, zumal das Problem des Antisemitismus immer größer wird.

Was kann man also tun, um antisemitische Tendenzen im Rap einzudämmen und damit zugleich dem Antisemitismus in der Gesellschaft stärker entgegenzutreten? Ich habe mir acht Punkte überlegt, die helfen könnten, das Problem zu bekämpfen. Sie umzusetzen braucht guten Willen und Einsicht ebenso wie konkrete – auch gesetzliche – Maßnahmen.

Die Rap-Künstler selbst müssen sich ihrer Verantwortung, die sie gerade als Künstler für die Gesellschaft und in ihrem speziellen Fall für die Jugendlichen haben, bewusst werden. Natürlich werde ich mit diesem Appell bei denjenigen, die meinen, was sie rappen, die also echte antisemitische Grundüberzeugungen haben, auf taube Ohren stoßen. Aber es gibt ja auch diejenigen, die mit antijüdischen Narrativen spielen, weil sie gelernt haben, dass sich Holocaust- oder Juden-Lines positiv auf den Stand ihres Kontos auswirken. Von ihnen darf man erwarten, dass sie darüber nachdenken, auf solche Andeutungen zu verzichten. Sie müssen erkennen, dass sie Jugendliche – gerade durch die ständige Wiederholung und eine permanente Ausdehnung der Grenzen – in eine Richtung beeinflussen, die gefährlich für die gesamte Gesellschaft ist. Schließlich wollen die Rapper als Künstler ernst genommen werden – sonst würden sie nicht in so hohem Maße sozialkritische Texte bringen. Es muss klar sein: Antisemitismus ist keine Kunst und keine Meinung und kann und darf deshalb auch nicht durch die Freiheit der Kunst oder der Meinung geschützt werden.

Die Deutschrap-Szene muss sich dem Problem des Antisemitismus in den eigenen Reihen viel stärker stellen als bisher. Dazu gehört es, antisemitische Texte von Künstlern zu kritisieren, aber vor allem auch, Judenhasser und Israelfeinde in den eigenen Reihen zu bekämpfen. Es muss klargemacht werden, dass der weitverbreitete Hass auf den Staat Israel und die »Zionisten« keine Äußerung im politischen Meinungskampf um die richtige Nahost-Politik ist, sondern purer Antisemitismus. Wer Israel von der Landkarte tilgt, wie es Bushido auf dem Foto seines Twitter-Accounts getan hat, will letztlich nichts anderes als alle Israelis ins Meer treiben. In der Konsequenz macht es aber keinen Unterschied, ob man Juden in der Gaskammer ermordet oder im Meer ertrinken lässt. Es mag sein, dass sich viele Deutschrap-Fans, die zum Beispiel in Facebook-Kommentaren fordern, dass Israel »weg« müsse, sich dessen gar nicht so richtig bewusst sind. Dann hilft nur eins: nachdenken, sich informieren und seine Meinung auf eine fundiertere Basis stellen.

In hohem Maße gefragt sind die Eltern. Vielen Eltern ist wahrscheinlich gar nicht bewusst, welche Art Musik ihre Kids hören. Hinschauen und hinhören ist wichtig! Wenn Jugendliche immer und immer wieder hören, dass Juden scheiße sind und die Rothschilds die Welt beherrschen wollen, besteht die große Gefahr, dass sie das irgendwann auch glauben. Und was in den Köpfen erst einmal drinnen ist, ist schwer wieder herauszubekommen. Wir kennen das von Jugendlichen, die in die Neonazi-Szene abgerutscht sind, wobei übrigens auch da oft rechtsradikale Rockmusik eine nicht unbedeutende Rolle spielt. Wenn Eltern also beispielsweise am Frühstückstisch bemerken, dass ihr Sohn ein Deutschrap-Video auf YouTube anschaut, heißt es: hinschauen – und das im Zweifel auch verbieten, wenn es einen antisemitischen oder menschenverachtenden Charakter hat. Im Kopf des Sprösslings setzen sich solche Aussagen genauso fest wie ein extremer Pornofilm. Und welche Eltern würden es erlauben, wenn ihr 16-jähriger Sohn beim Frühstück einen Porno schaut? Verbieten allein reicht aber natürlich nicht aus. Die Eltern müssen mit ihrem Kind reden und es darüber aufklären, dass die antijüdischen und antiisraelischen Narrative falsch sind. Das Gleiche gilt für andere Inhalte wie Rassismus, Frauenverachtung und Homophobie. Die Eltern müssen versuchen, sich den

Einfluss zurückzuholen, den sie vielleicht an einen Rapper wie Kollegah verloren haben.

Auch Lehrer kämpfen mit dem Problem, dass sie von Schülern längst nicht als eine Autorität angesehen werden wie die großen Rap-Stars, zu denen die Jugendlichen oft aufschauen – besonders, wenn Stars wie Kollegah sich als »Der Boss« inszenieren, der in allen Lebenssituationen Rat weiß. Das Beispiel des Lehrers, der seinen Schülern zum Vergleich das Bild eines Bodybuilders und das eines Auschwitz-Insassen zeigte, macht klar, dass Lehrer etwas tun können, wenn sie Kreativität an den Tag legen. Sie müssen das Problem aber überhaupt erst erkennen und dürfen nicht weghören, wenn das Wort »Jude« oder das N-Wort als Schimpfwort benutzt wird. Lehrer müssen den Kids erklären, dass Respekt eine wichtige Voraussetzung für den Umgang von Menschen, Personengruppen und Staaten ist.

Gefragt ist aber auch die Schallplattenindustrie. Labels verdienen viel Geld mit den Künstlern, daher ist ihre Lust, im Sinne des demokratischen Konsenses Flagge zu zeigen, nicht unbedingt sehr groß. Kollegah beispielsweise verlor seinen Plattenvertrag erst nach der Aufregung um die Echo-Verleihung – dabei hätte es doch vorher wahrlich Gründe genug gegeben, ihm zu kündigen. Natürlich haben die Rapper immer die Möglichkeit, eigene Labels zu gründen, und viele tun das ja auch. Aber wenn große Plattenfirmen ganz bewusst wegen antisemitischer Texte Künstler rausschmeißen, wäre das ein wichtiges Signal. Auch die Wirtschaft trägt eine Verantwortung für die Gesellschaft.

Ebenso müssen die Veranstalter von Rap-Konzerten darauf achten, was die Künstler eigentlich auf ihren Bühnen von sich geben und was die Crowd jubelnd aufnimmt. Auch hier muss gelten: Antisemitische Inhalte und Menschenverachtung auf der Bühne gehen gar nicht. Der Zugang zu solchen Konzerten muss zudem für Jugendliche unter 18 Jahren verboten werden. Das hat nichts mit der Unterdrückung der Kunst- oder Meinungsfreiheit zu tun, denn wie schon gesagt: Antisemitismus ist keine Kunst und keine tolerierbare Meinung.

Wir müssen realistisch sein: Die hier beschriebenen Punkte 1 bis 6 sind wichtig und bilden die Grundlage dafür, dass sich etwas ändert. Aber sie allein werden niemals ausreichen. Wir brauchen strengere Regeln durch die Behörden und den Gesetzgeber. Das bedeutet zunächst, dass die zuständigen Behörden viel strenger hinschauen und hinhören und viel mehr Songs indizieren müssen. Dann gelangen sie nicht mehr zu den jugendlichen Hörern. Diese Maßnahme gibt auch Eltern und Lehrern ein zusätzliches Argument an die Hand – sie können darauf verweisen, dass bestimmte Songs verboten sind. Gegenwärtig können die Jugendlichen immer wieder mit Recht behaupten, dass diese Songs ja erlaubt seien.

Last but not least müssen aber auch gesetzliche Regelungen und Maßnahmen her, um den grassierenden Antisemitismus in der Rap-Szene zu stoppen. Antisemitische Rapmusik muss genauso verfolgt werden wie Neonazi-Musik, denn sie ist noch gefährlicher als diese, einfach deshalb, weil sie ungleich mehr Jugendliche erreicht. Mit gesetzgeberischen Maßnahmen müssen beispielsweise Konzertveranstalter dazu gezwungen werden, darauf zu achten, was auf ihren Bühnen gerappt wird, und gegebenenfalls auch einschreiten. Antisemitische Rapper müssen genauso beobachtet und verfolgt werden wie Neonazis, und zwar auch vom Verfassungsschutz.

Mir ist klar, dass die Deutschrap-Szene bei diesen Forderungen empört aufschreien und sich auf die »Kunstfreiheit« berufen wird. Aber Antisemitismus darf nicht geduldet werden, auch nicht als Form der Kunst. Das Problem ist größer als die Rap-Szene – der Antisemitismus hat sich in der ganzen Gesellschaft ausgebreitet. Gesellschaft und Politik müssen aufwachen und gegen diese Tendenzen einschreiten. Das gilt auch und gerade für die Deutschrap-Szene. Leider aber ist sie eher Teil des Problems denn

Teil der Lösung, weil sie die antisemitischen Tendenzen ignoriert, verniedlicht oder gar leugnet. Man fühlt sich größtenteils als links und frei – wie sollte es da sein, dass es Antisemitismus in den eigenen Reihen gibt! Es kann eben nicht sein, was nicht sein darf. Viele Juden in Deutschland denken inzwischen darüber nach, das Land zu verlassen und nach Israel auszuwandern. Sie fühlen sich nicht mehr wohl, sie fühlen sich hier diskriminiert und mit ihren Ängsten nicht ernst genommen. Viele haben Angst, und es werden nach jedem antisemitischen Vorfall mehr. Ich weiß aus persönlicher jahrzehntelanger Erfahrung, wovon ich spreche. Wenn die Gesellschaft insgesamt und die Deutschrap-Szene im Speziellen das Problem des schleichenden, aber stetig anwachsenden, oftmals hinter einer Kritik am Staat Israel und den »Zionisten« versteckten Antisemitismus nicht in den Griff bekommt, wird Deutschland bald zu einem Land werden, in dem Juden nicht mehr leben können. Es wird »judenfrei«, so wie Adolf Hitler sich das einstmals vorstellte. Wollen wir das wirklich?

Epilog

Nachdem ich mit Rap am Mittwoch abgeschlossen hatte, hatte ich plötzlich nichts mehr zu tun. Kein Vorbereiten der Veranstaltungen mehr, keine stressigen Reisen in andere Städte. Ich fühlte mich befreit, hatte Zeit für meine Familie. Aber mir war natürlich klar, dass ich irgendeine neue Beschäftigung finden muss – nicht zuletzt, weil ich ja auch meinen Lebensunterhalt für meine Familie und mich bestreiten muss. Zwar waren die Gewinne, die ich mit Rap am Mittwoch gemacht hatte, viel geringer, als viele meiner Kritiker glaubten. Sie hatten mir immer wieder unterstellt, ich würde mich geradezu dumm und dämlich verdienen, mir ein Haus mit Pool in Israel bauen, und das auch noch auf Kosten anderer – Stichwort »Der Jude als Ausbeuter«. Tatsächlich war es so, dass ich nach einiger Zeit gerade so mit RAM meinen Lebensunterhalt verdienen konnte. Ich hatte viel Arbeit, bot jungen Rappern die Möglichkeit, bekannter zu werden, und brachte dem Publikum Spaß. Aber zu jeder Zeit lebte ich von der Hand in den Mund. Häufig wusste ich nicht, wie es ein paar Monate später weitergehen würde, wenn der Vertrag mit einem Sponsor ausgelaufen war.

Und nun? Wo sehe ich meine Zukunft, was werde ich tun? Zuerst dachte ich, ich würde ein zweites Mal – und diesmal definitiv – mit der Rapmusik aufhören. Die Erfahrungen, die ich mit der Deutschrap-Szene gemacht habe, waren einfach zu frustrierend.

Aber ich musste feststellen, dass ich Rapmusik dafür doch zu sehr liebe. Also werde ich weiter Musik machen. Ich habe ja auch trotz allem nicht nur negative Erfahrungen in der Szene gemacht. Und ich bin Optimist. Ich möchte die Hoffnung nicht aufgeben, dass die Szene sich wieder stärker auf das besinnt, was Hip-Hop ursprünglich bedeutete: Frieden, Freundschaft, gegenseitiger Respekt und Anerkennung. Und sicher werde ich in meinen Texten und meiner Musik auch weiterhin auszudrücken versuchen, was mich bewegt und wo ich Probleme in der Gesellschaft sehe.

Vor allem will ich nicht die Augen davor verschließen, dass sich in der Rap-Szene und in der Gesellschaft als Ganzes das Problem des Antisemitismus stetig ausbreitet. Antisemitismus ist wieder salonfähig – dagegen möchte ich in Zukunft noch mehr ankämpfen, und dieses Buch soll dabei helfen. Wer weiß, vielleicht folgen andere Bücher? Auch mit anderen Mitteln werde ich versuchen, in die Gesellschaft hineinzuwirken. Schon seit einiger Zeit werde ich zu Vorträgen eingeladen, in denen ich über Antisemitismus rede und meine Erlebnisse schildere. Das möchte ich gerne ausbauen.

Es freut mich sehr, dass ich im Oktober 2018 für diese Arbeit mit dem Robert-Goldmann-Stipendium der Stadt Reinheim ausgezeichnet wurde. Das ist für mich eine große Ehre, aber mehr noch ein Ansporn, weiter auf diesem Weg zu gehen. Für sehr wichtig halte ich den Kontakt zu Schülern und Jugendlichen, denn sie sind offen und formbar. Das ist Chance und Gefahr zugleich – wenn wir sie denjenigen überlassen, die Hass gegen Israel und die Juden in ihre Gehirne und Herzen einpflanzen, verlieren wir den Kampf für Toleranz und ein friedliches Miteinander. Wenn wir uns den Jugendlichen aber aktiv zuwenden, wenn wir um sie kämpfen, profitieren alle davon, die sich dem Kampf gegen Hass und Intoleranz verschrieben haben. Antisemitismus entsteht durch Unwissenheit und Bildungslücken, füllen wir diese Lücken also mit Wissen. Als Jude mit eigenen antisemitischen Erfahrungen und als Rapper, der vielleicht einen besseren Zugang zu Jugendlichen hat als manche Eltern und Lehrer, kann ich – so glaube ich – einen wertvollen Beitrag dazu leisten. Ich werde also versuchen, an die Schulen zu gehen und dort den alltäglichen Antisemitismus und den wachsenden Judenhass zu bekämpfen, auf meine Art. Natürlich braucht es dazu die Offenheit von Behörden, Lehrern, Eltern und Schülern. Aber erst wenn das Wort »Jude« nicht mehr ein alltäglich gebrauchtes Schimpfwort auf deutschen Schulhöfen ist, sehe ich meine Mission erfüllt. Bis dahin, so fürchte ich, ist es noch ein weiter Weg. Doch nur wenn wir dahin kommen, dass Juden sich in Deutschland wieder vollauf akzeptiert fühlen, stellen wir sicher, dass nicht mehr und mehr von ihnen wieder ihre Koffer packen und dieses Land verlassen.

Glossar

Bar Mitzwa / Bat Mitzwa – bezeichnet im Judentum die religiöse Mündigkeit. Jungen erreichen sie im Alter von 13, Mädchen im Alter von 12 Jahren. Bar Mitzwa bezeichnet sowohl den Status als auch den Tag und die Feier, an dem die Religionsmündigkeit eintritt. Der Bar Mitzwa muss am Tag der Feier vor der Gemeinde das entsprechende Kapitel aus der Tora vorlesen, das am Tag seiner Geburt gelesen wurde.

BattleMania – Von Ben Salomo konzipiertes Rap-Battle-Format bei Rap am Mittwoch, bestehend aus den Disziplinen Freestyle, Texte und Acapella

Battle-Rap – Sub-Genre im Rap, bei dem es primär darum geht, einen realen oder imaginären Kontrahenten verbal herabzuwürdigen, während man sich selbst ins Unermessliche glorifiziert

BMCL – BattleMania Champions League; Acapella-Rap-Battle mit festgelegtem Gegner und mehreren Monaten Vorbereitungszeit

Brit Mila – ist die Entfernung der Vorhaut des männlichen Gliedes (Zirkumzision) nach jüdischem Brauch am achten Tag nach der Geburt. Durchgeführt wird sie durch einen Mohel, den Beschneider, der in der Praxis der Brit Mila ausgebildet wurde. Die Beschneidung ist ein Gebot, das auch von den meisten säkularen Juden befolgt wird, da sie es als wichtigen Bestandteil jüdischer Identität ansehen.

Camp – Bezeichnung für das weitergefasste Umfeld einer Crew, samt Freundeskreis und Label

Chanukka – das Lichterfest; ein acht Tage dauerndes, jährlich gefeiertes jüdisches Fest zum Gedenken an die Wiedereinweihung des zweiten Tempels (des Serubbabelischen Tempels) in Jerusalem im Jahr 164 v. Chr. Es beginnt am 25. Tag des Monats Kislew (November/Dezember).

Chugim – hebräisch für Arbeitskreise bzw. Übungskurse

Crew – Zusammenschluss mehrerer Künstler im Hip-Hop

Crowd – das Publikum vor der Bühne

Cypher – eine Situation, bei der mehrere Rapper nacheinander Freestylen oder Texte rappen

Dissen – bezeichnet das Herabwürdigen eines Kontrahenten im Battle-Rap

down sein – mit jemandem befreundet oder verbündet sein

fresh – außergewöhnlich gut oder kreativ

Homie – ein Freund, mit dem man aufgewachsen ist

Machane (Machanot Pl.) – jüdisches Ferienlager

Mandrichim – hebräisch für Wegbereiter; ausgebildete und verantwortungsbewusste Jugendliche oder junge Erwachsene, die in den Jugendzentren oder auf den Machanot die Kinder betreuen und mit ihnen Chugim und Peulot durchführen

MC – (aus dem Englischen *master of ceremony*) ist im klassischen Sinne ein Rapper, für den die Werte des Hip-Hop Priorität haben

Open Mic – offenes Mikrofon innerhalb einer Hip-Hop Veranstaltung, an dem anwesende Rapper cyphern können

Peulot – hebräisch für Aktionen; bezeichnet eine gemeinschaftliche Projektarbeit bzw. Kooperation, kann aber auch ein Vortrag oder ein Seminar sein

Props – engl. *proper respect*; Respektsbekundungen

Punchline – engl. Pointe; humorvolle oder brutale Textzeile, die den Gegner hart treffen soll

RAM – Abkürzung für Rap am Mittwoch

Saba – hebräisch für Opa

Safta – hebräisch für Oma

whack – Adjektiv für schlecht, ein »whack« MC ist ein schlechter MC